Editorial

Supply Chain Management (SCM), Customer Relationship Management (CRM) und jetzt Supplier Relationship Management (SRM) – nur ein neuer Begriff oder auch ein neues Konzept? Dass SRM nicht nur ein Modewort ist, sondern viel mehr dahinter steckt, soll dieses HMD-Heft zeigen.

In ihrem Überblicksbeitrag greifen Riemer/Klein die wichtigsten Facetten des SRM überaus fundiert auf. Das SRM-Konzept der SAP, ergänzt um ein Fallbeispiel, stellen Barking/König vor. Beckmann et al. erläutern ein Konzept für offene SRM-Portale, insbesondere unter Berücksichtigung der Anforderungen mittelständischer Unternehmen.

In ihrem hochinteressanten Praxisbeitrag aus der Automobilindustrie geben Hilz/Krüger/Haas einen tiefen Einblick in die Probleme der Lieferantenintegration und die Anforderungen und Lösungsmöglichkeiten beim Projektmanagement. Das Thema Wissensmanagement im Rahmen der Einführung von E-Procurement/SRM erörtern Nissen/Mauß.

Im ersten Schweizer Beitrag von Eyholzer/Kuhlmann/Münger wird kritisch mit der Wirtschaftlichkeit des Lieferantenmanagements umgegangen – ein Aspekt, der zwar häufig angeführt, aber wohl genauso häufig nicht ausreichend nachgeprüft wird. Der zweite Artikel aus der Schweiz hat die Ergebnisse einer empirischen Untersuchung des Instituts für Technologiemanagement der Universität St. Gallen zum Inhalt mit der Kernfrage: Ist Kollaboration besser als Konfrontation? Auch hier warten spannende Ergebnisse.

Frank Herrmann diskutiert in seinem Beitrag die Probleme mit elektronischen Katalogen bei der Direktmaterialbeschaffung, einem Bereich, der weit über den herkömmlichen Einkauf von Verbrauchsmaterial hinausgeht. Schließlich bringen Brehm/Wallstab die juristische Perspektive ein mit ihrer Abhandlung über die wirtschaftsrechtlichen Aspekte des Einsatzes von E-Procurement beim ASP. Das Kurz-Glossar zum Schwerpunkt – generiert aus den vorliegenden Beiträgen –, der gelungene Einwurf von Tim Gerber und die Notizen runden das Themenheft SRM ab.

Abschließend erläutern Nikolai Bauer und Peter Mandl Entwurfsmuster und Realisierungsansätze für eine durchgängige Transaktionsunterstützung im Web und stellen Lösungen für die Transaktionsproblematik vor. Rezensionen und das Stichwortverzeichnis vervollständigen diese Ausgabe.

Eine Anmerkung in eigener Sache: Im Zuge der Digitalisierung der Medien sind wir dazu übergegangen, das bisherige 5-Jahresregister ins Internet zu stellen (*http://hmd.dpunkt.de/archiv/*), um so mehr Platz für aktuelle Beiträge zu erhalten – es ist also nicht vergessen worden, nur der Ort hat sich geändert.

Mein Dank geht an die Autoren, die hervorragend mitgearbeitet haben, an Norman Zey, der einen tollen Cartoon zeichnete, an die Redaktion und an alle, die zum Gelingen beigetragen haben.

Viel Freude beim Lesen und eine gute Zeit wünscht Ihnen

Ihr

K. Hildebrand

Knut Hildebrand

Prüfung von Liefer-konditionen
Qualitäts-kontrolle
Prüfung der Risiko-faktoren
Data Warehouse
Bestell-ab-wicklung
„Ich habe mir den Job als SRM-Mitarbeiter irgendwie anders vorgestellt!"

Tim Gerber

Lieferanteneingang

Vor etwas mehr als hundert Jahren war meine Heimatstadt Leipzig reich, sehr reich. Viele ihrer Einwohner konnten es sich leisten, sich in den Vororten Häuser zu bauen, die eher an kleine Schlösser erinnern als an eine Mietskaserne. Die Eingänge sind riesige Portale, die Treppenhäuser kathedralenhaft hoch geschossen mit Gewölben voller goldveredeltem Stuck und Gemälden, ausgelegt mit prächtigen Teppichen.

Ein paar Meter neben diesen hohen Pforten, meist versteckt hinter einem Mauerwinkel, findet sich an diesen Häusern oft noch ein kleines Türchen mit der Aufschrift »Lieferanteneingang«. Der Türbalken so niedrig, dass man sich bücken muss, dahinter ein winziges, dunkles Stiegenhäuschen, von dem man direkt in die Keller und die Küchen der Herrschaften gelangt. Das Hauptportal ziert im Gegenzug ein Emaille-Schildchen mit der Aufschrift »Lieferanten Nebeneingang benutzen!« gleich neben »Betteln und Hausieren verboten!«. Allein diese Architektur lässt ahnen, welches Verhältnis der Kaufmann im späten 19. Jahrhundert zu jenen Geschäftspartnern hatte, die ihm so wichtige Dinge wie Milch, Kartoffeln oder Kohlen ins Haus brachten.

Nun sollen hier nicht die – hoffentlich – längst überwundenen Standesdünkel aus dem deutschen Kaiserreich gegeißelt werden. Nachdenklich macht viel mehr, dass diese Lieferantentreppen schlicht unpraktisch waren – und es auch heute noch sind – für den Transport von Kohlen- oder Kartoffelsäcken, für den sie doch gebaut worden waren.

Ein Beispiel aus unseren Tagen: Ein international bedeutender Hersteller von Laserdruckern mit Kundschaft bei Großbanken und Versicherungen bezog über Jahre hinweg die Elektronik zur Netzwerkanbindung seiner Drucker (interne Printserver) für den europäischen Markt von einem kleinen Unternehmen in Ostwestfalen. Der Druckerriese hatte sogar die Exklusivrechte am Vertrieb dieser Printserver. Sein Zulieferer schlug sich sehr wacker, unterstützte Kunden und Vertriebspartner des Großabnehmers vorbildlich, blieb mit der Weiterentwicklung seiner Produkte stets auf der Höhe der Zeit und hatte gleichzeitig immer auch sehr spezielle Nischenlösungen für die Druckerkunden im Sortiment. Alles also, was man sich wünschen kann.

Nun kamen die Konzernlenker in Fernost dahinter, dass sich mehr Geld verdienen lässt, wenn man zumindest die Printserver für das weit verbreitete Ethernet in einem asiatischen Billiglohnland produzieren lässt und in diesem lukrativen Segment auf den treudeutschen Zulieferer verzichtet. Das wurde nicht gesagt, sondern einfach getan. Die Sache kam erst ans Licht, als unser Zulieferer vermehrt Support-Anfragen zu den fernöstlichen Fremdimplantaten erhielt, weil die betroffenen Fachhändler von dem Lieferantenwechsel nicht informiert waren. Auf diese Weise brüskiert schlug der Mittelständler Krach, kündigte seinen Liefervertrag und vertrieb seine in Fachkreisen sehr geschätzten Zusatzprodukte künftig auf eigene Rechnung. Ergebnis: Kunden und Vertriebspartner verunsichert, das eigene Image beschädigt und aus einem loyalen Produktpartner wurde ein Konkurrent gemacht.

Ob sich das in Euro und Yen letztlich rechnet, vermag ich nicht zu beurteilen. Aber warum diese klammheimliche und unpartnerschaftliche Verfahrensweise? Auf der Basis der bisherigen guten Beziehung zwischen dem Großen und seinem kleinen Partner gab es sicher die Möglichkeit, die Sache zu regeln, ohne die guten Beziehungen so nachhaltig zu zerstören. Das setzt allerdings voraus, dass man die Interessen und Probleme des Partners im Auge hat und sich nicht – aus welchem Grund auch immer – völlig darüber hinwegsetzt. Das ist bei

Wirtschaftsbeziehungen nicht anders als bei ganz persönlichen. Wer seinem Freund oder Partner unangenehme Tatsachen nicht zu vermitteln versteht, stellt den Bestand der Partnerschaft in Frage. Beim Geld höre die Freundschaft auf, lautet eine landläufige Fehleinschätzung. In Wahrheit fängt Freundschaft erst da an, wenn man es versteht, sachlich über Geld zu reden.

Und dann grassiert da noch so ein weit verbreiteter Irrtum, den auszuräumen, will ich gern hier die Gelegenheit ergreifen: Der Kunde, in diesem Fall der Abnehmer, sei der König, heißt es. Gut, aber wo zum Kuckuck steht geschrieben, dass ein König sich wie die Axt im Walde zu benehmen habe und nach Gutdünken verfahren solle? Er werde nicht ernst genug genommen, unser König Kunde, nicht hinreichend mit dem gebührenden Respekt behandelt, heißt es immer. Aber benimmt sich denn so ein König? Wundert es, dass man einem despotischen Tyrannen zähneknirschend gehorcht, aber kaum respektvoll begegnet?

Dabei ist »König« durchaus ein sehr verantwortungsvoller Job – zumal als Entscheidungsträger in der Wirtschaft. Aber es gilt letztlich gleichermaßen für den Großkonzern im Verhalten gegenüber der kleinen Druckerei, die seine Visitenkarten liefert, wie für den Kaufhaus-Konsumenten. Ein wirklicher Souverän, der diese Bezeichnung verdient, wird sich gegenüber seinen Lieferanten nie despotisch aufführen, wie abhängig sie von seinen Aufträgen auch immer sein mögen. Er wird sich vielmehr bei seinen Entscheidungen von Einsicht und Weisheit, von Verständnis und Weitsicht lenken lassen. Ein sehr anschauliches Beispiel für wohlverstandene Herrschaft findet sich in der Belletristik: Gemeint ist der König, dem der »Kleine Prinz« im Buch von Antoine de Saint Exupéry auf seiner Reise begegnet. Er wäre ein schlechter Herrscher, wenn er seinem General befehlen würde, nach Art der Schmetterlinge von Blume zu Blume zu hüpfen, erklärt der Monarch. Seine Herrschaft beruhe eben auf Einsicht und Vernunft.

Wo unsere Einsicht und Vernunft für die komplexen Verhältnisse des Wirtschaftslebens nicht reicht, dürfen wir uns guten Gewissens der Wissenschaft bedienen. Ohne gute Berater ist noch kein Regent allumfassend weise gewesen. So ist es gut, dass sich die Autoren dieser HMD-Ausgabe mit allen zu Gebote stehenden Mitteln wissenschaftlicher Erkenntnis dem Komplex der Beziehungspflege zwischen Produzenten und ihren Zulieferern widmen. Weil das gute Wort »Beziehungspflege« bei den unzähligen Skandalen der Republik in der Vergangenheit ziemlichen Schaden genommen hat, weichen wir hier ins Englische aus und nennen das Ganze »Supplier Relationship Management« .

Dem Anliegen selbst tut die verbreitete Neigung zu Anglizismen keinen Abbruch. Deutsch oder Englisch, zu oft noch begegnen wir in den Wirtschaftsbeziehungen diesem »Bitte benützen Sie den Lieferanteneingang!«. Es ist nicht zuletzt ein Verdienst engagierter Wirtschaftswissenschaft, dass sich inzwischen herumgesprochen hat, wie wichtig die Pflege von Kundenbeziehungen, das »Customer Relationship Management«, oder die Pflege der Mitarbeiter, des »Human Capital«, ist. Nun ist es höchste Zeit, sich den vielfältig verflochtenen Beziehungen zu den Zulieferern zu widmen. Die Inhaltslieferanten dieses Heftes wünschen sich jedenfalls, die Aufmerksamkeit des Lesers über die Haupttreppe erlangen zu dürfen.

Tim Gerber
Publizist
Rautenstr. 18
30171 Hannover
Tim.Gerber@gmx.de

Kai Riemer, Stefan Klein

Supplier Relationship Management

Supplier Relationships im Rahmen des Partner Relationship Managements

Die Suche nach Wettbewerbsvorteilen und Kostensenkungspotenzialen hat in der vergangenen Zeit vermehrt die Beschaffungsfunktion in den Vordergrund gerückt. Wir haben diesen Trend in einen breiten Kontext wirtschaftlicher und technologischer Entwicklungen eingeordnet. Neue Formen zwischenbetrieblicher Arbeitsteilung und Kooperation bilden den organisatorischen Rahmen für den Einsatz solcher Systeme. Da die Technologie vor allem Potenziale schafft, die durch Managementhandeln erst erschlossen werden müssen, liegt der Schwerpunkt unseres Überblicks zu SRM auf den Managementaspekten der zwischenbetrieblichen Beziehungen.

Inhaltsübersicht

1 Hintergrund und Motivation

1.1 Entwicklung und Relevanz zwischenbetrieblicher Aktivitäten

Eine der tiefgreifendsten Veränderungen der heutigen Markt- und Wettbewerbssituation in nahezu allen Branchen betrifft die arbeitsteilige Organisation der Wertschöpfung. Unternehmen in fast allen Branchen sehen sich mit zahlreichen Veränderungen und Markttrends konfrontiert, die sie zunehmend zur Bildung von Kooperationen, Allianzen und Netzwerken bewegt. Hierbei findet Kooperation nicht nur vertikal entlang bestehender Wertschöpfungsketten statt, sondern erstreckt sich ebenso auf horizontale Kooperationen mit Wettbewerbern. Der Trend zur zwischenbetrieblichen Vernetzung von Unternehmen kann auf einige grundlegende Marktveränderungen und Trends zurückgeführt werden (siehe hierzu z.B. [Möller & Halinen 1999]):

- *Technologische Entwicklungen:* Neue kostengünstige Möglichkeiten der Datenübertragung und -verarbeitung, basierend auf Internettechnologien, offenen Datenstandards wie XML und neuen Web-Services, erlauben neue Formen zwischenbetrieblicher Organisation.
- *Globalisierung:* Nicht zuletzt durch die technologischen Entwicklungen kommt es zur weltweiten Ausdehnung von Märkten und Wettbewerb. Deregulierungs- und Privatisierungsinitiativen, die neue Markteintritte in ehemals abgeschottete Märkte erlauben, begünstigen dies. Das bedeutet, dass sich für Unternehmen einerseits neue Märkte öffnen, andererseits aber neue Wettbewerber auf den eigenen Märkten formieren. Unternehmen reagieren mit der Formierung von Allianzen und Netzwerken auf diese Herausforderungen: Globale Beschaffung mit Partnern in entfernten Märkten, der gemeinsame Eintritt in einen neuen Markt und Koalitionen mit Wettbewerbern, um den Druck durch neue Wettbewerber zu mildern.
- *Änderung des Kundenverhaltens und fragmentierte Märkte:* Wahrnehmbare Änderungen im Kundenverhalten und Trends zur Individualisierung von Produkten und Leistungen führen zu fragmentierten Märkten. Mass Customization ist eine Antwort auf die Fragmentierung und Mikro-Segmentierung der Märkte. Realisierung und Erfolg des Mass Customization erfordern Partnerschaften und eine enge Abstimmung der involvierten Spieler entlang der Wertkette (z.B. in der Bekleidungsindustrie vom Stofflieferanten zum Endkundenportal im Internet).
- *Steigende Innovations- und Wissensintensität:* Die steigende Komplexität und Informatisierung von Produkten und Leistungen sowie die kürzeren Produktlebenszyklen und der Druck stetiger Innovation führen dazu, dass selbst große Unternehmen nicht mehr alle benötigten Ressourcen intern vorhalten und entwickeln können (vgl. [Ciborra 1992]). Forschungs- und Entwicklungspartnerschaften erlauben die Integration externer Ressourcen, das Lernen von Partnerunternehmen und die gemeinsame Entwicklung neuer Technologien.

Netzwerkbildung und Partnering erweisen sich als vielversprechende Reaktionen auf diese Trends. Die Motive für die Kooperation lassen sich in kosten- und erlösorientierte unterscheiden ([Contractor & Lorange 1988] oder auch [Ebers 1999, S. 6]): (1) Das Erzielen operativer Vorteile in der zwischenbetrieblichen Koordination, die gemeinsame Beschaffung sowie das Outsourcing der Produktion und die Verteilung von Entwicklungsaufwänden stellen kostenorientierte Ziele dar; (2) der Zugang zu externen Ressourcen, die Entwicklung neuer Technologien und der schnelle Zugang zu neuen Märkten bezeichnen erlösorientierte Ziele.

Insgesamt werden zwischenbetriebliche Initiativen zunehmend als Quelle nachhaltiger Wettbewerbsvorteile gesehen. Dyer und Singh sprechen von »Interorganizational competitive advantage« und argumentieren, dass die Ressourcen eines Unternehmens eng verknüpft sind mit denen anderer Unternehmen in einem Netzwerk existierender Verflechtungen ([Dyer & Singh 1998, S. 660 f.]). Unternehmen besitzen oft nicht mehr alle geschäftskritischen Technologien, da diese beispielsweise von wichtigen Lieferanten kontrolliert werden. Ziel ist es daher, die Potenziale dieser Beziehungen bestmöglich zu nutzen. Der Auswahl der richtigen Partner und dem Management der Beziehungen im Rahmen eines Supplier Relationship Management kommt somit entscheidende Bedeutung zu.

1.2 Vom »Einkauf« zum Beziehungsmanagement mit Lieferanten

Auch in der Beschaffung konnten in den vergangenen 20 Jahren tiefgreifende Veränderungen beobachtet werden, die sich auf die Beziehungen der Unternehmen zu ihren Lieferanten und die Rolle der Beschaffung im Unternehmen beziehen. Traditionell wurde der Einkaufsbereich fast ausschließlich unter Kostengesichtspunkten betrachtet (vgl. exemplarisch [Tang 1999, S. 40]). Die sich verändernde Markt- und Technologiesituation, der Trend zu Kernkompetenzkonzentration und Outsourcing sowie eine verstärkte Aufmerksamkeit des Themas von Seiten der Managementforschung haben dazu geführt, dass die Beziehungen mit Lieferanten zum Gegenstand des Managements wurden.

Im letzten Jahrzehnt führte der in den 80er-Jahren begonnene Trend zur Integration mit wichtigen Lieferanten zu einer engeren Abstimmung und Koordination durch den Hersteller. Getrieben wurde diese Entwicklung nicht zuletzt durch die zunehmende Externalisierung von Leistungen, die das Management der extern erbrachten Leistungen notwendig machte (vgl. [Möller & Hallnen 1999, S. 414]). Entstanden sind teils komplexe, hierarchische Lieferantennetzwerke, die nun vermehrt als ganzheitliche Systeme wahrgenommen und gemanagt werden. Ziel ist dabei der Aufbau komplexer Beziehungsgeflechte mit wechselseitigen Informationsflüssen hin zu einer (meist operativen) Optimierung der gesamten Wertschöpfungskette im Sinne eines Supply Chain Managements (SCM) (vgl. [HMD 207]).

Der Wertschöpfungsbeitrag und damit die Bedeutung von Lieferanten gilt in vielen Branchen als signifikant ansteigend. Die Rolle der Beschaffung im Unternehmen ändert sich und erfährt steigende Aufmerksamkeit durch das Management (vgl. [Stuart 1997]). Es zeigt sich jedoch, dass nicht alle Lieferantenbeziehungen gleich behandelt werden können. Unwichtige müssen von wichtigen Beziehungen unterschieden werden. Letztere erfordern zudem ein gezieltes und auf langfristigen Beziehungsaufbau ausgerichtetes Management. Das Supplier Relationship Management (SRM) verbindet diese strategischen und organisatorischen Bestrebungen unter einem Begriff.

2 SRM – Definition und Einordnung

Vernetzung und Kooperation mit Lieferanten sind eingebettet in einen größeren Kontext von Vernetzungsaktivitäten mit verschiedenen externen Partnern. Supplier Relationship Management kann aus Sicht der Unternehmung als Teil eines umfassenden Managements von einer Vielzahl an Beziehungen definiert werden. Wir fassen SRM daher als spezielle Ausprägung eines umfassenden Partner Relationship Managements der Unternehmung auf.

2.1 SRM aus der Sicht eines umfassenden Partner Relationship Managements (PRM)

Partner Relationship Management (PRM) umfasst alle Maßnahmen zur Planung, Durchführung und Kontrolle der Initiierung, Stabilisierung, Verbesserung und Beendigung von zwischenbetrieblichen Beziehungen mit Geschäftspartnern wie Lieferanten, Kunden, Wettbewerbern oder Non-Profit-Organisationen mit dem Ziel, die Wettbewerbssituation des Unternehmens zu sichern und zu verbessern. Hierzu gehören die Bewertung und Auswahl wichtiger Partner bzw. Partnerschaften (im Sinne eines Partner Relationship Portfolios) wie auch das Management der einzelnen Partnerbeziehung. Zwischenbetriebliche Beziehungen sind dabei sowohl in der Fristigkeit als auch der Intensität der Interaktion von reinen Markttransaktionen abzugrenzen.

Als Teilbereich des PRM konzentriert sich das Supplier Relationship Management auf die Beziehungen mit externen Lieferanten und die spezifischen Anforderungen, die sich aus der Beschaffung von Gütern und Leistungen ergeben. Definiert man Lieferanten sehr allgemein als Zulieferer externer Ressourcen und anderer Wertschöpfungsbeiträge, so kann man den Lieferantenbegriff auch auf Wettbewerber, Kunden und solche Institutionen erweitern, die als Quelle von Ideen, Informationen, Forschungsbeiträgen und Technologien fungieren. Auch wenn dieser »erweiterte Lieferantenbegriff« für die weitere Diskussion in diesem Beitrag nicht notwendigerweise zielführend ist, so macht er doch die Nähe und Einbettung des Themas SRM in den größeren Kontext eines allgemeinen Beziehungsmanagements der Unternehmung deutlich.

2.2 SRM aus der Sicht der Netzwerkforschung

Aus Sicht des Unternehmens kann das SRM als Teil eines umfassenden Beziehungsmanagements aufgefasst werden. Erweitert man diese Perspektive, so kann das SRM zudem als Teil des Managements von Unternehmensnetzwerken gesehen werden. Denn reduziert man Unternehmensnetzwerke auf ihre wesentlichen Bestandteile, so ist ein Netzwerk eine Menge von Akteuren und deren Beziehungen untereinander, wobei die Beziehungen das Verhalten der Akteure erklären. Das Beziehungsmanagement ist somit ein wesentlicher Bestandteil und Untersuchungsgegenstand in der Netzwerkforschung. Zwischenbetriebliche Beziehungen – auch die mit Lieferanten – werden zunehmend aus einer ganzheitlichen Netzwerkperspektive betrachtet, da die Beziehungen oft in vertikalen Prozessen und horizontalen Verflechtungen miteinander verknüpft sind (vgl. [Möller & Halinen 1999, S. 414]).

Andererseits stellt sich aus der Sicht des Unternehmens das Netzwerkmanagement häufig als Management von Beziehungen und Beziehungsportfolios dar. Es sei denn, das Unternehmen verantwortet als fokaler Akteur das Management eines ganzen Netzwerks (siehe hierzu z.B. [Wildemann 1997] oder [Lorenzoni & Baden-Fuller 1995]). Im Extremfall jedoch nimmt das Management des Unternehmens das externe Netzwerk gar nicht als Ganzes wahr, sondern lediglich als Menge einzelner Beziehungen, in die das Unternehmen involviert ist. Im Weiteren werden wir eine dyadische Sichtweise auf Beziehungen beibehalten und die Menge aller (Lieferanten-)Beziehungen als Portfolio auffassen.

2.3 SRM als Teil eines umfassenden Wertkettenmanagements

Neben dem Management einzelner Beziehungen streben Unternehmen immer häufiger die Abstimmung von Prozessen entlang der gesamten Wertschöpfungskette – vom Vorlieferanten bis zum Endkunden – an. Das Supplier Relationship Management kann in diesen Kontext der wertkettenbezogenen Managementkonzepte eingeordnet und verwandten Konzepten gegenübergestellt werden. Abbildung 1 gibt einen schematischen Überblick und ordnet die oben bereits skizzierten Konzepte CRM und PRM (im engen Sinne des Vertriebspartner-Managements) als strukturähnliche Konzepte symmetrisch zum SRM in die Wertkette ein.

Das Management der gesamten Wertkette wird häufig als Supply Chain Management (SCM) bezeichnet. Es bezieht sich auf die strate-

Abb. 1: Managementkonzepte des Wertkettenmanagements

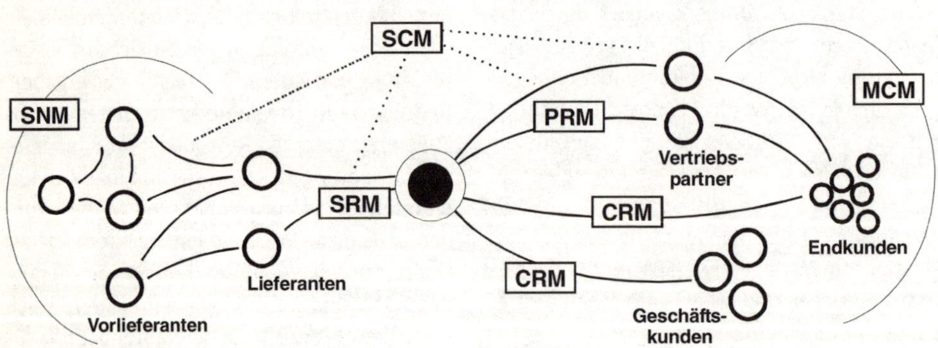

gische Planung und operative Abstimmung logistischer Aktivitäten entlang der gesamten Wertkette und konzentriert sich primär auf den Material- und Informationsfluss (zur Begriffsbildung siehe z.B. [Harland 1996, S. 64]). SRM bezieht sich in diesem Kontext auf das Management der dyadischen Beziehungen mit Lieferanten und kann als Teil von SCM aufgefasst werden. Als Erweiterung sowohl des SCM als auch des SRM gilt nach diesem Verständnis das Supplier Network Management (SNM), das das ganzheitliche Management des Lieferantennetzwerkes zum Ziel hat und auf Interdependenzen und Abhängigkeiten zwischen einzelnen Lieferantenbeziehungen Rücksicht nimmt.

Wird die Netzwerkbildung zum vorherrschenden Prinzip in einer Branche, so kommt es zur Verlagerung des Wettbewerbs auf die Ebene der Netzwerke. Es konkurrieren dann Gruppen von Unternehmen, deren Gesamtleistung entscheidend ist für die Wettbewerbsfähigkeit aller involvierten Unternehmen. Als Beispiele gelten die von großen OEMs kontrollierten und gemanagten Zuliefernetzwerke in der Automobilindustrie (vgl. [Wildemann 1997]). Sowohl für das SCM wie auch das SNM liefert das Supplier Relationship Management einen entscheidenden und notwendigen Grundbeitrag. Nur wenn die Beziehungen zu den Lieferanten entsprechend gemanagt werden, kann die Idee der unternehmensübergreifenden und zwischenbetrieblichen Informations- und Prozessvernetzung verwirklicht werden.

Auch auf der Vertriebsseite implementieren Unternehmen immer häufiger komplexe Systeme. Hierzu zählen hybride Vertriebs- und Beziehungsmanagementsysteme, deren Ziel es ist, die Kunden im Sinne eines umfassenden CRM zu segmentieren und die identifizierten Beziehungen unterschiedlich zu managen. Hierbei werden verschiedene Maßnahmen wie ein persönliches Key Account Management, eher unpersönliche Sales-Force-Aktivitäten sowie elektronische Internet Self-Services zu einem umfassenden Multi-Channel-Management-(MCM-)Ansatz verknüpft (siehe [Möller & Halinen 1999, S. 419]). Das Multikanalmanagement wird somit zu einem wichtigen organisatorischen Instrument im Management des Kundennetzwerkes, das auch die Beziehungen zu den Vertriebspartnern umfasst.

2.4 SRM als IS-basierte Lieferantenkoordination

Eine eher enge Auslegung des SRM-Begriffs reduziert das Konzept auf die informationssystembasierte Koordination einzelner Prozesse oder Teilbereiche der Lieferantenbeziehung. Insbesondere wurde dieses Verständnis des SRM in letzter Zeit durch Softwarehersteller und Beratungsunternehmen geprägt, die auf die Informationssystem-Unterstützung in der Beschaffung fokussieren. Hier stehen Systeme für die elektronische Beschaffung (E-Procurement) und sog. Demand-Aggregation-Systeme im Vordergrund. Folgt man einer solch engen Sichtweise von SRM, kommt die eigentliche Idee des strategischen und ganzheitlichen Managements des Lieferantenpools (einschließlich Outsourcing-Entscheidungen) und der einzelnen Lieferantenbeziehungen eines Unternehmens zu kurz.

3 Ökonomische Wirkungen des Supplier Relationship Managements

Lange Zeit folgte die Beschaffung im Unternehmen lediglich den Anforderungen der Produktion ohne eigene Steuerungsfunktion zu besitzen. Im Vordergrund standen Kosten und Einstandspreise (vgl. [Stuart 1997]). Durch die oben skizzierten Marktentwicklungen rückt die zwischenbetriebliche Integration mit Lieferanten stärker in den Vordergrund und externe Beziehungen und stabile Partnerschaften mit Lieferanten gewinnen an Relevanz (für eine theoretische Erklärung dieser Entwicklung siehe z.B. [Hoyt & Huq 2000]). Lieferanten werden als Quelle weitreichender Vorteile für das Unternehmen erkannt. Zu den Vorteilen gehören neben Kostenvorteilen auch Qualitäts- und Servicevorteile sowie die gemeinsame Entwicklung neuer Technologien und Produkte mit Lieferanten (vgl. [Sobrero & Toulan 2000, S. 24 ff.]). Die Beziehungen zu wichtigen Lieferanten werden so zur Quelle strategischer Differenzierung.

3.1 Kostenwirkungen des SRM

Die enge Abstimmung mit Lieferanten kann verschiedene Kostenvorteile bieten. Cannon und Homburg unterscheiden zwischen direkten Produktkosten, Prozess- bzw. Transaktionskosten sowie Produktionskosten ([Cannon & Homburg 2001, S. 31]):

- *Direkte Kosten* lassen sich senken durch den Einkauf bei den kostengünstigsten Lieferanten am Markt. Maßnahmen des SRM sind die Bewertung bestehender Lieferanten, die ggf. zu einem Lieferantenwechsel führt. Dieses Vorgehen bezieht sich in der Regel nur auf standardisierte Produkte, bei denen die bereits bestehende Beziehung keinen zusätzlichen Mehrwert liefert. Die reinen Einstandskosten lassen sich des Weiteren durch die angesprochenen Bündelungsmaßnahmen im Rahmen der gemeinsamen Beschaffung (Demand Aggregation) senken.
- Wichtiger noch als die Einstandspreise, die meist immer schon Gegenstand aktiver Kostenkontrolle waren, sind die Potenziale zur Senkung der *Prozess- und Transaktionskosten*. Hier kann es durchaus sinnvoll sein, höhere Einstandspreise in Kauf zu nehmen und durch eine Stabilisierung der Beziehung und Anpassung der operativen Prozesse die Prozess- und Koordinationskosten zu senken. Dabei bietet sich insbesondere die Nutzung neuer Datenübertragungstechnologien an, z.B. im Rahmen des E-Procurement. Aber auch die Verringerung der Lieferantenanzahl senkt die Koordinationskosten. Eine enge Kommunikation mit Lieferanten und ein verbesserter Informationsfluss hilft die Koordinationskosten insbesondere im Fehler- und Konfliktfall zu senken.
- Auch die *Produktionskosten* lassen sich durch engere Abstimmung mit Lieferanten senken. Durch ein verbessertes Problemverständnis des Lieferanten für die Produktsabläufe und Produktinterdependenzen zwischen Zulieferprodukt und Produktionsablauf lassen sich Reibungen reduzieren. Hierzu kann beispielsweise das Design der Zulieferprodukte mit Blick auf eine bestmögliche Integration in das Endprodukt und die Abläufe angepasst werden.

3.2 Qualitäts- und Serviceverbesserungen durch SRM

Während manche Lieferanten als Quelle von Kostenverbesserungen wirken, können andere direkt zur Verbesserung der Produktqualität und des Servicegrades beitragen. Hierzu kann z.B. der Lieferant eigene, neue Ideen einbringen (vgl. [Araujo et al. 1999, S. 498]). Voraussetzung sind jedoch eine längerfristig angelegte Beziehung sowie das richtige Beziehungsklima und die nötigen Strukturen, um Verbesserungsvorschläge der Lieferanten zu initiieren und zu honorieren (vgl. z.B. [Tang 1999, S. 41]). Darüber hinaus können weiter gehende Maßnahmen, wie ein verbesserter zwischenbetrieblicher Informationsfluss, die Auskunftsfähigkeit des Unternehmens (z.B. hinsichtlich Lieferzeiten) verbessern. Tiefgehende Prozessvernetzungen im Sinne eines Just-in-Time-Ansatzes können Lieferzeiten verkürzen und sich somit positiv auf die Gesamtqualität auswirken und den Servicegrad des Unternehmens gegenüber den Endkunden weiter verbessern (vgl. [Frazier et al. 1988]). Die Übernahme bestimmter Servicedienstleistungen durch die Lieferanten, z.B. solcher, die sich direkt auf die von ihm gelieferten Komponenten beziehen, können den Servicegrad weiter erhöhen.

3.3 Innovations- und Forschungspartnerschaften mit Lieferanten

Die wohl weitreichendste Lieferanteneinbindung ist die zur Produkt- und Technologieentwicklung in gemeinsamen Forschungsallianzen (vgl. [Stuart 1997, S. 226] und [Sobrero & Toulan 2000]). Hierbei wird einerseits eine Verbesserung des Entwicklungsprozesses angestrebt, indem man die Lieferanten möglichst früh in die Produktentwicklung einbezieht. Andererseits können Partnerschaften mit Lieferanten zwingend notwendig werden, um Zugang zu externen Ressourcen und Technologien zu bekommen ([Sobrero & Toulan 2000, S. 24]). Dabei hat sich empirisch gezeigt, dass es sogar sinnvoll sein kann, wenn der Lieferant die Führungsrolle in solchen Entwicklungsprojekten übernimmt, insbesondere wenn es sich um kritische und komplexe Bauteile handelt, die in das Kompetenzspektrum des Lieferanten fallen ([Sobrero & Toulan 2000, S. 31 f.]). Naturgemäß steigert dies jedoch die Komplexität des Relationship Managements aus der Sicht der Käuferunternehmung.

Es wird deutlich, dass die Vorteile der Zusammenarbeit mit Lieferanten von einfachen operativen Prozessverbesserungen bis hin zu strategischen Fragestellungen reichen. Diese strategische Dimension des SRM basiert dabei auf der allgemeinen Frage nach dem Make-or-Buy von Leistungen und der grundsätzlichen Frage nach den Grenzen der Unternehmung ([Barney 1999]).

3.4 Strategische Abhängigkeit von Lieferanten

Die Vorteile von Kernkompetenzkonzentration und Outsourcing von Leistungen erkauft sich das Unternehmen mit Abhängigkeiten, Lock-in-Situationen und einem gestiegenen Risiko für den Fall eines Scheitern der externen Partnerschaft. Die hieraus resultierende Frage ist zweigeteilt: (1.) »Welche Ressourcen und Leistungen sollen intern erbracht, welche extern akquiriert werden?« und (2.) »Wie sollen die Ressourcen potenzieller Lieferanten eingebunden werden?« [Araujo et al. 1999, S. 498]. Das Supplier Relationship Management unterscheidet hierzu verschiedene Lieferantentypen und umfasst Maßnahmen zum Management dieser Beziehungen. Es basiert auf der Erkenntnis, dass externe Beziehungen aufgrund vielfältiger Barrieren wie räumlicher und kommunikativer Distanz sowie unterschiedlicher Unternehmenskulturen tendenziell schwieriger zu managen sind als die interne Leistungserbringung (vgl. [Gemünden & Walter 1995]).

Um die vielfältigen Vorteile der Lieferantenanbindung erschließen und nutzen zu können, bedarf es eines sorgfältigen Managements der Lieferantenbeziehungen. Hierzu gehören strategische Aspekte der Lieferantenauswahl, organisatorische Fragestellungen zum Management einzelner Beziehungen sowie technische Fragen zur bestmöglichen Informationssystemunterstützung des SRM. Diese Aspekte werden im Folgenden näher betrachtet.

4 Strategisches Management des Lieferantenportfolios

Aus strategischer Sicht basiert das SRM auf der Analyse des optimalen Integrationsgrades. Dies ist eng verknüpft mit der Frage nach den zur Verfügung stehenden externen, von Lieferanten beziehbaren Ressourcen. Eine wesentliche Aufgabe strategischen SRM ist es somit, Lieferanten hinsichtlich ihrer (zukünftigen) strategischen Bedeutung für das Unternehmen zu bewerten und zu segmentieren. Dabei muss Rücksicht genommen werden auf die Wichtigkeit der externen Leistung für das Unternehmen und die eigene Wettbewerbsstellung des Unternehmens gegenüber dem Lieferanten. Diese Denkweise folgt einem Portfolioansatz, bei dem verschiedene Lieferantentypen nach Wichtigkeit und strategischer Abhängigkeit des Unternehmens unterschieden werden. Hieraus resultieren unterschiedliche Anforderungen und notwendige Investitionen hinsichtlich des Managements der Beziehungen.

4.1 Lieferanten-Segmentierung und Portfolio-Bildung

Vergleichende Studien zum Lieferantenmanagement, durchgeführt in der Automobilindustrie in den USA, in Korea und Japan, haben gezeigt, dass es ökonomisch sinnvoll ist, statt einer »one-size-fits-all«-Strategie den Beitrag jedes einzelnen Lieferanten bzw. seiner Produkte und Leistungen zur Wettbewerbsfähigkeit der Unternehmung zu untersuchen. Ziel ist, die Art der zwischenbetrieblichen Beziehungen hierauf abzustimmen ([Dyer et al. 1998, S. 59]). Dyer et al. unterscheiden daher zwischen einfachen, operativen Beziehungen und strategischen Partnerschaften.

Während strategische Partnerschaften aus Sicht der Unternehmung neuen Wert schaffen können, sind sie doch oft kostenintensiv in Anbahnung und Koordination. Hinzu kommt, dass externe Beziehungen riskant sind, da spezifische Beziehungsinvestitionen bei einem Scheitern der Beziehung verloren gehen ([Bensaou 1999, S. 35 f.]). Daher ist es notwendig, verschiedene Typen von Lieferanten und Beziehungen zu unterscheiden, um diejenigen zu identifizieren, die mehr Aufmerksamkeit, d.h. eine höhere Allokation der knappen Management-Ressourcen, verdienen ([Olsen & Ellram 1997, S. 101 und 103]). Es sollte also insbesondere sorgfältig unterschieden werden zwischen solchen Lieferantenbeziehungen, die primär operativen Kostenreduktionen dienen, und anderen, von denen sich die Unternehmung das Schaffen strategischer Wettbewerbsvorteile erhofft ([Stuart 1997, S. 233]).

Ziel ist somit eine Lieferantensegmentierung und Portfolio-Bildung. Ein Portfolio ist zunächst einmal ein analytisches Tool zur Bildung von Kategorien und zur Beherrschung von Komplexität ([Olsen & Ellram 1997, S. 103]). Ein Portfolio dient der Unterscheidung und Visualisierung verschiedener Lieferantentypen für die strategische Analyse. Dabei ist der Prozess der Kategorisierung oft wichtiger als die Kategorien selbst, weil dieser den beteiligten Entscheidungsträgern hilft, ein gemeinsames Verständnis der Situation zu entwickeln ([Olsen & Ellram 1997, S. 103]).

4.2 Strategische Analyse der Lieferantensituation

Das Ziel der strategischen Analyse ist es, die wichtigsten Lieferantenbeziehungen der Unternehmung zu identifizieren sowie die Rolle der eigenen Unternehmung im Verhältnis zum Lieferanten und die dazu passenden Reaktionsmuster zu bestimmen. Zu diesem Zweck wird die Spezifität der zu beschaffenden Produkte und die sich daraus ergebende Abhängigkeit von diesem Produkt ins Verhältnis gesetzt zur relativen Verhandlungsposition gegenüber dem Lieferanten (in Anlehnung an [Tang 1999, S. 43]). Dieser Segmentierungsansatz geht über die einfache Unterscheidung in operative und strategische Beziehungen hinaus.

Standardisierte Produkte, die für das Unternehmen von untergeordneter Wichtigkeit sind, lassen sich mit überschaubarem Risiko in sich wiederholenden Transaktionen im Markt beschaffen. Herrscht auf dem Markt Wettbewerb im Sinne ausreichenden Angebots und Nachfrage, so spricht man auch von »independent buying« oder »competitive buying« ([Campbell 1990, S. 48 und 55]). Herrscht für die gleiche Klasse von Produkten ein Mangel an Angebot oder Nachfrage, so existiert ein Verkäufer- bzw. Käufermarkt. Streng genommen muss in solchen Fällen keine stabile Beziehung zwischen den Parteien aufgebaut werden. Trotzdem kann es Sinn machen, operative Vorteile einer engeren Anbindung realisieren zu wollen und deshalb eine lose Beziehung aufzubauen. Diese jedoch wird regelmäßig überprüft und kann bei Bedarf beendet werden (sog. »Durable Arm's-Length Relationship«, vgl. [Dyer et al. 1998]).

Ist das zu beschaffende Produkt für den Käufer von strategischer Wichtigkeit, ändert sich die Situation. Hierbei kann man drei verschiedene Situationen unterscheiden, je nachdem, wie sich die relative Verhandlungsposition gegenüber dem Lieferanten darstellt. Zu jeder Situation bieten sich spezifische Reaktionsmuster an:

- *Captive Buying:* Ist die Abhängigkeit von einem Produkt hoch, die Verhandlungsposition gegenüber einem Lieferanten aber schlecht, so handelt es sich um »Captive Buying«. In dieser Situation ist die strategische Handlungsfähigkeit der Unternehmung eingeschränkt, weil z.B. alternative Lieferanten schlicht nicht existieren. In diesem Fall wird der Käufer versuchen, durch kooperatives Verhalten negative Effekte der Abhängigkeit zu mildern oder gar nicht erst auftreten zu lassen. Ziel sollte es sein, den Lieferanten ebenfalls von den langfristigen Vorzügen eines kooperativen Verhaltens zu überzeugen (siehe oben). Ansonsten läuft das beschaffende Unternehmen Gefahr, dass der Lieferant seine Position ausnutzt und den eigenen Nutzen auf Kosten des Käufers maximiert. Weitere Reaktionsmöglichkeiten beziehen sich auf die Suche nach Alternativen. Hierzu gehört das Insourcing, im Sinne des Aufbaus eigener Produktionskapazitäten, oder die Ausweitung des Marktes. Dabei strebt das Unternehmen z.B. die globale Beschaffung bei einem neuen Lieferanten außerhalb des eigenen Marktes an. Beide Varianten können als Mittel zur Verbesserung der eigenen Verhandlungsposition genutzt werden.
- *Cooperative Buying:* Im Falle ausgeglichener Verhandlungspositionen kommt es am ehesten zu kooperativem Verhalten zwischen den Unternehmen. Hier stehen verschiedene Grade der Integration offen: Von eher auf Beschaffungsprozesse ausgerichteten Partnerschaften, über Partnerschaften, die die Produkt- und Serviceverbesserung zum Ziel haben, bis hin zu strategischen Allianzen zur Technologieentwicklung oder der gemeinsamen Marktbearbeitung. Auch hier hängt der Erfolg nicht alleine von den möglichen Vorteilen der gemeinsamen Kooperation ab. Wichtiger noch ist ein sorgfältiges Beziehungsmanagement um wechselseitige Interessen auszubalancieren, Missverständnisse und Konflikte zu vermeiden und Kommunikationsdistanzen zu überbrücken.
- *Command Buying:* Beim Command Buying hat der Käufer die bessere Verhandlungsposition als der Lieferant. Dies kann zum einen aus einem hohen Wettbewerbsgrad im Lieferantenmarkt her rühren oder durch sehr spezifische Investitionen des Lieferanten, die ihn an den Käufer binden. Es kommt somit zu eine »Quasi-Hierarchie«: Das kaufende Unternehmen kann dem Lieferanten gewisse Vorgaben machen. Jedoch ist auch hier die Etablierung einer tatsächlich kooperativen Strategie oft erfolgversprechender als das Ausnutzen der besseren Verhandlungsposition. Nur durch kooperatives Verhalten sowie die Motivation wechselseitiger Anpassung können die meisten der in Kapitel 4 genannten Vorteile erzielt werden. Dabei kann beispielsweise versucht werden, durch ein gezieltes Lieferantenentwicklungsprogramm die Potenziale des Lieferanten auszuschöpfen und die Beziehung von einer bloßen Abhängigkeit des Lieferanten zu echtem »Commitment« zu entwickeln.

Tabelle 1 stellt die drei Lieferantensituationen sowie die des »Competitive Buying« noch einmal übersichtlich nebeneinander und beschreibt sie anhand empirischer Daten aus der Automobilindustrie (vgl. [Bensaou 1999]).

4.3 Ermittlung und Anpassung des Managementbedarfs

Die Ausführungen haben gezeigt, dass es notwendig ist, die Lieferantensituation des Unternehmens sowohl aus Wettbewerbsgesichtspunkten als auch aus Kooperationsgesichtspunkten zu betrachten. Obwohl Kooperation für Unternehmen zunehmend wichtig wird, gilt es ebenfalls, die eigene Position gegenüber dem Lieferanten hinsichtlich Abhängigkeit und Alternativen einzuschätzen und echte Kooperation nur dort anzustreben, wo es sinnvoll er-

Art der Lieferantenbeziehung				
Charakteristika	**Competitive**	**Cooperative**	**Captive**	**Command**
Produkt	• Standardisierte Produkte, kein Customizing • Reife Technologien • Wenig Innovation • Niedrigpreisprodukte	• Customizing, komplexe Produkte • Kritische Bedeutung • Innovationsgetrieben • Hohe Investitionen, hoher F&E-Bedarf	• Technisch komplexe Produkte • Reife, beherrschte Technologien • Wenig Innovation, wenig Wandel	• Technisch komplexe Produkte • Vom Lieferanten entwickelte, neue Technologien • Wichtiger Innovationsbeitrag • Hoher F&E-Bedarf
Industrie/ Markt	• Lieferantenmarkt fragmentiert • Viele Anbieter • Preiswettbewerb • Wenig Wachstum	• Beide Märkte konzentriert • Wachstumsmarkt, hohe Nachfrage	• Lieferantenmarkt konzentriert, Käufermarkt (evtl.) fragmentiert • Stabile Nachfrage, kein Wachstum	• Lieferantenmarkt fragmentiert, Käufermarkt konzentriert • Wachstumsmarkt • Starker Wettbewerb • Instabiler Markt
Lieferanten	• Lieferanten kleiner als Käufer (KMUs) • Lieferanten mit geringer Verhandlungsmacht, aber hoher Abhängigkeit von Käuferindustrie	• Lieferanten meist genauso groß wie Käuferunternehmen • Lieferant besitzt wichtiges Know-how / Technologie • Starker Forschungsbeitrag zum Produkt	• Große Lieferanten mit proprietärer Technologie • Wenige, etablierte Lieferanten • Hohe Verhandlungsmacht	• Meist kleinere, oft junge Unternehmen • Besitzen proprietäre Technologien, die sie an den Käufer binden • Geringe Verhandlungsmacht
Abhängigkeit aus Sicht des Käufers	• Niedrige Wechselkosten, • keine Abhängigkeiten	• Wechsel fast unmöglich, strategische Abhängigkeit	• Hohe Wechselkosten (wg. geringer Zahl von Alternativen) • Hohe Abhängigkeit vom Lieferanten	• Mittleres Wechselkostenniveau (von Produktkomplexität abhängig) • Lieferant abhängig vom Käufer

Tab. 1: Charakteristika der vier Grundtypen (in Anlehnung an [Bensaou 1999, S. 38 ff.], siehe aber auch [Campbell 1990] und [Dyer et al. 1998])

scheint. In einem zweiten Schritt werden die Lieferantenbeziehungen hinsichtlich des Management- und Koordinationsaufwandes überprüft, um die knappen Managementkapazitäten in die beste Verwendungsrichtung zu lenken (Lenkungsfunktion der Segmentierung). Dabei wird die Wichtigkeit und Attraktivität jedes Lieferanten detaillierter bewertet und dem tatsächlichen oder zu erwartenden Koordinationsbedarf gegenübergestellt (siehe Abb. 2, vgl. [Stuart 1997, S. 233]).

Die Attraktivität und Wichtigkeit eines Lieferanten bemisst sich zunächst einmal an der in Schritt 1 aufgezeigten Wichtigkeit des Produktes und der Abhängigkeit vom Lieferanten. Darüber hinaus lassen sich weitere Einzelfaktoren unterscheiden, die eine differenzierte Bewertung des Lieferanten zulassen. Olsen und Ellram

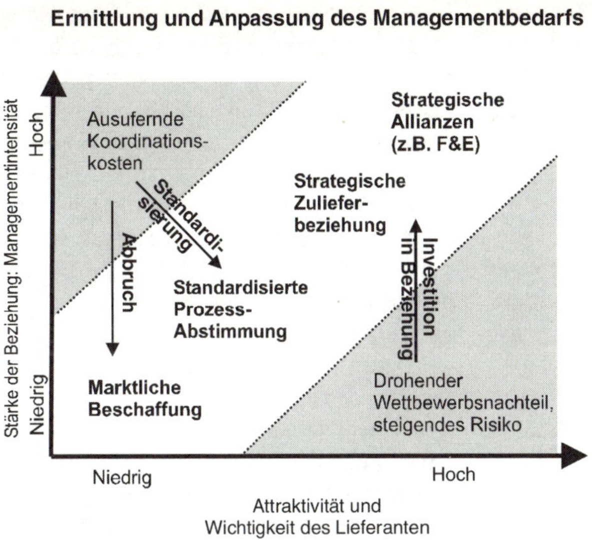

Abb. 2: Portfolio zur Ermittlung des Managementbedarfs im Rahmen des SRM (adaptiert aus [Stuart 1997])

unterscheiden drei wesentliche Klassen von Faktoren, die die Wichtigkeit beeinflussen (siehe Tab. 2).

Der notwendige Koordinationsaufwand einer konkreten Lieferantenbeziehung lässt sich unterteilen in Faktoren, die mit der Komplexität und Spezifität der angebotenen Leistung zusammenhängen, und solche, die sich auf das Lieferantenunternehmen selbst beziehen. Ziel ist es, Koordinationsaufwand und Wichtigkeit in ein adäquates Verhältnis zueinander zu bringen. Abbildung 2 zeigt, dass es zwei grundlegende Situationen gibt, in denen ein Missverhältnis vorliegen kann:

- Es kann sein, dass ein Lieferant, der als weniger wichtig eingestuft wird, bedingt durch hohe Produkt- oder Prozesskomplexität hohe Koordinations- und Managementkosten verursacht, obwohl er nur einen untergeordneten Beitrag liefert. In diesem Fall sollte man eine Standardisierung von Produkt bzw. Prozess anstreben und durch Einführung von Routineprozessen die Koordinationskosten

Faktoren, die die Wichtigkeit eines Lieferanten beeinflussen	
Kompetenzfaktoren	• Wie eng ist das Produkt des Lieferanten mit der eigenen Kernleistung verbunden? • Kann das Unternehmen vom Lieferanten lernen (z.B. Prozesswissen)? • Hat der Lieferant Anteil an Verbesserungsaktivitäten?
Ökonomische Faktoren	• Wie hoch ist das vom Lieferanten abgenommene Volumen? • Wie stark gehen die Zulieferprodukte in Endprodukte mit hohem Wert ein? • Wie stark gehen die Zulieferprodukte in Endprodukte mit hoher Profitabilität ein?
Imagefaktoren	• Trägt das Image oder die Marke zur positiven Wahrnehmung im Markt bei (sog. Co-Branding oder Ingredient Branding, Beispiel: Goretex-Stoffe in Bekleidung)? • Sprechen Umwelt oder Sicherheitsaspekte für die Produkte des Lieferanten?

Tab. 2: Faktoren zur Bewertung eines Lieferanten ([Olsen & Ellram 1997, S. 104])

senken. Es kann aber sein, dass die Beziehung zu einem Lieferanten aufgrund räumlicher Distanz, der Verschiedenheit der Partner und anhaltender Differenzen zu viel Aufmerksamkeit verlangt. Hier kommt ein Abbruch der Beziehung und die Suche nach Alternativen im Markt in Frage.

- Im zweiten Fall kann eine bestehende Lieferantenbeziehung als eigentlich wichtiger eingestuft werden, als sie bisher in Bezug auf das Beziehungsmanagement behandelt wurde. In diesem Fall ist die Anbahnung einer engeren Beziehung, d.h. die Investition in die Beziehung und die Entwicklung des Lieferanten zu einem strategischen Partner, sinnvoll.

Nach der Durchführung der strategischen Analyse und der Identifizierung des Managementbedarfs werden im dritten Schritt konkrete Umsetzungsmaßnahmen identifiziert. Hierzu gehören Lieferantenentwicklungsprogramme, Standardisierungsmaßnahmen, die Beendigung alter Beziehungen sowie die Anbahnung neuer und die Investition in bestehende Beziehungen.

5 Management der Lieferantenbeziehung

5.1 Phasen des Relationship Managements

Ein mögliches Ergebnis der strategischen Analyse des Lieferantenportfolios kann sein, neue Lieferantenbeziehungen anzubahnen. Ein solcher Anbahnungsprozess verläuft typischerweise nach einem mehrstufigen Schema ab (vgl. [Dwyer et al. 1987, S. 15 ff.] und [Moss Kanter 1994]). Zu Beginn steht die Auswahl und Bewertung potenzieller Partner (siehe Abb. 3). Dies ist insbesondere dann von entscheidender Bedeutung, wenn eine strategische Allianz eingegangen werden soll. Potenzielle Partner sollten in verschiedenen Dimensionen zum eigenen Unternehmen passen, um einerseits mögliche Konflikte von Beginn an zu vermeiden, und andererseits bestmöglichen Nutzen aus der Allianz zu ziehen. Brouthers et al. unterscheiden vier Dimensionen: (1) komplementäre Fähigkeiten, (2) zueinander passende, kooperative Unternehmenskulturen, (3) kompatible Ziele und Erwartungen sowie (4) die gleichmäßige Verteilung gemeinsamer Risiken (vgl. [Brouthers et al. 1995], siehe auch [Lamming et al. 1996]). Wichtig sind hierbei insbesondere die kulturellen und persönlichen Faktoren: »Sehr häufig entstehen große Probleme in der Zusammenarbeit, weil sich die beteiligten Kooperationspartner in ihren Kulturen fundamental unterscheiden. Durch die Fokussierung des Managements auf die rationale Ebene werden diese Risiken oftmals zu wenig wahrgenommen« [Dürmüller 2002, S. 36]. Unternehmen, die beispielsweise ein gemeinsames Forschungsprojekt anstreben und aus ökonomischen Gesichtspunkten zueinander passen, sich aber hinsichtlich ihrer Kulturen erheblich unterscheiden, werden Schwierigkeiten haben, funktionierende, unternehmensübergreifende Teams ihrer Mitarbeiter zu bilden.

Abb. 3: Beispielhafter Relationship-Managementprozess (in Anlehnung an [Moss Kanter 1994])

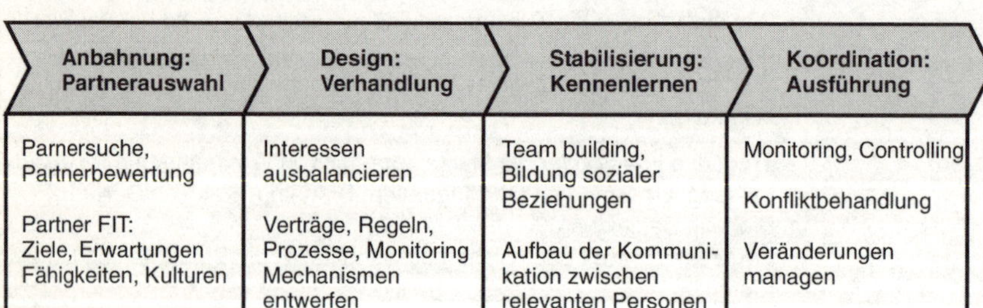

Nach der Partnerwahl werden mit dem in der ersten Phase ausgewählten Partner (oder auch mehreren potenziellen Partnern) in einer zweiten Phase Ziele und Inhalte einer möglichen Kooperation verhandelt und die wechselseitigen Interessen ausbalanciert. Kommt es schließlich zur Anbahnung der Beziehung, werden in der Regel die formalen Mechanismen zur Institutionalisierung der Beziehung wie Verträge, Regeln, Prozessbeschreibungen etc. verhandelt. Mindestens ebenso wichtig sind die informalen, sozialen Aspekte (siehe [Hutt et al. 2000] oder [Zeffane 1995]). Denn letztlich sind es die Menschen in beiden Unternehmen, die unter dem organisatorischen Dach der Beziehung zusammen arbeiten müssen. Nur wenn sich auch gewisse soziale Beziehungen zwischen den involvierten Mitarbeitern entwickeln können, werden die für den Erfolg einer Partnerschaft notwendigen Kommunikationsstrukturen entstehen (Phase 3). Boddy et al. sehen hierbei eine Wechselwirkung zwischen formalen und informalen Strukturen: Informale Kooperation zwischen den involvierten Mitarbeitern kann dazu führen, dass sich in einem nächsten Schritt (neue) formale Strukturen (z.B. Regeln und Prozesse) ausbilden, die dann wieder weiter gehende Kooperation ermöglichen ([Boddy et al. 2000, S. 1008]). Die Phasen zwei und drei sind somit interdependent und laufen nicht notwendig sequenziell ab. Werden anfängliche Barrieren überwunden, folgt als vierte Phase diejenige, in der die vorgesehenen Tätigkeiten und Prozesse koordiniert werden müssen. Hierzu gehört sowohl das Management von Konflikten und Veränderungen als auch ggf. die Beendigung der Beziehung.

5.2 Ebenen des Relationship Managements

Nach [Håkansson 1982] lassen sich verschiedene Dimensionen unterscheiden: die (langfristige) Beziehung zwischen zwei Unternehmen, die mittels geeigneter Mechanismen institutionalisiert wird (z.B. Verträge), und die (eher kurzfristig) wiederkehrenden Interaktionen. Diese Interaktionen, auch Austauschprozesse genannt, können Produktlieferungen, Geldströme, Informationsaustausch oder soziale Interaktionen der involvierten Mitarbeiter sein. Hier spielt sich somit die eigentliche Interaktion zwischen den Unternehmen und damit auch das Management ab, während die Beziehung das notwendige »Framing« liefert. In Analogie hierzu lassen sich innerhalb der beteiligten Unternehmen die organisationale und die personale Ebene unterscheiden. Dabei bestimmen die Organisationsstrukturen (Strategie, Struktur, Technologien und Ressourcen) das Handeln der beteiligten Manager und Mitarbeiter. Deren Erwartungen, Ziele und Erfahrung wiederum haben maßgeblichen Einfluss auf die Ausgestaltung der Beziehung und deren Erfolg. Die gesamte Beziehung ist eingebettet in die Beziehungsatmosphäre, die durch Machtverhältnisse, die wechselseitigen Abhängigkeiten und Erwartungen sowie die Bereitschaft zu kooperativem Verhalten bestimmt wird. Hierbei haben die in Kapitel 5.1 unterschiedenen Kaufsituationen maßgeblichen Einfluss. Neben einem sinnvollen Aufbau der Beziehung und deren formeller Institutionalisierung kommt insbesondere dem Management der informellen, sozialen und interpersonellen Aspekte entscheidende Bedeutung zu.

5.3 Management der sozialen Beziehungen

Soziale Beziehungen zwischen den involvierten Personen gewinnen vor allem in komplexen, zwischenbetrieblichen Allianzen an Bedeutung: »Yet, too often, top executives devote more time to screening potential partners in financial terms than to managing the partnership in human terms« [Moss Kanter 1994, S. 96]. Ziel ist es, den Aufbau zwischenmenschlicher Beziehungen zwischen den Mitgliedern der Organisationen zu fördern; daraus können sich folgende Vorteile ergeben:

- Verbesserter Informationsfluss und damit schnellere Reaktionsfähigkeit und bessere

Entscheidungsfähigkeit der Entscheidungsträger.

- Schaffen wechselseitigen Verständnisses sowie einer gemeinsamen Sicht der Dinge und Vermeiden von Missverständnissen (»Sensemaking«, siehe [Kelly et al. 2000, S. 5]).
- Konfliktvermeidung und schnelle Problemlösung, da sich die beteiligten Personen hinsichtlich ihres Verhaltens, ihrer Erwartungen etc. besser kennen und einschätzen lernen.
- Reduktion opportunistischen Verhaltens: Zwischenmenschliche Beziehung erzeugen ein größeres Commitment zwischen den Beteiligten und reduzieren die Bereitschaft zu egoistischem, kurzfristigem Verhalten.
- Aufbau interpersonalen Vertrauens, dem eine deutlich größere Stabilität zugeschrieben wird als unpersönlichem Vertrauen (z.B. in eine Institution) (siehe [Parkhe 1998a und 1998b] sowie [Meyerson et al. 1996]).
- Motivation der beteiligten Mitglieder und Schaffen eines Klimas, in dem Kreativität und Flexibilität entsteht.

Aus dem zwischenbetrieblichen Kontext ergeben sich jedoch nicht nur neue Aufgaben für das Management, auch die Rolle des Managers ändert sich.

5.4 Die Rolle des Managers im zwischenbetrieblichen Kontext

Im zwischenbetrieblichen Kontext ist der Manager oft für Projekte verantwortlich, in denen Mitarbeiter aus beiden Unternehmen arbeiten. Anders als bei internen Projekten steht er mitunter vor der Herausforderung, dass er keine Weisungsbefugnis über einen Teil dieser Mitarbeiter hat. Vielmehr ist er auf das Wohlwollen der Mitarbeiter und auf sein Gegenüber, einen Manager des Partnerunternehmens, angewiesen. Kommt es in solch einer Situation zur Konfrontation statt zur Zusammenarbeit, so ist nicht nur die Beziehung gefährdet, häufig hängt auch der interne Erfolg des Managers vom Erfolg der externen Beziehung ab. Er steht also vor dem Dilemma, dass sein Einfluss begrenzt ist, er aber vom Erfolg der Beziehung abhängt, obwohl er nur einen Teil im Sinne klassischen Managements planen, durchführen und kontrollieren kann. Seine Tätigkeiten umfassen somit vor allem die Suche nach Konsens, das Vermitteln zwischen Personen, das Verhandeln von Interessen, die Suche nach unkonventionellen Lösungen und das Schaffen einer Atmosphäre, in der Kooperation möglich ist.

Aus Sicht des Unternehmens ist es notwendig, einerseits bei der Besetzung dieser Managementposition auf die spezifischen Anforderungen wie z.B. kommunikative Fähigkeiten Rücksicht zu nehmen und andererseits bereits bei der Anbahnung der Beziehung zu versuchen, ein Machtvakuum beim späteren Management der Beziehung durch entsprechende Regelungen zu vermeiden. Die Installation einer spezifischen organisatorischen Rolle, des sog. Beziehungspromotors, wird hierbei häufig als probates Mittel betrachtet (siehe [Walter 1999] und [Gemünden & Walter 1995]). Der Beziehungspromotor ist »eine Person, die inter-organisationale Austauschprozesse durch gute persönliche Beziehungen zu Schlüsselakteuren, die über kritische Ressourcen verfügen, aktiv und intensiv fördert« [Gemünden & Walter 1995, S. 976]. Voraussetzung hierfür ist die Ausstattung der Rolle mit den nötigen Kompetenzen, die Integrität und Motivation der Person, die die Rolle bekleidet, sowie die Klarheit, mit der die Rolle formuliert und installiert wird (vgl. [Meyerson et al. 1996]). Beziehungspromotoren können Kooperationen anbahnen, in der Zielbildung vermitteln, Commitment erzeugen, den Aufbau von Vertrauen anregen sowie den beiderseitigen Lern- und Anpassungsprozess fördern, indem sie Informationen gezielt verteilen und Beziehungen im Unternehmen entsprechend verankern [Gemünden & Walter 1995, S. 977 f.].

5.5 Organisatorische Implikationen

Das Eingehen externer Beziehungen mit Geschäftspartnern (wie beispielsweise Lieferanten) hat nicht nur Implikationen hinsichtlich des Managements der Beziehung, es hat auch interne Implikationen für die Organisation der Unternehmung. Einerseits müssen bestimmte Kompetenzen im Unternehmen vorhanden sein, um externe Beziehungen managen zu können (»Relationship Management Capability, siehe [Möller & Halinen 1999, S. 419]). Andererseits müssen organisatorische Anpassungen erfolgen, um zwischenbetriebliche Interaktionen (z.B. auf Prozessebene) zu ermöglichen und den größtmöglichen Nutzen aus der externen Beziehung zu ziehen. Alt et al. beschreiben diese Anpassung unter dem Konzept der »Networkability« (Netzwerkfähigkeit) des Unternehmens und schlagen die Anpassung der internen Prozesse, die Anpassung von Produkten, Produktionsverfahren sowie die Anpassung der Informationssysteme (Schnittstellen) vor (vgl. [Alt et al. 2000, S. 406]).

Das Networkability-Konzept bezieht sich explizit auf die Ebene der Informationssysteme und deren »Interoperability«. Neben der Schnittstellenfähigkeit interner Systeme gibt es zudem eine Reihe interorganisatorischer Informationssysteme (IOS), deren Einsatz im Rahmen des Relationship Managements erfolgversprechend erscheint.

6 Informationssysteme für das SRM

Ausgehend von einem Trend informationssystembasierten Beziehungsmanagements auf Kundenseite (CRM), bieten Softwarehersteller zunehmend Informationssysteme für andere Bereiche des Beziehungsmanagements, so auch für das SRM, an. Diese Systeme unterstützen mehr oder weniger komplexe Informations-, Kommunikations- oder Koordinationsaufgaben im Rahmen des SRM. Neben den Anbietern von CRM-Software drängen die Hersteller von SCM-Software in diesen Markt. Dies hat dazu geführt, dass mittlerweile eine recht große Anzahl verschiedener Softwaretools für unterschiedliche Funktionen des SRM angeboten werden. Es erscheint aus diesem Grund notwendig, zunächst einmal die Systeme hinsichtlich ihrer Funktion für das SRM zu unterscheiden und eine Taxonomie verschiedener Anwendungen zu erarbeiten.

Zu den für das Supplier Relationship Management angebotenen Informationssystemen gehören einfache Systeme zur Informationsbereitstellung genauso wie komplexe Koordinationssysteme aus dem Bereich des Supply Chain Managements. Letztere ordnen wir in diesem Kontext ebenfalls in die Gruppe der SRM-Systeme ein, da sie Funktionen zur Koordination von Lieferantenprozessen bieten und die Konzepte SCM und SRM eng verwandt sind (siehe Kap. 3.3).

Interorganisationssysteme (IOS) lassen sich in Anlehnung an die von Malone und Crowston geprägte Koordinationstheorie zunächst einmal in vier typische, nach Komplexität gestaffelte Gruppen unterteilen: Informationssysteme, Kommunikationssysteme, Kollaborationssysteme (Group Decision Making) und Koordinationssysteme. Dabei bauen die Systeme zum Teil aufeinander auf: Kollaborationssysteme z.B. nutzen Kommunikationsfunktionen. Gerade durch das Aufkommen internetbasierter Transaktionen im E-Commerce kann diese Taxonomie durch Transaktionssysteme sinnvoll ergänzt werden. Da eine weitere wesentliche Funktion des SRM die interne Entscheidungsunterstützung durch analytische Systeme ist, erweitern wir die Taxonomie auf sechs Klassen. Tabelle 3 ordnet bekannte Systeme aus dem SRM-Umfeld in die sechs Kategorien ein.

SRM-Systeme zur Unterstützung der Informationsfunktion umfassen vor allem sog. Supplier Self-Services, die es Lieferanten ermöglichen, auf wichtige, den Lieferanten betreffende Daten in den internen Systemen des Käufers zuzugreifen (z.B. Lagerbestände oder Absatzdaten). Des Weiteren gehören in diese Klasse solche Systeme, die der Lieferant seinerseits zur Nutzung durch den Abnehmer anbietet. Das sind z.B. elektronische Kataloge oder ähnliche Web-Anwendungen. Kommunikationssysteme beziehen sich einerseits auf den maschinenba-

Information	Kommunikation	Transaktion	Kollaboration	Koordination	Auswertung
• Supplier Self-Services • Electronic Catalogues • Websites • Newsletters	• Electronic Data Interchange: z.B. Purchase Order Receiving • E-Mail • Groupware • Video-Conferencing	• E-Procurement • Reverse Auctioning • Desktop Purchasing • Demand Aggregation	• Collaborative Planning, Forecasting and Replenishment (CPFR) • Collaborative Design • Distributed Buying	• Supply Chain Systems and Just-In-Time Processing • ECR Systems • Vendor Managed Inventory	• Contract Data Bases • Supplier Assessment • Spend Analysis & Data Mining • Process Monitoring

Tab. 3: Informationssysteme für das Supplier Relationship Management

sierten Datenaustausch (EDI) und andererseits auf die Mensch-Mensch-Kommunikation. Zu Letzteren gehören Videokonferenzsysteme, die zur Unterstützung der Projektarbeit im Rahmen von Forschungsallianzen eingesetzt werden können, um die räumliche Kommunikationsdistanz zu überbrücken.

Transaktionssysteme decken das Bestellwesen und die reinen Beschaffungsprozesse ab. Hierzu gehören E-Procurement-Lösungen und Demand-Aggregation-Systeme zur Auftragsbündelung im Rahmen der kollaborativen Beschaffung sowie die Nutzung elektronischer Marktplätze zur Platzierung von Ausschreibungen (Reverse Auctioning). Kollaborationssysteme haben die gemeinsame Entscheidungsfindung und Bearbeitung von Daten zur Aufgabe. Dies sind z.B. CPFR-Systeme (Collaborative Planning, Forecasting and Replenishment) sowie komplexe Systeme für den gemeinsamen Produktentwurf. Koordinationssysteme als letzte Klasse der Interorganisationssysteme unterstützen die Koordination von Abläufen und den Informationsaustausch entlang von (oft wertschöpfungsstufenübergreifenden) Prozessen. Hier finden sich SCM- und ECR-Systeme sowie Systeme zum Management von Lagern beim Käufer durch den Lieferanten (Vendor Managed Inventories und Continuous Replenishment). Analytische Systeme als letzte Gruppe der SRM-Systeme umfassen Software zur Unterstützung des Portfolio-Managements und der Lieferantenauswahl. Dies sind z.B. Systeme zur Lieferantenbewertung und -segmentierung anhand quantitativer Daten (Supplier Assessment).

Je nach Komplexität der Beziehung zwischen Käufer und Lieferanten bieten sich unterschiedliche Systeme an. In eher losen, marktlichen Beziehungen steht die Nutzung elektronischer Märkte und marktlicher Mechanismen wie z.B. Reverse Auctions im Vordergrund. In losen, auf operative Aspekte konzentrierten Kooperationen bieten sich Systeme zur Information und zum Datenaustausch mit Lieferanten an (EDI, Supplier Self-Services etc.). In engen, strategischen Entwicklungskooperationen dagegen kommen Systeme zur Kollaboration und zur medial reichhaltigen Kommunikation zum Einsatz (Collaborative Design, Groupware und Videokonferenzen). In Partnerschaften mit tiefgehender Prozessintegration entlang der Wertkette werden Kollaborations- und Koordinationssysteme wie CPFR, SCM und ähnliche genutzt.

7 Literatur

[Alt et al. 2000] *Alt, R.; Fleisch, E.; Werle, O.:* The Concept of Networkability – How to make Companies competitive in Business Networks. In: Hansen, H. R.; Bichler, M.; Mahrer, H. (eds.): Proceedings of the ECIS 2000. A Cyberspace Odyssey. Wien: Wirtschaftsuniversität Wien, 2000, S. 405-411.

[Araujo et al. 1999] *Araujo, L.; Dubois, A.; Gadde, L.-E.:* Managing Interfaces with Suppliers. In: Industrial Marketing Management, 28 (1999) 5, S. 497-506.

[Barney 1999] *Barney, J. B.:* How a Firm's Capabilities affect Boundary Decisions. In: Sloan Management Review, 40 (1999) 3, S. 137-145.

[Bensaou 1999] *Bensaou, M.:* Portfolios of Buyer-Supplier Relationships. In: Sloan Management Review, 40 (1999) 4, S. 35-44.

[Boddy et al. 2000] *Boddy, D.; Macbeth, D.; Wagner, B.:* Implementing Collaboration between Organizations: An empirical Study to Supply Chain Partnering. In: Journal of Management Studies, 37 (2000) 7, S. 1003-1017.

[Brouthers et al. 1995] *Brouthers, K. D.; Brouthers, L. E.; Wilkinson, T. J.:* Strategic Alliances: Choose Your Partners. In: Long Range Planning, 28 (1995) 3, S. 2, 18-25.

[Campbell 1990] *Campbell, N. C. G.:* An Interaction Approach to Organizational Buying Behaviour. In: Ford, D. (Hrsg.): Understanding Business Markets; Interaction, Relationships and Networks. Academic Press, Original veröffentlicht in Journal of Business Research, 13 (1985), S. 35-48.

[Cannon & Homburg 2001] *Cannon, J. P.; Homburg, C.:* Buyer-Supplier Relationships and Customer Firm Costs. In: Journal of Marketing, 65 (2001) 1, S. 29-43.

[Ciborra 1992] *Ciborra, C. U.:* Innovation, Networks and Organizational Learning. In: Antonelli, C. (ed.): The Economics of Information Networks. North Holland, Amsterdam, 1992, S. 91-102.

[Contractor & Lorange 1988] *Contractor, F. J.; Lorange, P.:* Why Should Firms Cooperate? The Strategy and Economics Basis for Cooperative Ventures. In: Contractor, F. J.; Lorange, P. (eds.): Cooperative Strategies in International Business. Lexington Books, Lexington, MA, 1988, S. 3-30.

[Dürmüller 2002] *Dürmüller, C.:* Checkliste für erfolgreiche Allianzen. In: new management, (2002) 6, S. 35-41.

[Dyer & Singh 1998] *Dyer, J. H.; Singh, H.:* The Relational View : Cooperative Strategy and Sources of Interorganizational Competitive Advantage. In: Academy of Management Review, 23 (1998) 4, S. 660-679.

[Dyer et al. 1998] *Dyer, J. H.; Cho, D. S.; Chu, W.:* Strategic Supplier Segmentation: The Next »Big Practice« in Supply Chain Management. In: California Management Review Reprint Series, 40 (1998) 2, S. 57-77.

[Dwyer et al. 1987] *Dwyer, F. R.; Schurr, P. H.; Sejo, O.:* Developing Buyer-Seller Relationships. In: Journal of Marketing, 51 (1987) 2, S. 11-27.

[Ebers 1999] *Ebers, M.:* Explaining Inter-organizational Network Formation. In: Ebers, M. (ed.): The Formation of Inter-Organizational Networks. Oxford University Press, Oxford et al., 1999, S. 3-40.

[Frazier et al. 1988] *Frazier, G. L.; Spekman, R. E.; O'Neal, C. R.:* Just-In-Time Exchange Relationships in Industrial Markets. In: Journal of Marketing, 52 (1988) 4, S. 52-67.

[Gemünden & Walter 1995] *Gemünden, H. G.; Walter, A.:* Der Beziehungspromoter. In: ZfB – Zeitschrift für Betriebswirtschaftslehre, 65 (1995) 9, S. 971-986.

[Håkansson 1982] *Håkansson, H. (ed.):* International Marketing and Purchasing of Industrial Goods: An Interaction Approach. John Wiley & Sons, Chichester, 1982.

[Harland 1996] *Harland, C. M.:* Supply Chain Management: Relationships, Chains and Networks. In: British Journal of Management, 7 (1996) 1, S. 63-80.

[HMD 207] Supply Chain Management. HMD – Praxis der Wirtschaftsinformatik, Heft 207, dpunkt verlag, Heidelberg, Juni 1999.

[Hoyt & Huq 2000] *Hoyt, J.; Huq, F.:* An Evolutionary Process in the Supply Chain: From Arm's length to collaboration. In: Academy of Management Proceedings, 2000, S. 1-5.

[Hutt et al. 2000] *Hutt, M. D.; Stafford, E. R.; Walker, B. A.; Reingen, P. H.:* Case study: Defining the social network of a strategic alliance. In: Sloan Management Review, 41 (2000) 2, S. 51-62.

[Kelly et al 2000] *Kelly, M. J.; Schaan, J.-L.; Joncas, H.:* Managing Alliance Relationships: Key Challenges in the Early Stages of Collaboration, *[http://www.admin.uottawa.ca/ResearchPapers/2000/00-05.pdf].* [Zugriff: 02.08.2002].

[Lamming et al. 1996] *Lamming, R. S.; Cousins, P. D.; Notman, D. M.:* Beyond Vendor Assessment. In: European Journal of Purchasing & Supply Management, 2 (1996) 4, S. 173-181.

[Lorenzoni & Baden-Fuller 1995] *Lorenzoni, G.; Baden-Fuller, C.:* Creating a Strategic Center to Manage a Web of Partners. In: California Management Review, 37 (1995) 3, S. 146-163.

[Meyerson et al. 1996] *Meyerson, D.; Weick, K. E.; Kramer, R. M.:* Swift Trust and Temporary Groups. In: Kramer, Tyler (ed.): Trust in Organizations., Sage Publications, 1996, S. 166-195.

[Millman 1996] *Millman, T.:* Global Key Account Management and Systems Selling. In: International Business Review, (1996) 4.

[Möller & Halinen 1999] *Möller, Kristian K.; Halinen, Aino:* Business Relationships and Networks: Managerial Challenge of Network Era. In: Industrial Marketing Management, 28 (1999) 5, S. 413-427.

[Moss Kanter 1994] *Moss Kanter, R.:* Collaborative Advantage: The Art of Alliances. In: Harvard Business Review, 4 (1994), S. 96-108.

[Olsen & Ellram 1997] *Olsen, R. F.; Ellram L. M.:* A Portfolio Approach to Supplier Relationships. In: Industrial Marketing Management, 26 (1997), S. 101-113.

[Parkhe 1998a] *Parkhe, A.:* Understanding Trust in International Alliances. In: Journal of World Business, 33 (1998) 3, S. 219-240.

[Parkhe 1998b] *Parkhe, A.:* Building Trust in International Alliances. In: Journal of World Business, 33 (1998) 4, S. 417-438.

[Sobrero & Toulan 2000] *Sobrero, M.; Toulan, O.:* Task Partitioning, Communication Activities, and the Performance of Supplier Relations in Product Development. In: Birkinshaw, J.; Hagström, P. (eds.): The flexible Firm. Capability Management in Network Organizations. Oxford University Press, Oxford, 2000, S. 21-42.

[Stuart 1997] *Stuart, F. I.:* Supply-chain strategy: Organizational influence through supplier alliances. In: British Journal of Management, 8 (1997) 3, S. 223-236.

[Tang 1999] *Tang, C. S.:* Supplier Relationship Map. In: International Journal of Logistics: Research & Applications, 2 (1999) 1, S. 39-56.

[Walter 1999] *Walter, A.:* Relationship Promoters: Driving Forces for Successful Customer Relationships. In: Industrial Marketing Management, 28 (1999) 5, S. 537-551.

[Wildemann 1997] *Wildemann, H.:* Koordination von Unternehmensnetzwerken. In: Zeitschrift für Betriebswirtschaft, 67 (1997) 4, S. 417-439.

[Zeffane 1995] *Zeffane, R.:* The widening scope of inter-organizational networking: economic, sectoral and social dimensions. In: Leadership & Organization Development Journal, 16 (1995) 4, S. 26-33.

Prof. Dr. Stefan Klein
Dipl.-Wirt. Inform. Kai Riemer
Universität Münster
Lehrstuhl für Wirtschaftsinformatik
und Interorganisationssysteme
Leonardo-Campus 3
48149 Münster
klein@wi.uni-muenster.de
wikari@wi.uni-muenster.de
www.wi-ios.de

Ute Barking, Philipp König

Ganzheitliche Prozessunterstützung durch eine integrierte SRM-Lösung

Die Lieferanten tragen in immer größerem Umfang zur Wertschöpfung bei. Daher war es nur eine Frage der Zeit, bis eine eigene Softwarelösung für die Einbindung von Lieferanten in den gesamten Beschaffungsprozess entwickelt wurde. Supplier Relationship Management hat zum Ziel, die Beziehungen zur gesamten Lieferantenbasis zu optimieren sowie die Integration aller Softwarelösungen auf eine Plattform in den verschiedenen Niederlassungen und bei Partnern mit zentralen Geschäftsprozessen zu erreichen. Es lassen sich Tendenzen ausmachen, dass dieses Thema zukünftig ebenso wichtig sein wird wie CRM und SCM. Dieser Beitrag beschreibt, wie das Softwareunternehmen SAP das Thema SRM sieht und wie es seine SRM-Strategie in einer Softwarelösung umgesetzt hat.

Inhaltsübersicht

1 Einführung

Die Beschaffung steht heute vor zentralen Herausforderungen: etwa der zunehmenden Globalisierung, der wachsenden Dynamik der Märkte, der Konzentration auf Kernkompetenzen oder der zunehmenden Reduzierung der Fertigungstiefe (vgl. [Knolmayer et al. 2000]). Der internationale Wettbewerb mit seinem Kostendruck, sinkenden Stückzahlen und kürzeren Produktlebenszyklen bei gleichzeitig steigenden Amortisationszeiten erfordert dynamische Unternehmensstrukturen, die den veränderten Markterfordernissen gerecht werden. Während in den vergangenen Jahren eher das Konzept des Massenmarketings verfolgt wurde, fand nun ein Paradigmenwechsel hin zum Relationship Marketing statt. Die Funktionsbereiche Einkauf und Beschaffung nehmen dabei in immer stärker werdendem Maße Schlüsselfunktionen ein, da sie zur permanenten Sicherung und Steigerung der Wettbewerbsfähigkeit von Unternehmen beitragen.

Die Voraussetzung für ein erfolgreiches Relationship Marketing und damit einer geplanten, dauerhaften Geschäftsbeziehung ist die sorgfältige Partnerselektion sowie Offenheit und Klarheit in der Kommunikation zwischen den Partnern. Dabei werden bei Geschäftsbeziehungen zwischen Kunden und Lieferanten u.a. Konzentration auf die Geschäftsbeziehung, Flexibilität und Gegenseitigkeit als wichtige Elemente hervorgehoben (vgl. [Bauer et al. 1998]). Das SRM-Konzept nutzt neue unternehmensübergreifende Technologien und verbessert kritische Prozesse der Wertschöpfungskette – vom Management der Zulieferer über die Entwicklung, Konstruktion und Beschaffung bis hin zum elektronischen Einkauf. Ermöglicht wurde diese neue Lösungssparte durch die Fortschritte im Bereich der elektronischen Marktplätze sowie der Internettechnologie für die Zusammenarbeit über Unternehmensgrenzen hinweg.

Die bisherige Entwicklung der elektronisch unterstützten Beschaffung verlief in drei teilweise parallelen Schritten. Zuerst wurden die Enterprise-Resource-Planning-Systeme (ERP-

Systeme) entwickelt, die z.B. mittels EDI Daten mit Lieferanten austauschen. Im Rahmen des Internetzeitalters entstanden E-Procurement-Lösungen, mit denen die Bedarfsträger selbst ihre Bestellung über das Internet tätigen können. Der nächste Schritt ist nun die Entwicklung hin zu SRM-Lösungen. Während E-Procurement – von der Käuferseite getrieben – eine Verbesserung und Verschlankung der operativen Beschaffungsprozesse stärker in den Mittelpunkt rückte, geht es bei SRM nun darum, den strategischen Einkauf zu unterstützen und die Beziehung zu den immer wichtiger werdenden Lieferanten auf eine neue Qualitätsstufe zu heben. Neue Bereiche wie Beschaffungsanalysen, Lieferantenbewertung und -auswahl sowie Lieferantenüberwachung spielen heute eine entscheidende Rolle. Unternehmen können Lieferanten identifizieren, die ihnen den größten Nutzen bei gleichzeitig geringem Risiko bringen. Des Weiteren werden quantitative und/oder qualitative Verbesserungen potenzieller Bezugsquellen erreicht (vgl. [Nenninger & Gerst 1999], [Melzer-Ridinger 2001]). Die verbesserte Informationsqualität hilft bei strategischen Entscheidungen (z.B. bei der Make-or-Buy-Entscheidung) und fördert den Aufbau von Vertrauen. Langfristige Geschäftsbeziehungen werden so ermöglicht.

Die neuen Systeme und Geschäftsprozesse lassen sich schrittweise einbinden. Oft beginnt ein Unternehmen mit einfachen E-Procurement-Prozessen wie der Beschaffung von C-Materialien. Dann geht es über zur Beschaffung von Produktionsmaterialien und E-Sourcing (Bezugsquellenfindung), um schließlich komplexere unternehmensübergreifende Szenarien in Angriff zu nehmen. Der E-Sourcing-Prozess umfasst die unternehmensweite Spezifikation der Bedarfe, die Vorauswahl geeigneter Lieferanten, die Ausschreibung der Bedarfe, die automatisierte Angebotsbewertung sowie ein qualitatives Lieferantenmanagement. Mit zunehmender Komplexität der zu beschaffenden Güter und Dienstleistungen wird die Zusammenarbeit mit möglichen Lieferanten im Produktentwicklungs- bzw. Spezifizierungsprozess immer wichtiger (vgl. [Sander & Behlke 2001]). Somit wird der Einkauf bei der Bestellung von sämtlichen Gütern und Dienstleistungen unterstützt und die Effektivität wesentlich verbessert.

2 Das SRM-Konzept der SAP

2.1 SRM zur Unterstützung des gesamten Beschaffungsprozesses

Auf der Suche nach neuen Wertschöpfungspotenzialen konzentrieren sich Unternehmen auf die Optimierung ihrer Lieferantenbeziehungen. Zu den primären Vorgaben des Managements gehören günstigere Einkaufskonditionen, schlankere Beschaffungsprozesse und eine beschleunigte Produktentwicklung. Um diese Ziele zu erreichen, muss ein elektronisches Tool den gesamten Beschaffungsprozess unterstützen – von der Entwicklung einer geeigneten Beschaffungsstrategie über die Qualifizierung der Lieferanten bis hin zur stetigen Bewertung der Lieferantenleistung. SAP hat deshalb die Lösung mySAP Supplier Relationship Management (mySAP SRM) so konzipiert, dass die kompletten Anforderungen eines betriebswirtschaftlichen Supplier Relationship Managements abgedeckt werden (vgl. Abb. 1).

Die Optimierung der Lieferantenbeziehungen stellt nicht zuletzt international agierende Unternehmen vor die Herausforderung, die Beschaffung auf der einen Seite noch stärker mit der eigenen Produktentwicklung, der Produktion sowie dem Supply Chain Management und auf der anderen Seite mit den Zulieferern zu verzahnen. Der Fokus lag bisher auf der reinen Automatisierung des Einkaufs, wobei sich Unternehmen nun verstärkt den strategischen Fragen der Beschaffung und ihrer Lösung widmen.

Welche Produkte werden am häufigsten beschafft? Bei wie vielen Lieferanten wird ein bestimmtes Produkt eingekauft? Und zu welchen Konditionen bei welchem Anbieter? Die meisten Unternehmen besitzen bisher nicht die systemtechnischen Möglichkeiten, Antworten auf

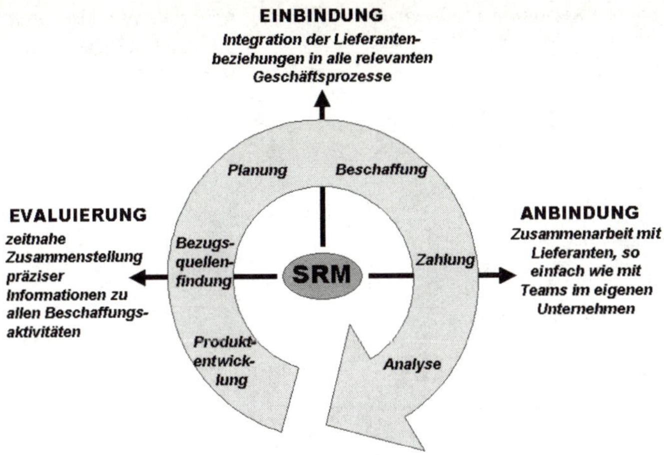

Abb. 1: Die Schritte eines Beschaffungsprozesses

diese Fragen zu finden. Die SRM-Lösung der SAP schließt diese Lücke und macht Material- und Lieferantendaten über Geschäftseinheiten und IT-Systemgrenzen hinweg transparent. Dadurch können Unternehmen ihre Material- und Lieferantendaten global konsolidieren, um Redundanzen zu identifizieren und somit die Einkaufsaktivitäten besser koordinieren und Kosten senken zu können. Unternehmen sind in der Lage, ihre Lieferantenstruktur im Detail zu analysieren und die Effizienz der Lieferantenauswahl zu erhöhen. Auf diese Weise können Preise und Konditionen einfacher verhandelt, Rahmenverträge besser ausgeschöpft und Bedarfe gebündelt werden; dies schlägt sich bei Preisen und Beschaffungskosten günstig nieder. Lieferanten lassen sich nach ihrer Zuverlässigkeit und der Qualität ihrer Produkte und Serviceleistungen bewerten. Dadurch können Unternehmen die Zufriedenheit ihrer Kunden und ihre eigene Wettbewerbsfähigkeit erhöhen sowie Kosten einsparen, die durch weniger leistungsfähige Lieferantenbeziehungen verursacht werden.

Darüber hinaus lässt sich die Wertschöpfung in der Beschaffung durch verkürzte Produktentwicklungszeiträume erhöhen, indem die Zusammenarbeit mit der Produktentwicklung und den Lieferanten intensiviert wird, um beispielsweise gemeinsam Produktspezifikationen zu erarbeiten oder um fundierte Make-or-Buy-Entscheidungen treffen zu können.

Ein weiterer Wertschöpfungshebel ergibt sich aus verminderten Transaktionskosten durch unternehmensübergreifende Beschaffungsprozesse. Unternehmen können ihre Beschaffungsprozesse über alle Materialarten hinweg konsequent automatisieren und die gesamte Lieferantenbasis einbinden, um eine elektronische Beschaffung ohne Medienbrüche durchgängig zu nutzen.

2.2 Kernbereiche von mySAP Supplier Relationship Management

Mit mySAP SRM fokussiert sich SAP sowohl funktions- als auch prozessseitig auf eine Erweiterung des bestehenden E-Procurement. Von Beginn an konzentrierte sich SAP auf drei Geschäftsprozessbereiche, auf die im Folgenden näher eingegangen wird (vgl. Abb. 2).

Der erste Bereich wird *Evaluierung der Beschaffungsstrategie* genannt und erlaubt eine vollständige Sichtweise auf alle Prozesse. Somit wird die Formulierung und Optimierung einer eindeutigen Sourcing-Strategie unterstützt (z.B. globale oder lokale Beschaffung, Anzahl der Lieferanten senken). Dazu werden sowohl Informationen aus verschiedenen Systemen als auch externe Analysedaten (z.B. für Trends) benötigt. Die SRM-Lösung von SAP erlaubt es, die Liefe-

Abb. 2: Kernbereiche und Schlüsselfunktionen von mySAP SRM

rantenbeziehungen zu analysieren, um die Lieferantenauswahl zu ermöglichen, das Lieferantenrisiko zu minimieren und Zeit im Sourcing-Prozess einzusparen. SRM unterstützt effektivere Evaluierungen, um die Lieferantenkapazitäten besser und früher auf das Sourcing abzustimmen. Die Lösung fokussiert sich auf die schnellstmögliche Auswahl der »richtigen« Lieferanten, um so Geschäfte mit ihnen abschließen zu können. Die Idee, die dahinter steckt, ist folgende: Sobald eine Entscheidung darüber getroffen ist, wie viel in den nächsten 12 Monaten beschafft werden muss, werden potenzielle Lieferanten identifiziert, Ausschreibungen verschickt, Antworten analysiert und die richtigen Lieferanten selektiert. Anders als beim bisherigen E-Procurement endet der Prozess hier nicht, sondern führt zu direkten Vertragsverhandlungen. Dabei wird versucht, den Lieferanten so schnell wie möglich für sich zu gewinnen.

Der zweite Bereich betrifft die *Anbindung der Lieferanten.* Einkaufende Firmen versuchen vieles, um die Beschaffungsprozesse innerhalb des Unternehmens möglichst reibungslos zu gestalten. Planungs- und Beschaffungssysteme werden miteinander verbunden: So werden beispielsweise Product-Lifecycle-Management-Systeme an die Beschaffung angeschlossen. Eine Verbindung zwischen der Instandhaltung (Plant Maintenance) und der Beschaffung ist in vielen Unternehmen ebenfalls schon Realität. Alle Anstrengungen konzentrieren sich darauf, Verbindungen zwischen Systemen zu schaffen – bis der Beschaffungsprozess schließlich an die Grenzen der beschaffenden Firma stößt. Plötzlich wird von den vielen Bestellungen nur noch ein kleiner Prozentsatz in automatisierter Weise bearbeitet – die Prozesse laufen dann wieder auf Papier ab, eine Bestellung wird per Fax oder Brief an den Lieferanten geschickt, die Bestellbestätigung erfolgt auf dem gleichen Weg und muss mühsam wieder in strukturierte Information umgewandelt werden. Gleiches gilt dann auch für die Rechnungen. Ein Teil der SRM-Lösung der SAP beschäftigt sich deshalb mit der Anbindung aller, auch kleinerer Lieferanten. Die Lösung enthält Tools für die gesamte Lieferantenbasis und managt den Dokumentenaustausch zwischen dem Unternehmen und den Partnern auf elektronische Weise. Ziel ist es, eine homogene Systemlandschaft zwischen dem beschaffenden Unternehmen und seiner gesamten Lieferantenbasis aufzubauen. Die Umsetzung erfolgt über Self-Services-Tools für Lieferanten.

Der letzte und dritte Bereich umfasst die *Einbindung der Lieferanten.* In ihm sind die Funktionen zum operativen Geschäft mit den Lieferanten enthalten. Bei den verbundenen Handelspartnern können C-Materialien sowie Produktionsmaterialien und Dienstleistungen eingekauft werden. Dabei unterstützt SAP sowohl die von Nachfragern selbst angelegten Bestellungen als auch geplante Bedarfe über ein PPS-System. Bei der operationalen Bezugsquellenfindung, d.h. der alltäglichen Beschaffung, werden jeweils die besten Lieferanten kostengünstig und schnell ermittelt. Die Lieferantenleistung wird ständig überwacht. Somit lassen sich die Lieferanten identifizieren, die dem Unternehmen den größten Wert bringen – also produktivere Beziehungen, höhere Effizienz und reduzierte Kosten.

2.3 Ausgewählte SRM-Geschäftsprozesse

Strategische Bezugsquellenfindung

Die SRM-Lösung der SAP bietet dem professionellen Einkäufer Unterstützung sowohl bei strategischen Entscheidungen als auch beim Einkauf von Produktionsmaterialien und Dienstleistungen. Als strategisch gelten die Entscheidungen, die über »make or buy« oder zur Auswahl der Bezugsquelle (Sourcing-Strategien) für eine bestimmte Warengruppe oder ein Produkt getroffen werden.

Während der operative Einkauf offene Bedarfe anhand bestehender Bezugsquellen über Lieferantenkontrakte deckt, ist es Aufgabe des strategischen Sourcing, eine Lieferantenstrategie zu entwickeln und damit Bezugsquellen zu bewerten, auszuwählen und entsprechende Verträge mit den Lieferanten zu verhandeln.

Das strategische Sourcing kommt immer dann zum Tragen, wenn aus dem operativen Geschäft heraus Bedarfe entstehen, die nur über neue Lieferbeziehungen gedeckt werden können. Andererseits lassen sich bestehende Lieferbeziehungen verbessern, zum Beispiel anhand historischer Daten zur Liefertreue, Preisentwicklung, Mengentreue und der Erfüllung qualitativer Kriterien wie technischer Anforderungen oder Umweltauflagen.

Mit mySAP SRM können operative Bedarfe in der Komponente SAP Enterprise Buyer entweder automatisch über Einkaufsverträge und Einkaufsdatensätze einer Bezugsquelle zugeordnet werden oder manuell durch den Einkäufer anhand einer Vorschlagsliste für Bezugsquellen. Bedarfe, denen weder manuell noch automatisch eine Bezugsquelle zugeordnet wurde, können ausgeschrieben werden. Ausschreibungen sind jedoch nicht nur sinnvoll, um aus dem Tagesgeschäft resultierende kurzfristige oder operative Bedarfe zu decken. Häufig werden gerade Bedarfe über längere Zeiträume (Jahresbedarfe) oder verschiedene Organisationseinheiten hinweg konsolidiert und ausgeschrieben. mySAP SRM bietet hier über integrierte analytische Funktionen auf Basis der Data-Warehouse-Technologie von SAP – entweder über die Duns-Nummer von Dun & Bradstreet oder die Produktkategorie – die geeignete Unterstützung, um Bedarfe über Systemgrenzen hinweg global zu konsolidieren. Die über eine Ausschreibung erreichten Konditionen werden in Einkaufsverträgen abgebildet, um sie dann zur Bezugsquellenfindung kurzfristiger, offener Bedarfe wieder zu nutzen.

Neben der Erstellung von Verträgen ist es möglich, Lieferantendaten wie Lieferspektrum und Status der Zusammenarbeit in einer Lieferantenliste zu pflegen. In dieser Liste sind Lieferanten ausgewiesen, die für den Einkauf bestimmter Produktkategorien empfohlen worden sind und bei der Erstellung von Ausschreibungen und Bestellungen bevorzugt werden sollen. Kennzahlen wie Liefer- oder Mengentreue können kontinuierlich durch den Aufruf aktueller Reports kontrolliert und dargestellt werden. Damit hat der Einkauf die Möglichkeit, dem Lieferanten bei Verschlechterung der Leistung über eine Lieferantenbewertung ein Feedback zu geben oder frühzeitig den Lieferanten zu wechseln, um so Engpässe für das eigene Unternehmen abzuwenden.

Supplier Self-Services

Insbesondere kleinen und mittleren Anbietern von Waren und Dienstleistungen ist es bisher kaum möglich, sich mit ihren Kunden elektronisch zu vernetzen. Sie erhalten nun mit einem Self-Service-Portal, auf das sie durch ein Web-

Frontend auf Seiten des einkaufenden Unternehmens Zugriff haben, die Möglichkeit, so genannte »Collaborative Services« in Anspruch zu nehmen (vgl. Abb. 3). In dieses Web-Frontend werden per XML-Dokumentenaustausch die Bestellungen des einkaufenden Unternehmens gestellt und können dort vom Lieferanten auf der anderen Seite über einen Web-Browser begutachtet werden – auch der Download der Bestellungen ist möglich. Akzeptiert der Lieferant die Bestellung, so erfasst er die Auftragsbestätigung im Web-Frontend. Durch den XML-Dokumentenaustausch wird diese strukturierte Information wieder in das Einkaufssystem geschleust. Auf diese Weise lassen sich auch die Rückmeldung und die Rechnung bearbeiten. Der Lieferant benötigt lediglich einen PC mit Web-Zugang und Web-Browser. Investitionen in die IT-Infrastruktur sind für den Lieferanten nicht erforderlich. So haben auch kleinere Lieferanten die Möglichkeit, kostengünstig und ohne aufwendige Wartung eigener Softwaresysteme an den elektronischen Prozessen teilzunehmen.

Darüber hinaus ist der Lieferant in der Lage, seine Firmen- und Produktdaten selbst beim Kunden zu pflegen und an der Katalogerstellung mitzuarbeiten. Der Lieferant kann basierend auf Excel-Datensätzen Informationen über das Portal erfassen und diese an das einkaufende Unternehmen übermitteln. Auf diese Weise arbeitet das beschaffende Unternehmen immer mit den aktuellen und richtigen Daten und Preisen der Lieferanten.

Eine weitere Möglichkeit, die im Rahmen des Supplier Self-Services genutzt werden kann, besteht darin, den Lieferanten Zugang zu Auswertungen zu geben. Beispielsweise könnte der Lieferant einen Bericht erhalten, der ihm anzeigt, wie viele Aufträge er wie pünktlich bearbeitet hat. Zudem können die Lieferanten vordefinierte Berichte abrufen, die sie über offene Bestellungen des Kunden und Zahlungseingänge informieren.

Katalog- und Content Mangement

Das A und O des elektronischen Einkaufs sind die Kataloge, in denen das einkaufende Unternehmen die Produktinformationen, Geschäftsdaten und Preise findet. Allerdings bedeutet die Erstellung elektronischer Kataloge und deren kontinuierliche Pflege eine große Herausforderung für jeden Einkäufer. Da die Katalogformate von Lieferant zu Lieferant geringfügig variieren und sich die Produkte häufig nur in Details voneinander unterscheiden, ist es eine arbeitsintensive und damit kostspielige Aufgabe.

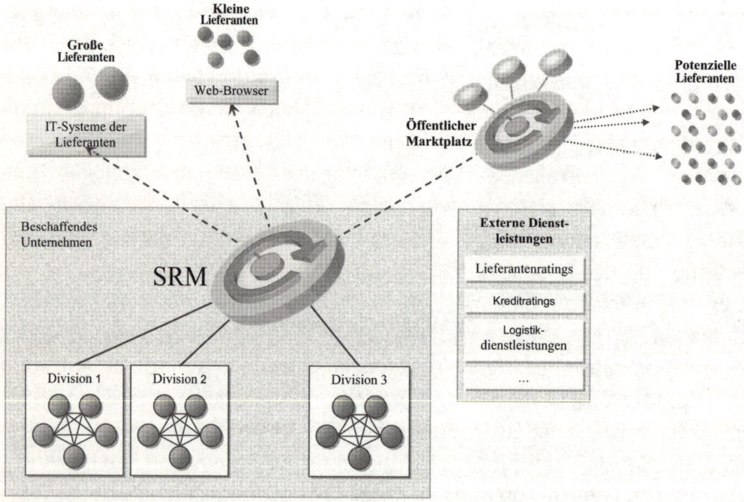

Abb. 3: Kollaboration mit der gesamten Lieferantenbasis durch SRM

In Bezug auf die Inhalte ist die Katalog-Suchmaschine gewiss der nach außen sichtbarste Teil. Im Rahmen von mySAP SRM steht einkaufenden Unternehmen ein Katalogsystem von Requisite Technology zur Verfügung. Durch die offene Katalogschnittstelle der Lösung (Open Catalog Interface) können jedoch alle OCI-zertifizierten Katalogsysteme anderer Hersteller angebunden werden.

Für das Content Management bietet die SAP Content Workbench eine XML-basierte Schnittstelle für den Upload von Produktinhalten externer Geschäftspartner. Die Partnerschaft mit Requisite Technology wurde ausgebaut, so dass jetzt auch das eMerge-Toolset zur Verfügung steht. Dieses Werkzeug unterstützt verschiedene Aufgaben des Content Managements, z.B. die Bereinigung von Inhalten (Normalisierung), die Qualitätsprüfung (Konsistenz) und das Mapping. Zudem bietet es einen anpassungsfähigen Workflow-Prozess, mit dem sich die Erstellung neuer Kataloge ablehnen oder genehmigen lässt.

Monitoring der Lieferantenbeziehungen

Um Lieferantenbeziehungen zu steuern, benötigen Unternehmen umfassende und aktuelle Informationen über die unternehmensweite Zusammenarbeit mit Lieferanten. Es ist daher wichtig, die Leistung von Lieferanten kontinuierlich und intensiv zu verfolgen und zu beurteilen.

Durch die Integration der SRM-Lösung in das Business Information Warehouse von SAP haben Unternehmen anhand von vorgefertigten Auswertungen und Analysen etwa die Möglichkeit, die historische Entwicklung ihres Beschaffungsvolumens nachzuvollziehen, sich eine Bewertung über die Zuverlässigkeit ihrer Lieferanten anzeigen zu lassen oder einzelne Geschäftsvorfälle zu verfolgen.

Doch nicht nur intern verfügbare Informationen können zur Evaluierung der Lieferantenbeziehungen verwendet werden. Ein abgerundetes Bild ergibt sich erst dann, wenn auch externe Daten zum Vergleich herangezogen werden. So ist zum Beispiel ein Vergleich der Preisdaten aus den internen Verträgen mit den Marktpreisen von anderen bisher unberücksichtigten Lieferanten eine wertvolle Entscheidungshilfe bei der Neuvergabe von Beschaffungsvolumina. Darüber hinaus spielen gerade in neuen Märkten auch andere Faktoren wie Bewertungen aufgrund der finanziellen Stabilität von Lieferanten eine Rolle.

2.4 Einbindung von mySAP SRM in E-Business-Lösungen und ERP-Systeme

Die Integration der SRM-Lösung in vorhandene Backend-Systeme, z.B. in ein Materialwirtschaftssystem oder Produktionsplanungssystem, sowie die Verknüpfung zu anderen E-Business-Lösungen ist der Schlüsselfaktor für eine erfolgreiche SRM-Strategie. Alle Anwendungen müssen problemlos in andere Systeme eingebunden werden. Nur so können durchgängige und damit Kosten sparende Geschäftsprozesse erreicht werden.

Die SRM-Lösung der SAP wurde als ganzheitlicher Ansatz konzipiert und liefert Schnittstellen sowohl zu ERP-Systemen als auch zum Product Lifecycle Management (PLM), Customer Relationship Management (CRM) oder Supply Chain Management (SCM) (vgl. Abb. 4).

Wird mySAP SRM mit einer SCM-Lösung verknüpft, so können Unternehmen zeitnah beschaffen. Bei Änderungen in der gemeinsamen Planung und in der Lagerverwaltung werden automatisch die entsprechenden Beschaffungsvorgänge ausgelöst. Durch die Integration der SRM-Lösung in PLM-Lösungen lassen sich wiederum zu einem frühen Zeitpunkt des Produktlebenszyklus kompetente Lieferanten auswählen und einbinden. Lieferanten können auf diese Weise gemeinsam mit dem Kunden an Spezifikationen arbeiten, wodurch Produkte sich schneller auf den Markt bringen lassen. Außerdem arbeitet mySAP SRM nahtlos mit ERP-Systemen zusammen, z.B. der Materialwirtschaft sowie dem Rechnungswesen und Controlling.

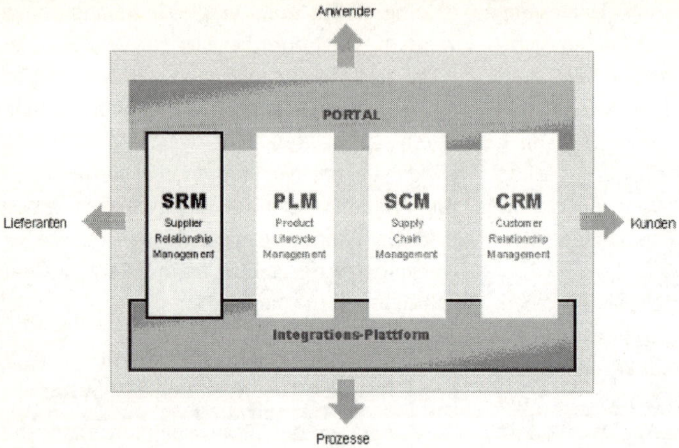

Abb. 4: Schnittstellen von mySAP SRM zu anderen E-Business-Anwendungen

Technisch ermöglicht wird der reibungslose Datenaustausch zwischen den verschiedenen Systemen durch eine Integrationsplattform (sog. Exchange-Infrastruktur), die sowohl den Datenaustausch innerhalb als auch außerhalb des Unternehmens regelt. Auf der Plattform sind die Informationen und Regeln hinterlegt, die verschiedene Systeme miteinander kommunizieren lassen.

3 Ein Fallbeispiel

Steelcase ist ein Fortune-500-Unternehmen und ein weltweit führender Hersteller von Büroeinrichtungen. Im Geschäftsjahr 2002 wurde ein Umsatz von 3,1 Milliarden US-Dollar erzielt. Das 1912 gegründete Unternehmen mit Hauptsitz in Grand Rapids, Michigan, bedient Kunden in aller Welt mit mehr als 800 Händlern, rund 19.000 Mitarbeitern und weltweiten Fertigungsstandorten.

3.1 SRM bei Steelcase

Steelcase setzt mySAP SRM für den Betrieb von SupplySync ein, einem privaten Marktplatz, der Steelcase und seine Tochtergesellschaften in einem weltumspannenden Liefernetzwerk verknüpft. Das Netzwerk soll die Beschaffung von Waren und Dienstleistungen zwischen Steelcase und seinen Lieferanten vereinfachen.

Ein gewünschter Effekt der Implementierung von mySAP SRM bei Steelcase ist die Senkung der Kosten. Zielwerte sind unter anderem Einsparungen von 1-10 Prozent durch effizientere Arbeitsabläufe, von 15 Prozent durch Einhaltung von strategischen Beschaffungsverträgen, von 5-10 Prozent durch elektronische Preisverhandlungen, von 1 Prozent durch die Transparenz über unternehmensweite Beschaffungstrends sowie Einsparungen bei den Bestands- und Lagerkosten.

Umfassende und schnelle Informationen sind ein weiteres wichtiges Ziel der Implementierung. Durch die auf Browser basierende Integration der Lieferanten soll eine zügige und kostengünstige Anbindung aller Lieferanten erreicht werden. Dadurch kann das Unternehmen nicht nur die Beziehungen zu den einzelnen Lieferanten wirkungsvoller verwalten, sondern auch aktuelle Informationen über jeden Lieferanten erfassen. Durch Analysewerkzeuge erhält Steelcase Informationen, die von wesentlicher Bedeutung für die Lieferanten- und Beschaffungsstrategie sind. Darüber hinaus können die Leistungen der Lieferanten überwacht und bewertet sowie die Informationen intern ausgetauscht werden.

Alle Ausgabendaten werden an zentraler Stelle gesammelt. Dadurch erhält das weltweite Beschaffungsteam von Steelcase Zugriff auf konsolidierte Informationen aus mehreren internen und externen Datenquellen, zum Beispiel Einkaufsvolumen pro Produkt, Geschäftsbereich, Kostenstelle oder Lieferant. Auf dieser Basis lassen sich bestmögliche Bezugsentscheidungen treffen. Heute ist das Zusammenstellen von Ausgabendaten ein aufwendiger Prozess. Einkaufsabteilungen, die völlig getrennt voneinander agieren und Waren ohne Abstimmung untereinander beziehen, verschenken die Vorteile von Sammelbestellungen, da sie zumeist ohne eine genehmigte und einheitliche Vorauswahl von Lieferanten arbeiten. Bei der Beschaffung einer Massenware sind alle Beschaffungseinheiten weltweit mit mySAP SRM in der Lage, Informationen aus dem gesamten Unternehmen zu konsolidieren und schnell eine Bezugsquelle für die Ware zu finden. Dies bedeutet, dass mit Lieferanten gearbeitet werden kann, die bereits einer Prüfung unterzogen wurden und die Qualitäts- und Preisstandards von Steelcase erfüllen.

3.2 Der Beschaffungsprozess bei Steelcase

Die Lieferanten und internen Benutzer von Steelcase melden sich beim SupplySync-Portal an und gelangen auf eine Internetseite, die genau auf ihre jeweilige Rolle im Online-Marktplatz zugeschnitten ist. Die Rolle bestimmt die Navigationsstruktur und den Zugang zu Anwendungen und Daten. Die Lieferanten können auf die Supplier Self-Services von mySAP SRM zugreifen und darüber Transaktionen mit ihren Geschäftspartnern bei Steelcase abwickeln, ohne über ein eigenes E-Selling-System zu verfügen. Dadurch verringert sich die Fehlerrate bei Datenübertragungen und der manuelle Arbeitsaufwand für Lieferavise, Bestellungen, Auftragsbestätigungen und Rechnungen.

Je nachdem, welche Rolle die einzelnen Steelcase-Mitarbeiter bei der Bezugsquellenfindung und Beschaffung innehaben, greifen sie auf die Daten und Funktionen von SupplySync zu. Auf diesem Marktplatz finden die Mitarbeiter alle Produkte, die entweder von der Einkaufsabteilung oder ihren Managern genehmigt wurden. Die Bestellanforderungen der Mitarbeiter werden per Workflow zur Genehmigung an die Manager weitergeleitet. Nach der Genehmigung werden Bestellungen aus dem SRM-System über die auf Browsern basierenden Supplier Self-Services an den Lieferanten übermittelt oder über EDI oder XML direkt in das System des Lieferanten eingespielt. Die Lieferanten können dann die eingehenden Bestellungen einsehen und bestätigen sowie den Status von Rechnungen überprüfen.

Die Tools zur Auftragsabwicklung von SupplySync – Portalkomponenten, die Daten aus den ERP- und Altsystemen von Steelcase abrufen und aufbereiten – helfen den Lieferanten bei der Verwaltung des Steelcase-Warenbestands, der aus Spritzgussteilen, Stoffen, Laufrollen usw. besteht. Über das SupplySync-Portal kann Steelcase den Lieferanten Planungsinformationen wie Prognosen, Bestandshöhen und aktuelle Bedarfsdaten bereitstellen. Die Lieferanten haben die Möglichkeit, sich die Prognosen und den Mindest- und Höchstbedarf anzusehen und dann die Aufträge selbst auszuführen.

4 Zusammenfassung

SRM erfordert einen Paradigmenwechsel in der Zusammenarbeit mit Lieferanten. Wurde bisher eher nach einem »Push-Prinzip« gearbeitet, z.B. erfolgte die Lieferantenbeurteilung erst im Nachhinein, wird zukünftig ein »Pull-Prinzip« nötig sein, um Erfolg zu haben. Sind Unternehmen erst einmal ihren kleineren Lieferanten behilflich, E-Business-fähig zu werden, schafft dies Vertrauen. Hieraus lässt sich leichter eine langfristige Geschäftsbeziehung entwickeln.

Eine innovative Softwarelösung muss folgende Merkmale haben, um dem SRM-Gedanken wirklich gerecht zu werden:

- Der Kernnutzen von SRM liegt im Management des gesamten Beschaffungszyklus. Eine SRM-Lösung muss deshalb den vollständigen Beschaffungsprozess innerhalb des Unternehmens und außerhalb zum Lieferanten hin automatisieren – von der Qualifizierung der Lieferanten bis hin zur Bezahlung der Lieferung.

- Ein automatisierter Prozess kann nur dann funktionieren, wenn die SRM-Lösung alle beteiligten Stellen im Unternehmen (Einkauf, Materialwirtschaft, Produktion, Rechnungswesen) und externe Lieferanten verbindet!
- Eine unternehmensübergreifende Zusammenarbeit wird ermöglicht, indem die SRM-Lösung den Austausch von Informationen unterstützt (Self-Service-Portal für Lieferanten).
- Eine SRM-Lösung sollte über Analysewerkzeuge verfügen und damit dem Unternehmen umfassende Informationen über die Lieferantenbeziehungen bereitstellen.

5 Literatur

[Bauer et al. 1998] *Bauer, H. H.; Leach, M.; Grether, M.*: Der Beitrag des Internet zum Relationship Marketing. Institut für Marktorientierte Unternehmensführung, 1998.

[Heydenreich 2001] *Heydenreich, G.*: Quo vadis? – Abschied vom traditionellen Einkauf. In: *http://www.portum.com/de/1240_4431.html*, 03.02.2002.

[Knolmayer et al. 2000] *Knolmayer, G.; Mertens, P.; Zeier, A.*: Supply Chain Management auf Basis von SAP-Systemen: Perspektiven der Auftragsabwicklung für Industriebetriebe. Berlin, 2000.

[Melzer-Ridinger 2001] *Melzer-Ridinger, R.*: Materialwirtschaft und Logistik in der Praxis, Weinheim, 2001.

[Nenninger & Gerst 1999] *Nenninger, M.; Gerst, M.*: Wettbewerbsvorteile durch e-Procurement – Strategien, Konzeption und Realisierung. In: Hermanns, A.; Sauter, M. (Hrsg.): Management-Handbuch e-Commerce. München, 1999, S. 283-295.

[Sander & Behlke 2001] *Sander, J.; Behlke, J.*: Leitfaden Internetmarktplätze – Investitionsgüterindustrie. Frankfurt am Main, 2001.

Dipl. Betriebswirtin (BA) Ute Barking
Dipl. Betriebswirt (BA) Philipp König
SAP Deutschland AG & Co. KG
Neurottstraße 15 a
69190 Walldorf
{ute.barking, philipp.koenig}@sap.com
www.sap.de/srm

Helmut Beckmann, Joannis Vlachakis, Oliver Kelkar, Boris Otto

Eine integrierte, offene SRM-Plattform zur Unterstützung von Beschaffungsprozessen mittelständischer Unternehmen

Ein Konzept zur Realisierung einer effizienten SRM-Strategie sind SRM-Portale. SRM-Portale stellen im Internet/Extranet Funktionalitäten zur Verfügung, über die Unternehmen sämtliche Kommunikation mit ihren Lieferanten durchführen können. Sie bieten somit einen Ansatz zur Automatisierung der Lieferantenbeziehungen. In diesem Artikel wird die Architektur, Implementierung und der Betrieb eines SRM-Portals betrachtet (im Rahmen des Projektes E-START), welches für die Prozessintegration zwischen Lieferant und Einkäufer steht. Darüber hinaus liefert das Portal Unterstützung zur Aufbereitung elektronischer Produktdaten (Basis für die Produktauswahl) sowie bei der Lieferantensuche.

Inhaltsübersicht

1 Vom E-Procurement zum SRM

Die elektronische Beschaffung ist bislang stark einkäuferorientiert, d.h., der Einkauf vornehmlich großer Unternehmen wird hinsichtlich Prozess- und Produktkosten optimiert. Diese Verfahrensweise geht häufig zu Lasten der Lieferanten. Diese werden durch Marktmacht »motiviert«, Aufwände in elektronische Produktdaten, -kataloge und IT-basierte Anbindungen an den einkaufenden Kunden zu realisieren sowie durch Umstellungen der Prozesse bisherige Aufgaben des Einkaufs zu übernehmen (Stichwort Gutschriftsverfahren).

Während unter E-Procurement vielfach die operative, katalogbasierte Bestellabwicklung für indirekte-/MRO-Güter mit dem Ziel der kurz- und mittelfristigen Einsparung vor allem von Prozesskosten verstanden wird, bezieht SRM den strategischen Einkauf (Anbahnungsphase) sowie die Beschaffung von direkten Gütern und Dienstleistungen mit ein und bietet hier Chancen für weitere Kosteneinsparungen und Optimierungen. Es geht folglich um ein IT-gestütztes Lieferanten- und Beschaffungsmanagement für das gesamte Beschaffungsspektrum eines Unternehmens, das sowohl zentrale als auch dezentrale Beschaffungsprozesse vereint und Transparenz im gesamten Beschaffungsprozess gewährleistet. Darüber hinaus bilden die effiziente Gestaltung der Kooperation mit Lieferanten und die optimale Steuerung der Lieferantenbeziehungen, von der Auswahl der Geschäftspartner bis zur Abwicklung der Beschaffungsprozesse, essenzielle Erfolgsfaktoren (vgl. [Wagner 2002]). In dieser Hinsicht erweitern SRM-Lösungen die klassischen operativen Funktionen von herkömmlichen E-Procurement-Systemen um strategische Aufgaben, wie z.B. die nahtlose Lieferantenintegration in die internen Geschäftsabläufe, und versprechen neue softwarebasierte Ansätze für die optimale Verwaltung von Lieferantenbeziehungen.

Unternehmensinterne wie externe Plattformen spielen hierbei eine zentrale Rolle. Beschaffungsplattformen, wie z.B. elektronische Marktplätze, bieten Unternehmen Produktkataloge von Lieferanten mit unternehmensindividuellen Sortimenten und Konditionen. Sie bieten Lieferantenpools und Ausschreibungswerkzeuge für die Sourcing- bzw. Anbahnungsphase. SRM-Portale zielen auf die Integration von Lieferanten und Einkäufern bzw. Bedarfsträgern und den unterstützenden Softwarelösungen sowie auf die Prozess- und Informationstransparenz ab. Das Integrationswissen wird somit zentral für alle am Prozess Beteiligten zur Verfügung gestellt.

Mit Supplier Relationship Management (SRM) wird ein umfassender Ansatz verbunden, der von der Motivation getragen wird, eine Win-Win-Beziehung sowohl für den Einkäufer als auch den Lieferanten herbeizuführen.

2 SRM-Strategien und Anwendungen

Wollen SRM-Lösungen den Anforderungen entlang der gesamten Wertschöpfungskette im Einkauf Rechnung tragen, müssen sie ein weites Spektrum an Funktionalitäten berücksichtigen und abdecken (vgl. [Gartner Group 2001]). Aus diesem Grund verstehen sich die auf dem Markt aktuell verfügbaren SRM-Produkte oftmals als übergeordnete Instanz diverser neuer und im Unternehmen bereits implementierter Anwendungen. Dies bedeutet, dass sowohl die operativen Systeme, wie z.B. ERP oder Data Warehouses, als auch neue Anwendungen und Komponenten, wie z.B. webbasierte Lieferantenportale, bei der Konzeption und Implementierung der SRM-Gesamtlösung aufeinander abgestimmt und integriert werden müssen. Als Folge dessen sind die SRM-Produkte unterschiedlicher Softwareanbieter stark von ihren bisherigen Softwarekonzepten und Produkten geprägt. Dementsprechend betrachtet z.B. die Firma i2 Technologies, die hauptsächlich durch ihre SCM-Lösungen (Supply Chain Management) bekannt geworden ist, SRM als Erweiterung des SCM-Gedankens (vgl. [i2 Technologies], [Lawrenz et al. 2000]). Im Gegensatz hierzu positioniert die SAP® AG ihr SRM-Produkt als Erweiterung und Verbesserung der von E-Procurement-Lösungen bisher abgedeckten Prozesse (vgl. [SAP 2002]).

Generell ist es wichtig, dass SRM-Lösungen Funktionalitäten anbieten, die auf die jeweiligen Bedürfnisse aller beteiligten Parteien im Beschaffungsprozess gleichermaßen eingehen. In diesem Zusammenhang spielen z.B. analytische Anwendungen zur Überwachung und Bewertung von Lieferantenbeziehungen für den Entscheidungsträger im Einkauf eines Unternehmens eine wichtige Rolle (vgl. [i2 Technolgies]). Entsprechende Anwendungen könnten wertvolle Informationen über die Lieferantenstruktur und Verflechtungen innerhalb des Konzerns sowie eine Darstellung von Abhängigkeitsraten zu den einzelnen Lieferanten wiedergeben. Für den Entscheidungsträger stellt eine derartige Anwendung somit ein wichtiges Steuerungsinstrument zur Kontrolle und Minimierung von Lieferantenrisiken dar. Eine weitere Schlüsselfunktion von SRM-Lösungen stellt die optimale Integration von Lieferanten in die Beschaffungsabläufe dar. Zur Realisierung dieser Anforderung wäre es denkbar, über das Lieferantenportal der SRM-Lösung die frühzeitige Einbeziehung der Lieferanten in die kooperative Produktentwicklung über einen einfachen Web-Browser zu gewährleisten. Das Portal könnte z.B. Funktionen anbieten, die den Geschäftspartnern eine flexible und dynamische Anpassung von Spezifikationen und Produktionsplänen in einem virtuellen Kooperationsraum ermöglicht (vgl. [Bullinger et al. 2002]). Darüber hinaus bietet eine Portalplattform Einsparungspotenziale hinsichtlich der Transaktionskosten sowohl für die einkaufende Organisation als auch für die Lieferanten. Diesem Aspekt wird u.a. durch den kostengünstigen und zügigen Austausch und der unmittelbaren Verfügbarkeit von geschäftskritischen Dokumenten (Aufträge, Rechnungen etc.) Rechnung getragen.

Kernbereiche	Ausgewählte Schlüsselfunktionalitäten
Evaluierung der Beschaffungsstrategie • Entwicklung der Beschaffungsstrategie • Qualifizierung von Lieferanten • Auswahl von Lieferanten • Vertragsverhandlungen und -verwaltung	• Kontinuierliche Analyse und Entwicklung von ganzheitlichen Beschaffungsstrategien • Automatisierte Ermittlung und Bewertung von Lieferanten • Globale und unternehmensweite Lieferanten-qualifizierung • Such-, Ausschreibung- und Auktionsfunktionen • Online-Abwicklung von Vertragsverhandlungen
Anbindung der Lieferanten • Supplier Self-Services • Content Management	• Kostengünstige Vernetzung und Einbindung der Lieferanten in interne Prozesse über Lieferantenportal • Erstellung, Verwaltung und Synchronisation von Lieferanten- und Produktdaten
Einbindung der Lieferanten • Operative Bezugsquellenfindung • Beschaffung per Self-Service • Planungs- und produktionsgesteuerte Beschaffung • Überwachung von Lieferantenbeziehungen	• Bereitstellung von geprüften Lieferantenlisten für die Abwicklung von Beschaffungsprozessen bei unvorhergesehenem Bedarf • Selbstständige Beschaffung durch Mitarbeiter gemäß Einkaufsrichtlinien und -vorgaben • Integration mit Logistiksystemen zur Verknüpfung unternehmensübergreifender Planung mit der Beschaffung

Tab. 1: Kernbereiche und Schlüsselfunktionalität der mySAP SRM™ -Lösung

SRM-Lösungen schaffen somit eine kollaborative Plattform für ein weites Spektrum an Geschäftsprozessen im Rahmen der Lieferantenbeziehungen. Als wichtiger Anbieter von SRM-Anwendungen bietet die SAP AG ein leitungsstarkes und erfolgreiches Produkt auf dem Markt. Tabelle 1 vermittelt eine Übersicht über SRM-Kernbereiche und Schlüsselfunktionalitäten in Anlehnung an die Lösung der SAP AG »mySAP SRM™« (vgl. [SAP 2002]).

3 SRM-Portale

3.1 Anforderungen

Betrachtet man die Anforderungen, die an ein Lieferantenportal gestellt werden, so können diese nach [Partsch 1998] grundlegend in die Bereiche funktionaler und nichtfunktionaler Anforderungen eingeteilt werden. Funktionale Anforderungen unterscheiden Eingaben und deren Einschränkungen, extern sichtbares Systemverhalten sowie Ausgaben des Systems. Im Gegensatz dazu lassen sich nichtfunktionale Anforderungen qualitativ unterscheiden in Qualitätsattribute der Systemfunktionen, Anforderungen an das Gesamtsystem, Vorgaben für die Durchführung der Systemerstellung sowie Anforderungen an die Prüfung, Einführung, Betreuung und den Betrieb des Systems. Bei der nachfolgenden Liste der Funktionalitäten eines SRM-Portals werden die verschiedenen Kategorien von Anforderungen implizit beschrieben, so dass sich ein Gesamtanforderungsprofil ergibt.

Bei Überprüfung dieser Anforderungen haben insbesondere die funktionalen Anforderungen einen starken Einfluss auf die Einsetzbarkeit des Portals zur Lieferantenintegration und zur Umsetzung von Optimierungspotenzialen durch eine Portallösung für Lieferanten. Die wesentlichen funktionalen Aspekte von Portaltechnologien können nach [Bullinger et al. 2002] zusammengefasst werden:

- Portalarchitektur
- Personalisierung und Benutzerverwaltung
- Workflowmanagement
- Dokumentenmanagement
- Content Management
- Suche und Agenten
- Community und Kommunikation
- Shop
- E-Collaboration

Die einzelnen Funktionsbereiche werden in den nachfolgenden Kapiteln näher erläutert. Bevor auf das E-START-Referenzmodell, das hinter dem Portal liegt, und die Implementierung des Portals eingegangen werden soll, werden Dienstkategorien eingeführt, denen die obigen Funktionsaspekte zugeordnet werden können. Entsprechend der Erfüllung einer oder mehrerer Dienstkategorien können Portale als Einkaufsportal, Lieferantenportal usw. bezeichnet werden.

3.2 Dienste und Einsatzgebiete

Beispiele für Dienste, die typischerweise von einem SRM-Portal bereitgestellt werden, sind:

- Einkaufsseitige Dienste
- Vertriebsseitige Dienste
- Entwicklungsseitige Dienste
- Kooperationsdienste
- Technische Dienste

Eine der größten Gruppen innerhalb der obigen Dienstkategorien stellen die technischen Dienste dar. Dabei werden unter dieser Gruppe sämtliche Funktionalitäten vereint, die für einen syntaktisch und semantisch korrekten Austausch von Daten zwischen Kunden und Lieferanten verantwortlich und notwendig sind. In diesem Zusammenhang können die technischen Dienste als Basisdienste für die restlichen Dienstkategorien angesehen werden. Aus Gründen der Modularität werden sie allerdings nicht einer oder mehreren Dienstkategorien zugeordnet, sondern separat betrachtet. Im Rahmen der technischen Dienste können die folgenden grundlegenden Funktionen zur Unterstützung des Einkaufs und des Vertriebs unterschieden werden:

- Produktdatenaustausch
- Produktdatenvalidierung
- Klassifikationsaustausch
- Klassifikationsunterstützung für Produktdaten
- Materialgruppenmanagement
- Austausch elektronischer Transaktionsdaten
- Warenkorbfunktionen
- Web-Bestellfunktion ohne Warenkorb für Standardbestellungen

In Ergänzung zu den oben genannten technischen Diensten können eine Vielzahl weiterer Dienste ergänzt werden.

3.3 Das E-START-Referenzmodell

Im Rahmen des Projektes E-START (vgl. [E-START], [Beckmann 2002]) wurde ein Referenzmodell für die Optimierung lieferantenseitiger Prozesse insbesondere unter Berücksichtigung der Anforderungen von mittelständischen Unternehmen, sog. KMU, entwickelt. Dieses Referenzmodell besteht aus zwei Szenarien, die für eine besondere Betrachtung identifiziert wurden. Einerseits wurde die automatisierte Erstellung klassifizierter Produktdaten adressiert, die die Grundlage für eine elektronische Geschäftsabwicklung darstellen. Andererseits wird die Optimierung der elektronischen Auftragsbearbeitung zwischen einkaufenden und liefernden Unternehmen betrachtet. Bei diesem Referenzmodell handelt es sich um ein Prozessmodell, welches analog zur Vorgehensweise für die ARIS™-Architektur (vgl. [Scheer 1998], [Österle 1995], [Scheer 1992]) erstellt wurde und somit die Sichten Organisation, System, Daten und Prozess abdeckt. Die vollständigen Modelle stehen unter [E-START] kostenlos zur Verfügung und können von dort abgerufen werden.

3.4 Die E-START-SRM-Architektur

Das E-START-SRM-Portal ist die prototypische Implementierung des E-START-Referenzmodells. Dabei werden beide Teile des E-START-Referenzmodells, d.h. Produktdatenerstellung und Auftragsabwicklung, berücksichtigt.

Eine wesentliche Designentscheidung vor der Implementierung war, ob ein kommerzielles Produkt, ein Open-Source-Produkt oder eine reine Eigenentwicklung für die Umsetzung des Portals eingesetzt werden soll. Da die Portalimplementierung allen Projektpartnern im Rahmen des Projektes E-START kostenfrei zur Verfügung stehen sollte, schied eine kommerzielle Plattform aus. Aus Gründen der Projektphilosophie, dass weitgehend existierende Komponenten verwendet werden sollten und der Eigenentwicklungsaufwand auf einem Minimum gehalten werden sollte, wurde die Entscheidung in Richtung Open-Source-Produkte getroffen. Im Rahmen einer Evaluationsphase wurde der Anwendungsserver Zope™ ausgewählt, da dieser grundlegende Dienste bereitstellt, die für die Portalimplementierung benötigt werden (vgl. [Zope]). Ein wesentliches Merkmal des Anwendungsservers besteht einerseits in seiner Skalierbarkeit entsprechend den Leistungsanforderungen, insbesondere bei der Verarbeitung elektronischer Geschäftsdokumente, und andererseits in seinem modularen Aufbau. Diese Modularität wird erreicht durch das Konzept der Zope™-Produkte. Dabei kann jedes Zope™-Produkt eine eigenständige Softwarekomponente darstellen, die separat oder zusammen mit anderen Komponenten betrieben wird. Im Gegensatz zu den technischen Vorteilen, die die Plattform bietet, ist als wesentlicher Nachteil die Notwendigkeit für eine umfangreiche Einarbeitung zu nennen. Da die Plattform Basisdienste für Portaldienste bereitstellt, müssen diese für ihren Einsatz konfiguriert werden. Die Konfiguration der Basisdienste kann über verschiedene Wege erfolgen. Einerseits können Anpassungen in der servereigenen HTML-Erweiterungssprache DTML erfolgen, andererseits über implementierte Skripte in Perl oder Python (vgl. [Perl] bzw. [Python]). Dabei steigt die Komplexität der Anpassungen von der ersten zur zweiten Alternative. Die Ursache für den hohen Einarbeitungsaufwand stellt die lückenhafte Dokumentation der Plattform dar, was allerdings ein Merkmal aller betrachteten Open-Source-Plattformen ist. Aufgrund fehlender Dokumentation ist die Suche nach den Serverkomponenten, die für eine Anpassung verändert werden müssen, einer der entscheidenden Zeitfaktoren bei der Portalentwicklung. Dieses Problem verringert sich nach einer gewissen Einarbeitungszeit, so dass die Vorteile überwiegen.

3.4.1 Die Portalarchitektur

In Abbildung 1 ist die Gesamtarchitektur des E-START-SRM-Portals dargestellt. Dabei ist zu bemerken, dass die Unterstützung von Java nicht originär vorgesehen ist, aber durch einen Austausch des integrierten Zope™-Webservers mit dem Apache™ Tomcat Server (vgl. [Apache Tomcat], [Apache]) erreicht werden kann. Zusätzlich ermöglicht eine spezielle Klassenbibliothek die Konvertierung von Java-Code in Python-Code und den Aufruf von Java-Code über entsprechende Python- oder Perl-Klassen. Durch die klassenbasierte Integration müssen allerdings relevante Performanzeinbußen hingenommen werden. Insbesondere bei der Einführung synchroner Dienste auf dem Portal muss die Vorgehensweise der klassenbasierten Integration detailliert geprüft werden. Für einfache asynchrone Dienste kann sie allerdings empfohlen werden. Die Portalarchitektur wurde gemäß den Anforderungen der E-START-Referenzprozesse festgelegt. Entsprechend der Klassifizierung aus [Meyer et al. 2000] kann die gewählte Portalarchitektur in die Kategorie »Verteilungsplattform« gruppiert werden. In Abbildung 1 ist die Architektur der Portallösung skizziert.

Da die Architektur der Plattform skalierbar und offen hinsichtlich benutzerspezifischer Erweiterungen ist, eignet sich diese in besonderem Maße als Basis für eine Anwendungsintegration. Neben Softwarekomponenten zur Unterstützung offener Schnittstellenformate für

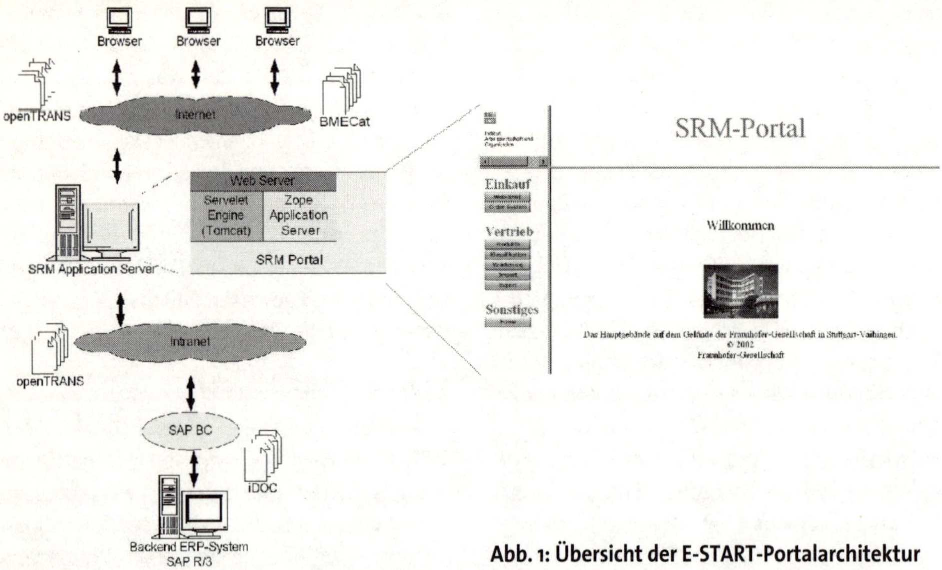

Abb. 1: Übersicht der E-START-Portalarchitektur

den Datenimport und Datenexport werden Komponenten für eine offene Transaktionsarchitektur berücksichtigt. Als Startpunkt für die Entwicklung von Schnittstellenkomponenten wurden die beiden Standards BMEcat™ (vgl. [Schmitz et al. 2001]) und openTRANS (vgl. [Kelkar & Otto 2001]) verwendet. Die Entscheidung zugunsten dieser Standards wurde auf Basis der Untersuchung von E-Business-Standards in der Elektroindustrie (vgl. [Otto et al. 2002]) getroffen. Dabei wurden diese Standardformate nicht nur für die Kopplung der Frontend-Systeme eingesetzt, sondern ebenfalls für eine Kopplung der Portalplattform mit dem ERP-System SAP® R/3®. Diese Kopplung erfolgt über ein openTRANS/iDOC-Kopplung (siehe auch [Otto & Beckmann 2001a]). Dabei werden openTRANS-Geschäftsdokumente, insbesondere Bestellungen, per http-Request an eine Zusatzkomponente des SAP R/3 gesendet, den SAP Business Connector (BC). Dieser konvertiert die elektronische Bestellung in das SAP-eigene iDoc-Format bzw. leitet es über einen entsprechenden BAPI-Aufruf weiter und bucht somit diese proprietäre Nachricht in das ERP-System ein. Nach dieser Einbuchung liegt die Bestellung als Auftrag innerhalb des ERP-Systems vor und kann als solche entsprechend bearbeitet werden, d.h. ab Lager geliefert oder in die Produktionsplanung eingespeist werden.

Aufbauend auf der zuvor beschriebenen Gesamtarchitektur wurden verschiedene Funktionen zur Abdeckung der E-START-Prozessanforderungen entwickelt. Diese werden nachfolgend erläutert.

3.4.2 Die Personalisierungkomponente

Zur Personalisierung des Plattformzugangs sowie der entsprechenden Inhalte konnte auf den Personalisierungsdienst des Anwendungsservers zurückgegriffen werden. Dieser bietet ein ausgefeiltes Berechtigungs- und Rollenkonzept, sowohl für den eigentlichen Zugang als auch auf Basis sämtlicher Ressourcen des Portals (Nachrichten, Dateien, Verzeichnisse usw.). Dadurch können für die verschiedenen Benutzergruppen bzw. Rollen (Einkäufer, Vertrieb, Entwicklung usw.) entsprechende Ressourcenzugänge realisiert werden und somit zielgruppenspezifisch Informationen bereitgestellt werden.

3.4.3 Die Workflow-Unterstützung

Zur Workflow-Unterstützung stehen grundlegend drei verschiedene Mechanismen durch den Anwendungsserver zur Verfügung (vgl. [Zope Workflow]). Als Workflow wird dabei eine Abfolge von Aktionen betrachtet, die durchgeführt werden müssen, um einen definierten Prozess zu erfüllen. Die erste Möglichkeit ist die Verwendung des so genannten Content Management Frameworks (CMF) (vgl. [Zope CMF]), welches als Zope™-Produkt angeboten wird. Über dieses kann die Dokumentenerstellung kontrolliert werden, wobei drei Zustände pro Dokument zur Verfügung stehen (private, pending und published). Diese Zustände repräsentieren einen stark vereinfachten Workflow, der bei der Contentverwaltung-Anwendung stattfindet, grundsätzlich aber für Geschäftsprozesse wenig bietet. Eine Erweiterung stellt die Möglichkeit dar, aufbauend auf dem Workflow-Mechanismus des CMF weitere Zustände für Dokumente definieren zu können. Mit dieser Erweiterung lassen sich sämtliche Geschäftsprozesse abbilden, die den Austausch von Dokumenten als Basis haben. Insbesondere müssen die abzubildenden Workflows folgende Eigenschaften aufweisen:

- Es gibt ein einziges Objekt innerhalb des Systems, welches eine Aufgabe als beendigt kennzeichnet (z.B. ein Dokument).
- Alle Objekte des gleichen Typs laufen entlang des gleichen Workflows durch das System.
- Aufgaben können nur Rollen zugewiesen werden und nicht zu individuellen Benutzern.

Sollen Geschäftsprozesse betrachtet werden, die nicht die obigen Eigenschaften aufweisen und auch nicht auf diese zurückgeführt werden können, so kann der so genannte Openflow-Mechanismus eingesetzt werden, der die Definition beliebiger Prozesse zulässt. Diese Flexibilität muss allerdings mit einer stark erhöhten Komplexität erkauft werden. Im Rahmen des vorgestellten E-START-SRM-Portals wurde die Variante der erweiterten Dokumentenzustände gewählt, bei der sämtliche betrachteten Objekte Dokumente sind. Unter den Begriff Dokumente fallen dabei alle Arten ausgetauschter Information, die XML-Dokumente darstellen, wie Produktkataloge oder Bestellungen.

3.4.4 Das Dokumenten- und Content Management

Wie bereits erwähnt, wird für die Workflow Unterstützung ein einfacher Mechanismus herangezogen, der durch das Zope™ Content Management Framework (CMF) bereitgestellt wird. Bei der Betrachtung des Dokumenten- bzw. Content Managements müssen der eigentliche Anwendungsserver und die darauf aufbauende Komponente CMF unterschieden werden. Das CMF verwendet Basisdienste der Zope™-Plattform, um Dokumente in einer eigenen Dokumentendatenbank zu verwalten. Dabei werden durch das CMF Funktionalitäten oder Objekte, so genannte Zope™-Objekte, bereitgestellt, die grundlegende Informationselemente eines Portals darstellen sowie ein vordefiniertes Verhalten aufweisen. Diese Elemente können ohne Änderungen übernommen oder an das Portal angepasst werden. Im Rahmen des beschriebenen E-START-SRM-Portals wurden die Elemente zumeist adaptiert und ihr Verhalten geändert. Dies erfolgte im Wesentlichen durch den Einsatz entsprechender Python-Skripte, die separat implementiert und auf dem Server bereitgestellt wurden.

3.4.5 Portalsuche und Kommunikation

Das E-START-SRM-Portal verwendet einen portalweiten Suchmechanismus zur Volltextsuche, um beliebige Inhalte und Informationen innerhalb des portaleigenen Dokumentenbaumes aufzufinden. Neben dieser Volltextsuche wurde eine Klassifikations- sowie eine Produktsuche implementiert. Im Rahmen der Klassifikationssuche können klassifikationsabhängige Produktklassen oder Produktattribute portalweit gesucht werden. Ferner besteht die Möglichkeit, produktkatalogübergreifend nach Produkten zu suchen, so dass diese einfach verglichen werden können. Im Rahmen der Lieferantensuche des strategischen Einkaufs ist die Vergleichbarkeit aber von besonderem Interesse.

Die Kommunikation mit und über das E-START-Portal erfolgt mit Hilfe des E-Mail-Dienstes. Dabei kann im Rahmen eines entsprechenden Workflows auch die Kommunikation zwischen verschiedenen Portalbenutzern unterstützt werden. Diese Anforderung wird insbesondere von kollaborierenden Nutzern erhoben. Im Rahmen des E-START-Projektes wird diese Funktionalität für eine Teilnahme der mittelständischen Unternehmen an den Standardisierungsprozessen für Produktklassifikationen eingesetzt.

3.4.6 Portalanwendungen

Im Rahmen des SRM-Portals wurden bislang die Anwendungsbereiche Produktdatenimport, Web-Shop und Web-Bestellsystem implementiert. Die Basis der Portalanwendungen bildet die zugrunde liegende und über ODBC angebundene relationale Datenbank. Das Datenbankschema wurde entsprechend der BMEcat™-Spezifikation definiert und kann einerseits Produktkataloge enthalten, andererseits aber auch reine Klassifikationssysteme. Dabei können verschiedene Klassifikationssysteme zum Einsatz kommen. Eine Übersicht aktuell in der Praxis eingesetzter Klassifikationssysteme bieten [Otto & Beckmann 2001b] und [Otto et al. 2002].

Der über das E-START-Portal zur Verfügung gestellte Web-Shop (E-WES) greift zur Laufzeit auf diese integrierte Datenbank zu und erlaubt die Erstellung von Warenkörben auf Basis der hinterlegten Produktdaten. Bei Bestellungen für Produkte verschiedener Lieferanten werden unterschiedliche Warenkörbe für die jeweiligen Lieferanten erzeugt und separat versendet.

Neben der Bestellung über einen Web-Shop bietet die Plattform die Möglichkeit, über ein Web-Formular eine direkte Bestellung auszulösen, ohne vorher einen Warenkorb zu erzeugen. Diese als Web-Order-Anwendung (WOS) bezeichnete Vorgehensweise bietet sich insbesondere für regelmäßig wiederkehrende Bestellungen an, bei denen der Besteller eventuell bereits die Artikelnummern des entsprechenden Lieferanten kennt. Für Standardbestellungen kann dadurch eine weitere Prozessbeschleunigung erreicht werden.

Während die obigen Anwendungen E-WES und WOS zur Unterstützung des operativen Einkaufs dienen, werden auf der anderen Seite Lieferantendienste unterstützt, die sich mit der Aufbereitung und Bereitstellung klassifizierter Produktdaten beschäftigen. Normierte Produktdaten bilden die Grundlage für eine effiziente Produktsuche und einen Produktvergleich. Gleichwohl ist der Aufwand zur Erstellung normierter Produktdaten nicht zu unterschätzen. Eine Normierung wird durch die Verwendung von Produktklassifikationen erreicht. Es gibt mittlerweile verschiedene Software zur Produktklassifizierung am Markt. Allen Softwaresystemen ist gemeinsam, dass eine automatische Klassifizierung nicht oder nur teilweise möglich ist. Es können lediglich Zuordnungen von Produkten zu Produktklassen der Klassifikationen vorgenommen werden. Dabei werden den Produkten eines Herstellers die entsprechenden Klassennamen oder Klassencodes zugeordnet, die zur Einordnung der Produkte in eine Klassenhierarchie benötigt werden. Sind für eine Klasse innerhalb einer bestimmten Klassifikation Attribute definiert, so müssen die Produkte entsprechende Ausprägungen dieser Attribute aufweisen, um konform zu einer Klassifikation zu sein. Diese Attributzuordnung und Befüllung ist allerdings nur manuell oder halbautomatisch möglich und stellt einen sehr großen Aufwand dar.

Der Klassifikationsdienst des E-START-SRM-Portals (E-CLA) unterstützt kleine und mittlere Unternehmen bei der Erstellung klassifizierter Produktdaten auf unterschiedlichen Gebieten.

Einerseits kann ein Unternehmen mittels eines Web-Formulars festlegen, für welche Klassifikation es Produktdaten erzeugen möchte. Dabei können Klassen oder ganze Gruppen selektiert werden. Nach Auswahl des Produktbereichs werden entsprechende Vorlagen zur Erstellung der Produktdaten als Microsoft Excel-Tabellen erzeugt und dem Anforderer zugesendet. Diese enthalten sämtliche Informationen für eine bestimmte Produktklasse, die die Klassifikation bereitstellt. Dadurch reicht die Vorlage als Grundlage für die Datenerstellung aus. Ein Produktverantwortlicher trägt die geforderten Informationen in die Tabelle ein und lädt diese auf das E-START-SRM-Portal hoch. Die Produktdaten werden evaluiert und bei Fehlerfreiheit in die Produktdatenbank übernommen. Es ist zu betonen, dass dieser Dienst für kleine und mittlere Unternehmen konzipiert wurde und eine Hilfestellung bei einem stark begrenzten Produktspektrum bietet. Andererseits wird neben der Erstellung von Produktdaten der Import und Export kompletter Produktkataloge unterstützt (E-CAT). Dabei können Produktkataloge, die BMEcat-konform sind, ausgetauscht werden. Es findet beim Import eines Kataloges eine Validierung des Produktkataloges statt, die sich auf das Katalogformat und auf die Produktklassifikation bezieht, wenn eine solche verwendet wurde. Bei fehlerfreier Prüfung wird der Katalog in die integrierte Produktdatenbank übernommen und innerhalb E-WES in der Katalogübersicht angezeigt.

4 Ausblick

Im Rahmen der Weiterentwicklung des E-START-SRM-Portals wird im nächsten Schritt die Integration formal definierter, externer Workflow-Beschreibungen unterstützt. Dabei sollen eine automatische Adaption des Portalworkflows durch den Import einer Prozessbeschreibung erfolgen. Da das E-START-Referenzmodell mit ereignisgesteuerten Prozessketten mittels ARIS™ modelliert wurde, werden diese den Startpunkt dieser Implementierungsrichtung bestimmen. Es wird der Ausbau des Portals in Richtung einer Kollaborationsplattform angestrebt. Zusätzlich müssen weitere Dienste zur Unterstützung der bislang nicht betrachteten Prozesse integriert werden. Diese werden als Softwarekomponenten auf der verwendeten Plattform realisiert.

5 Literatur

[Apache] Apache 2.0. *http://www.apache.org*, Abruf am 16.9.2002.

[Apache Tomcat] Apache Tomcat Specification 2.4. *http://jakarta.apache.org/tomcat/*, Abruf am 16.9.2002.

[Beckmann 2002] *Beckmann, H.:* E-START Sachbericht Nr.2 (E-START SB-02-2002). *http://www.e-start.iao.fhg.de/docs/SB-02-2002.zip*, 2002.

[Bullinger et al. 2002] *Bullinger, H.-J. (Hrsg.); Eberhardt, C. T.; Gurzki, T.; Hinderer, H.:* Marktübersicht Portal-Software für Business-, Enterprise-Portale und E-Collaboration. Fraunhofer IRB Verlag, Stuttgart, 2002.

[E-START] *E-START:* E-Commerce-Standards und Systemlösungen für zwischenbetriebliche Geschäftstransaktionen in mittelständischen Unternehmen. *http://www.e-start.iao.fhg.de*, Abruf am 16.9.2002.

[Gartner Group 2001] *Gartner Group:* Supplier Relationship Management – Why Does It Matter? Gartner Group, 2001.

[i2 Technologies] *i2 Technologies:* i2 Supplier Relationship Management (SRM) – *http://www.i2.com/web505/server_navigation/skeletons/i2_01/framework/navigation.cfm?navid=25950*, Abruf am 13.09.2002.

[Kelkar & Otto 2001] *Kelkar, O.; Otto, B.:* Spezifikation openTRANS. Version V1.0. 7.9.2001, *http://www.opentrans.org*, Abruf am 16.9.2002.

[Lawrenz et al. 2000] *Lawrenz, O.; Hildebrand, K.; Nenninger, M:* Supply Chain Management. Vieweg Verlag, Braunschweig, Wiesbaden, 2000.

[Meyer et al. 2000] *Meyer, H.; Klettke, M.; Heuer, A.:* Datenbanken im WWW – Von CGI bis JDBC und XML. HMD – Praxis der Wirtschaftsinformatik,

Jahrgang 37, Heft 214, dpunkt.verlag, Heidelberg, August 2000.

[Österle 1995] *Österle, H.:* Business Engineering – Prozess- und Systementwicklung; Band 1 – Entwurfstechniken. Springer-Verlag, Berlin, 1995.

[Otto & Beckmann 2001a] *Otto, B.; Beckmann, H.:* A Customer Approach to reduce the complexity of Business Process Integration. Preoceedings of the 7th International Conference on concurrent Enterprising (ICE 2001), 27-29 June, Bremen/Germany, 2001.

[Otto & Beckmann 2001b] *Otto, B.; Beckmann, H.:* Klassifizierung und Austausch von Produktdaten auf elektronischen Marktplätzen. Wirtschaftsinformatik, Heft 4, August 2001, Seite 351-363.

[Otto et al. 2002] *Otto, B.; Beckmann, H.; Kelkar, O.; Müller, S.:* E-Business-Standards – Verbreitung und Akzeptanz. Fraunhofer IRB Verlag, Stuttgart, 2002.

[Partsch 1998] *Partsch, H.:* Requirements Engineering systematisch. Springer-Verlag, Berlin, 1998.

[Perl] Perl Specification Version 6. *http://dev.perl.org/perl6/*, Abruf am 16.9.2002.

[Python] Python Specification 2.2. *http://www.python.org/2.2.1/*, Abruf am 16.9.2002.

[SAP 2002] *SAP AG:* SAP INFO Quick Guide 3/2002 - mySAP SRM – Maximaler Erfolg durch Zusammenarbeit. Walldorf, 2002.

[Scheer 1992] *Scheer, A.-W.:* Architektur integrierter Informationssysteme – Grundlagen der Unternehmensmodellierung. 2. Auflage, Springer-Verlag, Berlin, 1992.

[Scheer 1998] *Scheer, A.-W.:* ARIS – Vom Geschäftsprozeß zum Anwendungssystem. 3. Aufl., Springer-Verlag, Berlin,1998.

[Schmitz et al. 2001] *Schmitz, V.; Kelkar, O.; Pastoors, T.:* Spezifikation BMEcat® Version 1.2. 21.3.2001, *http://www.bmecat.org*, Abruf am 16.9.2002.

[Wagner 2002] *Wagner, S.:* Lieferantenmanagement. Hanser Verlag, München, Wien, 2002.

[Zope] Zope. *http://www.zope.org,* Abruf am 16.9.2002.

[Zope CMF] Zope CMF. *http://cmf.zope.org*, Abruf am 16.9.2002.

[Zope Workflow] Zope Workflow. *http://www.zope.org*, Abruf am 16.9.2002.

Dipl.-Inform. Helmut Beckmann
Dipl.-Inform. Joannis Vlachakis
Dipl.-Ing. Oliver Kelkar
Dipl.-Ing. oec. Boris Otto
Fraunhofer Institut für Arbeitswirtschaft und Organisation
Nobelstraße 12
70569 Stuttgart
{Helmut.Beckmann, Joannis.Vlachakis, Oliver.Kelkar, boris.otto}@iao.fhg.de
www.e-business.iao.fhg.de

Christian Hilz, Andreas Krüger, Oliver Haas

Kunden-Lieferanten-Integration in der Automobilindustrie

Die Automobilhersteller (OEMs) sourcen immer mehr Entwicklungsdienstleistungen an ihre Zulieferer out. Entsprechend wird der weltweite Markt für Engineering-Dienstleistungen von 5 Mrd. € im Jahr 2000 auf 30 Mrd. € im Jahr 2010 mit durchschnittlich ca. 20% p.a. wachsen. Dadurch werden sich die Risikopositionen bei den OEMs und Zulieferern verändern. Durch die bestehende hohe Machtposition der OEMs versuchen diese, die für sie neu entstandenen Risiken zu Lasten der Zulieferer zu minimieren. Der Artikel befasst sich mit unterschiedlichen Formen der Integration von OEMs und Zulieferern und spiegelt diese am jeweils bestehenden Interessenkonflikt wider. Er bleibt jedoch nicht auf einer abstrakten, konzeptionellen Ebene stehen, sondern untersucht die konkrete Umsetzbarkeit der Alternativen, wobei vor allem die IT-technische Realisierbarkeit im Vordergrund steht. Als Ergebnis zeigt sich, dass trotz der großen Hoffnung in Business-to-Business-Anwendungen der Weg zu echten Verbesserungen in der Kunden-Lieferanten-Integration schwierig ist.

Inhaltsübersicht

1 Verstärktes Outsourcing von Entwicklungsdienstleistungen in der Automobilbranche

Die Automobil- und Automobilzulieferindustrie befindet sich seit Jahren in einer Phase zunehmenden Kosten- und Termindrucks. Eine rückläufige Nachfrage in vielen Ländern und der globale Wettbewerb zwingen Hersteller zu immer weiteren Effizienzsteigerungen. Dies betrifft nicht zuletzt die Entwicklung neuer Fahrzeuge. Kürzer werdende Lebenszyklen erfordern schnellere Entwicklungszeiten. Die großen Hersteller suchen daher nach Möglichkeiten zur Erhöhung der Effizienz in der Fahrzeugentwicklung. Dieser Druck setzt sich durch die gesamte Zulieferpyramide der OEMs fort. Von der Spitze dieser Pyramide, also vom Hersteller (so genannter »OEM«) als »Endkunde« der Lieferanten ausgehend, sind auch die direkten Zulieferer der ersten Reihe (so genannte »1st-tier Supplier«) zunehmendem Effizienzdruck ausgesetzt. Diese versuchen daher, in der Zusammenarbeit mit ihren eigenen Zulieferern, den »2nd-tier Suppliern«, Einsparungspotenziale zu finden.

Zum wachsenden Druck auf die Unternehmen aller Stufen der Zulieferpyramide kommt eine strukturelle Veränderung dieser Pyramide. Sie wird hervorgerufen durch die Verlagerung von immer mehr Verantwortung für die Entwicklung und Produktion von den Automobilherstellern auf die Automobilzulieferer (vgl. Abb. 1). Zulieferer erhalten von den OEMs immer größere und zeitlich umfassendere Entwicklungsaufgaben übertragen. Zulieferer übernehmen nicht mehr nur die Verantwortung für die Entwicklung eines einzelnen Bauteiles, sondern vielmehr die komplette Prozessverantwortung mit der Steuerung des jeweiligen Teilprojektes und seines Dienstleisternetzwerkes. Dieser Trend wird sich in der Zukunft noch erhöhen und die Abhängigkeit der Partner in der Lieferkette steigern (vgl. [Negretto 2002, S. 57]). Studien zeigen, dass in Zukunft durch eine weitere Verringerung der Produktionstiefe der OEMs der Wertschöpfungsanteil der Zulieferer wachsen wird. Allerdings wird sich der Zulieferermarkt auch entsprechend konsolidieren. Von derzeit 5500 Zulieferern werden laut Mercer und HypoVereinsbank bis 2010 mehr als ein Drittel (2000) vom Markt gedrängt werden. Die Top 20 werden ihren Marktanteil von heute 27% auf 50% steigern. (vgl. [Automobil-Produktion 2001, S. 59]).

Vor dem Hintergrund dieses Trends zu zunehmendem Outsourcing wird als immer wichtigere Quelle für Effizienzreserven die Verbesserung des unternehmensübergreifenden Projektmanagements angesehen. Hier sind in der Praxis nach wie vor erhebliche Reibungsverluste vorzufinden. Speziell von internetbasierten Business-to-Business-(B2B-)Technologien erhofft man sich Hilfestellung (vgl. [KPMG 2000, S. 81 f.]).

2 Integration der Zulieferer über ein unternehmensübergreifendes Projektmanagement

Fahrzeugentwicklungen werden in Projektform organisiert und durchgeführt. In Zeiten des Outsourcings von weitreichenden Entwicklungsleistungen obliegt dem OEM vor allem die Koordination der verschiedenen, von externen

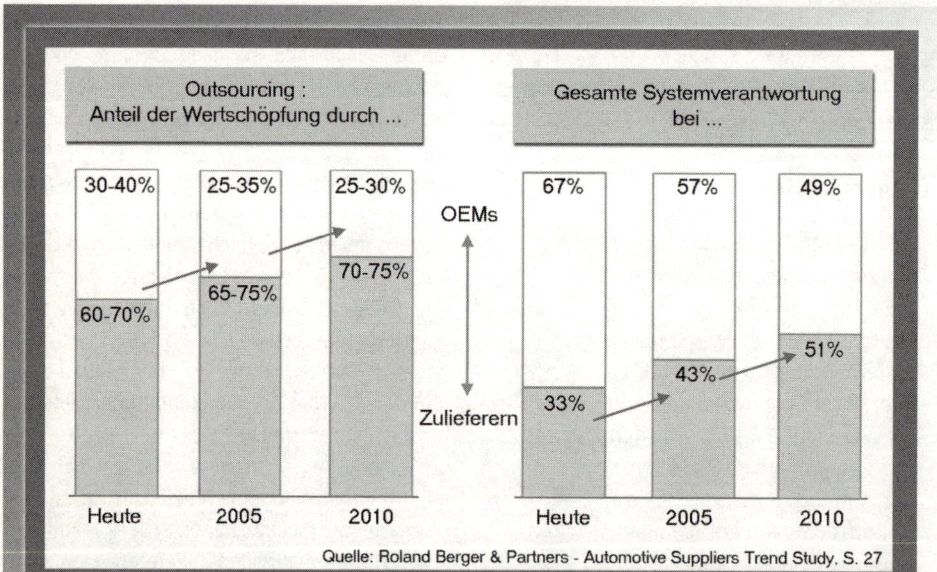

Abbildung 1: OEMs werden in Zukunft ihre Entwicklungstiefe weiter reduzieren und zunehmend Systemverantwortung an Zulieferer abgeben

project intelligence

Zulieferern verantworteten Teilprojekte (vgl. Abb. 2). Der OEM muss diese Teilprojekte wirkungsvoll koordinieren, um so das Gesamtprojekt, etwa die Entwicklung eines neuen Fahrzeugs, möglichst zielgenau durchzuführen. Diese Koordinationsaufgabe stellt derzeit häufig noch einen erheblichen Schwachpunkt in der Fahrzeugentwicklung dar. Die ungenügende und zu langsame Kommunikation zwischen den beteiligten Entwicklungspartnern führt zu unnötigen Problemen im Projekt. Schwierigkeiten werden zu spät erkannt, Änderungen werden nicht rechtzeitig und ausreichend abgestimmt etc. Dies verursacht bisweilen erhebliche Zielverfehlungen für den OEM und/oder die Zulieferer. Je höher der Outsourcing-Anteil an der Entwicklung wird, desto gravierender werden diese Probleme. Aus diesem Grund erfordern die aktuellen Markttrends eine deutliche Verbesserung der Kunden-Lieferanten-Integration im Projektmanagement.

2.1 Veränderte Risiken in unternehmensübergreifenden Projekten

Jedes Entwicklungsprojekt ist Risiken ausgesetzt. Ein Risiko kann verstanden werden als ein mögliches Ereignis, dessen Eintreten das Erreichen bestimmter Projektziele negativ beeinflussen würde. Entsprechend der gängigen Unterscheidung von Projektzielen in Termin-, Wirtschaftlichkeits- und Qualitätsziele lassen sich auch Termin-, Wirtschaftlichkeits- und Qualitätsrisiken unterscheiden. Ein systematisches Projektmanagement widmet sich diesen Risiken durch das Risikomanagement, also durch spezielle Methoden und Instrumente, mit deren

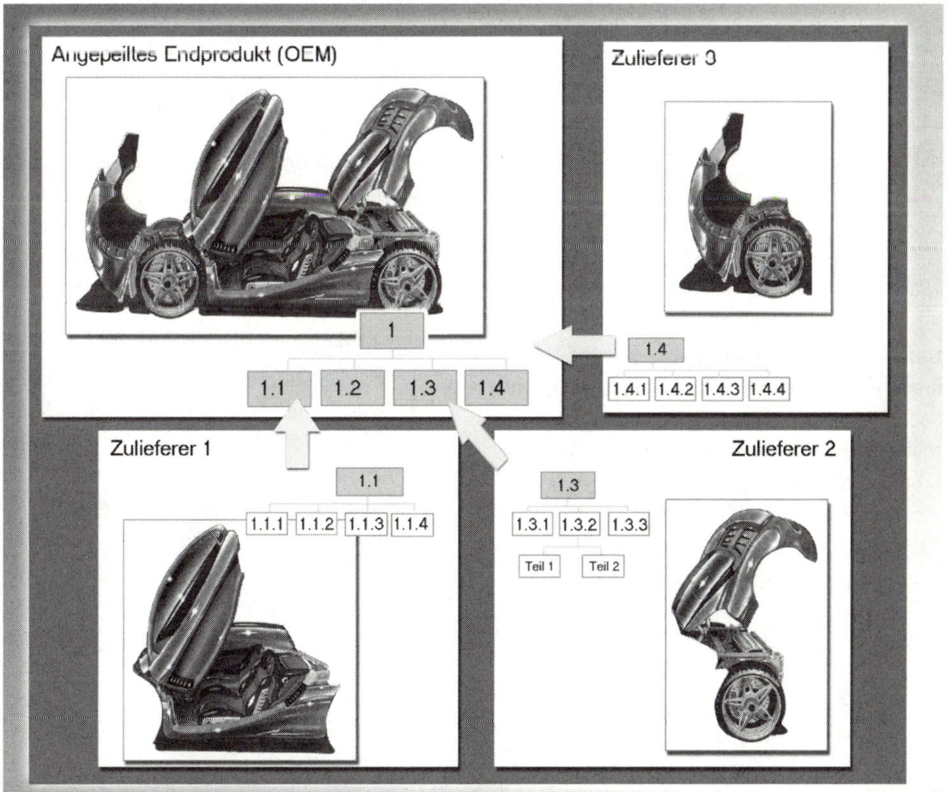

Abbildung 2: Herausforderung für OEMs und Zulieferer - Mehrere Firmen arbeiten gemeinsam an der Entwicklung eines Fahrzeugs

Hilfe Risiken transparent gemacht und ihr Eintreten verhindert werden sollen (vgl. [Krüger et al. 1999, S. 34 ff.]).

Das Outsourcing von Entwicklungsleistungen an Zulieferer führt aus der Sicht des Gesamtprojektes beim OEM zu einer Risikotransformation. Die Art und Menge der Projektrisiken verändern sich: Der Zulieferer erhält mit der Verantwortung für ein Teilprojekt auch die Verantwortung für das Erreichen bestimmter, häufig sehr kritischer Teilprojektziele. Werden diese verfehlt, etwa indem ein Bauteil verspätet fertig gestellt wird, hat dies zum Teil verheerende Konsequenzen für das Gesamtprojekt beim Hersteller. Entsprechend groß ist das Interesse des OEM, ein Verfehlen der Teilprojektziele im Sinne eines Risikomanagements von vornherein zu vermeiden. Nun unterscheiden sich die (Teil-)Projektrisiken vom Hersteller zum Zulieferer und auch zwischen verschiedenen Zulieferern. Für den OEM ist dabei besonders unangenehm, dass er die Risiken beim Zulieferer zum größten Teil vorab nicht kennt. Man kann hier zwischen »offenen« und »verdeckten« Risiken unterscheiden.

Vermehrte »verdeckte« Projektrisiken

Offene Risiken sind solche, die vom OEM vorab erkannt werden können und daher auch in sein eigenes Risikomanagement einfließen. Hierzu zählen die im Entwicklungsobjekt begründeten Risiken, etwa technisch besonders problematische Aspekte der Entwicklungsleistung oder materialtechnische Herausforderungen, die zu Problemen im Projekt führen können. Schlimmer sind die »verdeckten« Risiken, die in Bereichen liegen, in die der OEM zunächst keine Einblicke hat, wie beispielsweise:

- fehlende Qualifikation einzelner am Projekt arbeitender Mitarbeiter beim Zulieferer,
- fehlende Projektmanagement-Fähigkeiten beim Zulieferer,
- Probleme in Projekten des Zulieferers mit anderen Kunden, beispielsweise terminkritische Drittprojekte, die im eigenen Projekt ebenfalls zu Terminverzug führen könnten,
- wirtschaftliche Schwierigkeiten des Zulieferers,
- Probleme bei Sublieferanten des Zulieferers usw.

Derzeit geht der Trend dazu hin, nicht mehr nur die Entwicklung einzelner Bauteile auszulagern, sondern Zulieferern die Entwicklung ganzer Produktkomponenten zu übertragen, inklusive des Projektmanagements und inklusive der Steuerung diverser beteiligter Zulieferunternehmen. Dies erhöht das Problem. Denn je stärker die vergebene Leistung von Kopfarbeit abhängt, desto höher wird der Anteil an verdeckten Projektrisiken.

Zwar versucht der OEM, sich vertraglich vor diesen Risiken zu schützen, also das Erreichen der Teilprojektziele mit Hilfe von Spezifikationen vertraglich festzuzurren. Beim Verfehlen der Teilprojektziele drohen dem Zulieferer dann zum Teil erhebliche Sanktionen. Aber selbst hohe Vertragsstrafen sind im Falle einer gravierenden Verfehlung beispielsweise des Terminziels meist nicht in der Lage, die Konsequenzen für den OEM aus einem daraus resultierenden, verspäteten SoP (Produktionsstart) des Endproduktes auch nur annähernd auszugleichen.

Höhere Risiken auch für den Zulieferer

Doch die beschriebene Risikotransformation trifft nicht nur den OEM. Zulieferer müssen immer größere (Teil-)Projektrisiken übernehmen und sind dabei den aus ihrer Sicht sehr engen Vertragsbindungen der OEMs ausgesetzt. Bedingt durch den erheblichen Zeitdruck in Entwicklungsprojekten bleibt zudem bei der Angebotserstellung und Preisverhandlung wenig Zeit für eine umfassende Risikoabschätzung. Spezifikationen sind in der Regel nur ungenau, Detailinformationen zum geplanten Projekt sind häufig für eine fundierte Projektentscheidung nicht vorhanden. Neue Auftragsvergabeverfahren wie beispielsweise Internetauktionen erhöhen diesen Druck.

Als Ergebnis des zunehmenden Outsourcing-Anteils und der zunehmenden Komplexität der fremdvergebenen Leistungen rückt daher der Bedarf nach Transparenz weiter in den Mittelpunkt. Die Frage nach dem effizienten Austausch projektrelevanter Informationen wird in Zukunft ein zentrales Problem in der unternehmensübergreifenden Automobilentwicklung werden.

2.2 Anforderungen von OEMs an eine effiziente Integration im Projektmanagement

Für den outsourcenden OEM steht der Erfolg des Gesamtprojektes im Vordergrund. Er muss die an die unterschiedlichen Zulieferer vergebenen Teilprojekte so koordinieren, dass das Gesamtprojekt möglichst effizient durchgeführt wird (vgl. Abb. 2). Treten in einem Teilprojekt bei einem Zulieferer Verzögerungen auf, kann dies Auswirkungen auf die Eckdaten anderer Teilprojekte bei anderen Zulieferern haben. Aufgrund dieser engen Verflechtung und der vorhandenen, offenen wie verdeckten Projektrisiken braucht der OEM einen möglichst zeitnahen Überblick über alle beteiligten Teilprojekte: *OEMs streben nach optimaler Transparenz*. Dies umfasst alle Informationen, die der OEM für die Koordination des Gesamtprojektes und das zugehörige Risikomanagement benötigt. Hier unterscheiden sich OEMs wiederum zum Teil erheblich.

Offenlegung von Projektinformationen der Zulieferer

Manche OEMs begnügen sich mit abstrakten Termininformationen, andere fordern eine umfassende Offenlegung auch der Detailpläne etc. Das Spektrum reicht von

- Ablauf- und Termininformationen über qualitätsbezogene Informationen (z.B. Ergebnisse bestimmter, gemeinsam vereinbarter Qualitätstests) bis hin zu Kosteninformationen;
- Informationen auf einem hohen Aggregationsniveau im Projektstrukturplan (»High-Level«) bis hin zu Detailinformationen (»Low-Level«) auf Arbeitspaketebene.

Neben der Art und dem Detaillierungsgrad der vom Zulieferer geforderten Informationen steht vor allem die Form der Übermittlung der Informationen im Vordergrund der Diskussion. Denn selbst wenn die Zulieferer die gewünschten Informationen liefern, besteht für den OEM ein Problem häufig in der Unterschiedlichkeit verschiedener Formate. Je nach den beim Zulieferer verwendeten Systemen erhält der OEM projektbezogene Informationen als Word-Dokument, MS Project File, Excel-Chart oder gar in Papierform. Die Konsolidierung dieser Inputs in das eigene Projektmanagementsystem erzeugt hohen administrativen Aufwand und führt zu unnötigem Zeitverlust. Projektberichte sind dann häufig bereits nicht mehr aktuell, wenn sie im Unternehmen verteilt werden. Aktuelle, konsolidierte Projektpläne sind aber wiederum ein kritischer Erfolgsfaktor für wirkungsvolles Risikomanagement im Projekt. Fehlen solche aktuellen Pläne oder werden sie nur mit Verzug zur Verfügung gestellt, kann auf kritische Ereignisse im Projekt nicht adäquat oder nur verspätet reagiert werden.

Vorgabe des Projektmanagementsystems

Eine Lösung dieser Problematik besteht aus der Perspektive der OEMs darin, von den Zulieferern zu fordern, ihre Planung und Steuerung direkt in einem zentralen Projektmanagementsystem (PMS) beim OEM vorzunehmen. OEMs gewähren den Zulieferern über Internet/VPN beschränkten Zugriff auf ihr eigenes PMS. Neue Generationen von Projektmanagement-Tools wie Primavera P3e, MS Project oder RPlan erlauben dies. Eine solche Vorgehensweise hat zunächst einige Vorteile für sich: Die aktuellen Informationen würden dann ohne Medienbrüche und Zeitverluste in leicht konsolidierbarer Form vorliegen. Alle Beteiligten erhalten zeitnah die für sie relevanten Informationen über den Projektverlauf. Doch derartige Systeme stoßen bei Zulieferern auf Skepsis.

2.3 Erwartungen und Gefahren aus Zulierfersicht

Untersuchungen zeigen, dass eine Mehrheit der Lieferanten eine internetunterstützte Anbindung an die Hersteller ablehnt, obwohl die Automobilhersteller behaupten, damit eine Win-Win-Situation schaffen zu wollen ([Andersen 2002, S. 4]). Um die Skepsis der Zulieferer gegenüber internetbasierten PMS zu verstehen, muss man einen Blick in deren Projektmanagementstrukturen werfen.

Notwendigkeit eines eigenen Multiprojektmanagements

Aus Zulierfersicht ist jedes vom OEM an ihn ausgelagerte Teilprojekt ein eigenes Kundenprojekt und damit Bestandteil des eigenen Projektportfolios. Die Planung eines solchen Projektes kann nur in Abstimmung mit den übrigen, zum Teil für andere Kunden durchgeführten Projekten erfolgen. Verschiebungen in den Eckdaten eines Projektes und damit im zeitlichen Bedarf an Ressourcen haben Auswirkungen auf die verschiedenen anderen Projekte. Verzögert sich beispielsweise der Start eines Projektes für einen Kunden, verschieben sich auch die dafür eingeplanten Bedarfe an Mitarbeiter- und Maschinenkapazitäten. Dies kann unmittelbar mit anderen Projekten kollidieren, die eigentlich auf diese Mitarbeiter und Maschinen geplant waren.

Ein wirkungsvolles Projektmanagement in Automobilzulieferunternehmen ist demzufolge stets ein Multiprojektmanagement. Einzelne Projekte können nicht isoliert geplant und gesteuert werden. Genau dies wäre aber der Fall, würde der Zulieferer die Planung eines einzelnen Projektes alleine in einem zentralen System beim betreffenden Projektkunden vornehmen.

Der Zulieferer benötigt also ein System, das alle eigenen Projekte des Unternehmens abdeckt. Nur dann sind die Konsequenzen von Verschiebungen in einem Projekt hinsichtlich ihrer Konsequenzen für die anderen Projekte ersichtlich. Die Planung eines Projektes im System des OEM würde die Zusammenhänge zwischen den Projekten des Zulieferers zerschneiden, was letztlich eine Verschlechterung der eigenen Planung und Steuerung zur Folge hätte.

Beschränkte Offenlegungsbereitschaft

Hinzu kommt das Problem, dass die Zulieferer (wie auch die OEMs!) in der Regel keine vollständige Offenlegung ihrer internen Planungs- und Steuerungsinformationen akzeptieren. Eine integrierte Projektplanung umfasst nicht nur die Planung der Abläufe und Termine eines Projektes, sondern auch den Ressourceneinsatz und damit wesentliche Teile der Projektkosten. Dies unmittelbar im PMS des OEM zu tun, stößt bei Zulieferern verständlicherweise auf wenig Gegenliebe. Es würde eine weitgehende Durchschaubarkeit der eigenen Abläufe und Prozesse bedeuten und damit u.U. eine Offenlegung wichtiger Wissens- und Wettbewerbsvorteile (vgl. [Andersen 2002, S. 4]). 80 Prozent der Lieferanten befürchten, dass ihre Geschäftsprozesse zunehmend transparent werden. Sie sind der Meinung, dass die Automobilhersteller mit den internetbasierten Maßnahmen vor allem Einblick in die Struktur der Lieferanten nehmen wollen (vgl. [Andersen 2002, S. 26]).

Insbesondere die Offenlegung der Projektkosten wird sehr skeptisch gesehen. Zulieferer befürchten nicht nur den dadurch zu erwartenden Margendruck, sondern auch, von Kostenstrukturanalysen durch den Hersteller »überrascht« zu werden. Denn mangels eines systematischen Projektcontrollings kennen viele Lieferanten ihre eigene Kostenstruktur selbst nur unzureichend. Bevor eine Kostentransparenz für die Hersteller geschaffen werden kann, müssten daher die Lieferanten ihre Kostenstruktur zunächst intern analysieren und visualisieren.

Ausweg: Doppelerfassungen

Einziger Ausweg aus dem Dilemma zwischen den Transparenz-Forderungen des OEM und den Anforderungen des eigenen Projektmanagements ist häufig eine Doppelplanung im eigenen Haus und beim OEM. Der Zulieferer plant das Projekt im eigenen (Multi-)Projektmanagementsystem und pflegt die vom Hersteller gewünschten Daten zusätzlich manuell in dessen PMS ein. Diese Vorgehensweise verteilt letztlich die ursprünglich beim OEM gebündelten administrativen Aufwände zur Pflege der Projektpläne auf die beteiligten Zulieferer. Zudem provoziert jede doppelte Pflege von Informationen Fehler. Eine solche Vorgehensweise ist daher zum einen nicht optimal, zum anderen handelt es sich hierbei um keine echte Win-Win-Situation. Dies eröffnet die interessante Frage nach alternativen Vorgehensweisen zur Integration von Herstellern und Zulieferern im Projektmanagement.

3 Möglichkeiten einer Integration von OEM und Zulieferern im Projektmanagement

3.1 Anforderungen an eine ideale Softwareunterstützung

Eine langfristig erfolgreiche technische Unterstützung des unternehmensübergreifenden Projektmanagements müsste eine Win-Win-Situation herbeiführen. Das heißt, sowohl OEM als auch Zulieferer müssten sich damit gegenüber der aktuellen Situation besser stellen. Die Anforderungen der Zulieferer müssen ebenso wie die Anforderungen der OEMs in die Gestaltung des Systems einfließen. Fasst man diese Anforderungen zusammen, lassen sich die folgenden Forderungen an ein ideales System für das unternehmensübergreifende Projektmanagement formulieren:

1.) Das System erlaubt dem OEM und dem Zulieferer möglichst direkten Zugriff auf die Projektinformationen.

2.) Jeder Partner erhält nur die Informationen, die für ihn von Belang sind (Berechtigungskonzept) und die vom jeweils anderen Partner für ihn freigegeben wurden (Workflow-Konzept). Es muss also jedem Partner die Möglichkeit offen stehen, Details im Projekt zu planen, die dem anderen Partner nicht offen gelegt werden.

3.) Das Projekt muss sowohl beim OEM als auch beim Zulieferer in ein umfassendes Multiprojektmanagement eingebunden sein. Änderungen in anderen Projekten müssen direkt in Bezug auf ihre Konsequenzen für das gemeinsame Projekt beurteilt werden können. Änderungen im gemeinsamen Projekt lassen sich sofort hinsichtlich ihrer Auswirkungen auf die anderen Projekte des OEM bzw. Zulieferers beurteilen.

4.) Da OEM und Zulieferer über andere interne Berichtsstrukturen verfügen, müssen sich dieselben Informationen entlang unabhängiger Dimensionen einordnen und auswerten lassen. Beispielsweise werden im Projektcontrolling des OEM sicher andere Kennzahlen und Auswertungen herangezogen, als dies beim Zulieferer der Fall ist.

5.) Um unnötige Fehlerquellen und administrativen Aufwand zu vermeiden, sollten die für das Projekt relevanten Informationen zu jedem Zeitpunkt möglichst nur an einer Stelle existieren.

Ein System, das allen fünf Anforderungen gleichzeitig genügt, ist derzeit nicht am Markt verfügbar und dürfte auch schwer zu realisieren sein. Im Falle einer rein bilateralen Zusammenarbeit zwischen genau einem OEM und genau einem Zulieferer wären noch Lösungen denkbar, welche der Forderung nach gleichzeitiger Zentralisierung und Dezentralisierung gerecht werden. In der Praxis arbeitet aber nahezu jeder Zulieferer mit mehreren Kunden zusammen, und OEMs greifen selbst auf eine Reihe unterschiedlicher Zulieferer zurück. Insofern ist zu ergänzen:

6.) Das System muss die Zusammenarbeit zwischen unterschiedlichen Kunden und unterschiedlichen Zulieferern unterstützen. Es ist nicht von rein bilateralen Beziehungen auszugehen.

Dem Internet und darauf basierenden Projektmanagementsystemen wird in Zukunft eine herausragende Rolle bei der Verbesserung der Kommunikation zwischen OEM und Zulieferern zugeschrieben. Vor allem durch eine gemeinsame Datenhaltung und durch die direkte Kommunikation zwischen Hersteller und Lieferanten erhofft man sich wesentliche Effizienzgewinne. In der Praxis lassen sich drei Vorgehensalternativen (vgl. Abb. 3) unterscheiden.

3.2 Alternative 1: Projektmanagement in einem zentralen System beim OEM

Diese Alternative entspricht der bereits beschriebenen Forderung vieler OEMs in der Praxis. Zulieferer erhalten einen beschränkten Zugriff via Internet oder Virtual Private Network (VPN) auf ein zentrales PMS beim Hersteller. Sofern der Zulieferer mit mehreren unterschiedlichen OEMs zusammenarbeitet, endet diese Lösung zwangsläufig in zeit- und fehlerintensiven Doppelplanungen beim Zulieferer. Anders ist ein Multiprojektmanagement des Zulieferers nicht möglich. Dies bedeutet einen Bruch mit Forderung 5, mit den Konsequenzen einer erhöhten Fehlerquote und unnötigem administrativem Aufwand. Da dies sich mittelfristig auch für den OEM negativ auswirkt (erhöhte

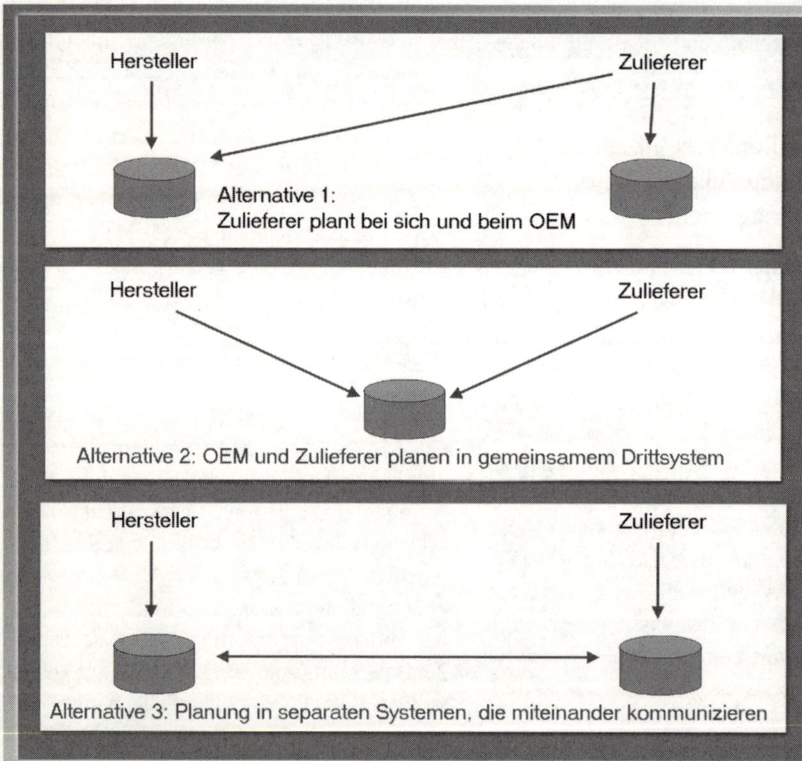

Abbildung 3: Alternative Lösungen einer softwaretechnischen Unterstützung der Hersteller-Zulieferer-Integration

project intelligence

Projektrisiken, höhere Kosten), ist diese Lösung nicht optimal.

3.3 Alternative 2: Branchenweites, zentrales Projektsystem

In einigen Branchen, beispielsweise in der Bauwirtschaft, etablieren sich Application Service Provider (ASPs), die ein unternehmensübergreifendes, zentrales Projektmanagementsystem zur Verfügung stellen. Theoretisch ließen sich hiermit alle Anforderungen an ein ideales System zur Hersteller-Lieferanten-Einbindung erfüllen. Jedes Unternehmen erhielte dann einen beschränkten Zugriff auf ein per Internet erreichbares PMS, in dem jeder Zulieferer und jeder OEM sein eigenes Multiprojektmanagement vornehmen könnte. Der Zugriff auf die Projekte würde mit einem ausgefeilten Berechtigungskonzept gesteuert, so dass jeder Beteiligte nur die für ihn bestimmten Informationen erhält und nur die für ihn zugänglichen Funktionen durchführen kann. Da alle Beteiligten im selben System planen, wären Medienbrüche, Schnittstellen etc. kein Problem.

Der kurzfristige Erfolg einer derartigen ASP-Lösung ist allerdings im Automobilbereich und speziell in der dortigen Forschung und Entwicklung äußerst unwahrscheinlich:

- Speziell die großen OEMs haben bereits erhebliche Summen in die Implementierung eigener PMS investiert und werden daher nicht gewillt sein, auf einen ASP umzusteigen.
- Im Gegensatz zum operativen Bereich wie der Bauindustrie handelt es sich bei der Automobilentwicklung um einen strategischen Bereich. Unternehmen werden hier sehr skeptisch reagieren, brisante Informationen wie Details zu ihren Entwicklungsvorhaben unternehmensextern verwalten zu lassen.
- Die Automobilbranche ist mittlerweile weitgehend internationalisiert. Dies erweitert die in ein solches System einzubeziehenden Unternehmen und damit die zu erwartenden Probleme noch.

3.4 Alternative 3: Automatisierte Kommunikation zwischen getrennten PMS

Sowohl die großen OEMs als auch viele Zulieferer verfügen bereits über eigene Projektmanagementsysteme, in denen sie ihr Multiprojektmanagement durchführen. Ein Ansatzpunkt besteht nun darin, ein Konzept für eine direkte Kommunikation zwischen diesen getrennten PMS zu entwickeln, ohne dabei die Forderung 3 (Informationen zu jedem Zeitpunkt an nur einem Ort) aufgeben zu müssen. Dieser Weg wird derzeit von einigen der wichtigsten Systemanbieter (z.B. Primavera Systems, Actano/RPlan) ausgebaut. Er legt den folgenden bzw. einen ähnlich gearteten Projektablauf zugrunde:

Zugrunde liegender Planungsprozess

Der OEM plant in seinem PMS den Ablauf des Gesamtprojektes, also beispielsweise den übergreifenden Ablauf eines Projektes zur Entwicklung eines neuen Fahrzeugs. Er ermittelt damit die wichtigsten internen Eckdaten für das Projekt. Sofern ein Teilprojekt an einen Zulieferer vergeben wird, übermittelt der OEM dem Zulieferer alle für dessen Projekt notwendigen Planungs- und Steuerungsinformationen, insbesondere die vorgegebene Produkt- und Projektstruktur und die zugehörigen Ecktermine. Diese Kommunikation findet allerdings nicht zwischen Personen statt, sondern erfolgt durch einen gefilterten Export-/Importprozess zwischen den PMS des OEM und des Zulieferers. Je nach dem vorhandenen System spricht man davon, dass vom OEM eine spezifische »Sicht« (RPlan) auf das Gesamtprojekt bzw. ein spezifisches »Interfaceprojekt« (Primavera) vorbereitet und an den Zulieferer übermittelt wird.

Der Zulieferer nimmt die erhaltene Sicht / das erhaltene Interfaceprojekt als Ausgangspunkt, um in seinem eigenen PMS die Detailplanung durchzuführen. Hierbei kann er auf alle Möglichkeiten des Multiprojektmanagements zurückgreifen: Er verwendet seine eigenen Ressourcenpools, berücksichtigt bei der Termin-

und Ablaufplanung die internen Zusammenhänge mit anderen Projekten etc. Außerdem kann der Zulieferer eigene, seinen internen Berichtsanforderungen entsprechende Prozesse, Meilensteine, Attribute usw. ergänzen. Die Rückübermittlung von Informationen an den OEM erfolgt dann ebenfalls über die Filterung einer für den OEM gedachten Sicht bzw. eines entsprechenden Interfaceprojektes. Darin sind nur die Informationen enthalten, die vom OEM gefordert bzw. für ihn gedacht sind.

Voraussetzungen und Probleme

Wichtig bei dieser Lösung ist die Vermeidung des »Domino-Effekts«. Er bezeichnet den Fall, dass kleine Abweichungen auf einem Detaillevel eines Teilprojektes sich sofort über alle Projektebenen hinweg fortsetzen, wenn dieses Teilprojekt in das Gesamtprojekt eingespielt wird. Eine Entkoppelung der Planungsebenen ist hier notwendig. Änderungen, die Konsequenzen für andere Planungsebenen hätten, müssen vor der Übernahme von einem Verantwortlichen im Projekt explizit akzeptiert werden.

Um trotz der Existenz separater PMS der Forderung nachzukommen, wonach eine Projektinformation zu jedem Zeitpunkt möglichst nur an einer Stelle vorhanden sein sollte, wird auf ein aus Dokumentenmanagementsystemen bekanntes Prinzip zurückgegriffen: Bei der Änderung eines Projektes wird ersichtlich, ob ein betroffener Teil gerade »ausgecheckt« ist, also an den jeweils anderen Partner übermittelt und von diesem noch nicht akzeptiert wurde.

Der beschriebenen Alternative stehen derzeit zwei wesentliche Probleme in der Praxis gegenüber. Zum einen fehlt vielen am Markt verfügbaren Projektmanagementsystemen eine komfortable Möglichkeit zum gefilterten Austausch von Projektinformationen. Die gängigen Export-/Importfunktionen eignen sich hierfür nur bedingt. Beispielsweise ist es häufig schwierig bis unmöglich, einen genau definierten Ausschnitt der Projektinformationen (z.B. nur die Termininformationen eines Teilprojektes, ohne die Ressourcen- und Kostenzuordnung) zu exportieren. Die namhaften Hersteller, etwa Actano (RPlan) und Primavera (P3e) arbeiten bereits an Lösungen.

Zum anderen fehlt derzeit noch eine leistungsfähige, standardisierte Schnittstelle für Projektinformationen. Die verschiedenen OEMs und Zulieferer verwenden unterschiedliche Projektmanagementsysteme, die wiederum auf teilweise deutlich voneinander abweichenden Projektmanagementlogiken aufbauen. Beispielsweise unterscheidet sich die Verknüpfung von Aktivitäten verschiedener Projekte deutlich zwischen RPlan, Primavera und MS Project. Sobald ein Austausch von Projektinformationen zwischen unterschiedlichen Systemen notwendig wird, muss auf eine gemeinsame Schnittstelle zwischen diesen Systemen zurückgegriffen werden. Diese Schnittstelle ist derzeit mangels anderer Alternativen das MS Project-Dateiformat. Da dieses Format allerdings auf die Leistungsmerkmale von MS Project zugeschnitten ist, gehen beim Export aus anderen Systemen teilweise bedeutsame Informationen verloren.

4 Erfahrungen aus der Praxis – technische statt fachlicher Integration

Das gemeinschaftliche Ziel aller geschilderten Maßnahmen ist letztlich die Optimierung der Schnittstellen und die Minimierung der Reibungsverluste zwischen Hersteller und Zulieferer. Das Hauptziel ist dabei, durch eine Transparenzerhöhung und Kommunikationsvereinfachung die Produktentwicklungszeiten weiter zu verkürzen. Man erhofft sich, hierdurch frühzeitiger auf mögliche Probleme im Projekt aufmerksam zu werden und so kosten- und zeitintensive Fehler zu vermeiden. Ein klassisches Beispiel ist das Änderungsmanagement in der Produktentwicklung. Eines der wichtigsten Projektrisiken besteht in Änderungen, die an einer

Stelle vorgenommen, aber nicht rechtzeitig an alle Betroffenen kommuniziert werden. Hier wird in IT-unterstützte Integrationsformen die Hoffnung gesteckt, derartige Schwierigkeiten vermeiden zu helfen.

Doch Praxiserfahrungen in Integrationsprojekten zwischen OEMs und Zulieferern machen deutlich: Es wird häufig zu viel Hoffnung in die EDV gesteckt, da hier scheinbar kurzfristige und schnelle Verbesserungen möglich sind. Die Grundlage für eine erfolgreiche Zusammenarbeit im Projektmanagement bildet aber nicht primär die Integration zwischen Projektmanagementsystemen. Das Fehlen einer geeigneten IT-Integration behindert zwar eine erfolgreiche Kunden-Lieferantenbindung. Alleine die Existenz einer solchen Integration macht die Zusammenarbeit aber nicht erfolgreicher. Eine softwaretechnische Lösung kann den Austausch von Informationen beschleunigen. Doch in der Praxis der Kunden-Lieferantenbindung ist ein häufiges Problem, dass überhaupt nicht geklärt ist, welche Informationen überhaupt wann ausgetauscht werden sollen. Unklare Verantwortlichkeiten im Projekt, konfliktäre Erwartungen hinsichtlich der Hol- und Bringschuld von Informationen und Dokumenten sorgen dafür, dass die benötigten Informationen zum Teil gar nicht erst produziert werden. Ein weiterer, nicht technisch begründeter Engpass sind methodische Schwächen im Projektmanagement, aufgrund derer bestimmte Kennzahlen und Informationen einfach nicht existieren. Ein Beispiel sind Kostenstrukturanalysen oder ein systematisches Projektfortschrittscontrolling.

Vor die technische Integration muss demzufolge eine fachliche Integration zwischen Hersteller und Zulieferer gestellt werden. Die beteiligten Parteien müssen persönlich klären, welche Information im Projektfortschritt vom jeweiligen Partner benötigt wird, um gemeinsam die Projektziele optimal zu erreichen. Die beste Plattform für solche Klärungen sind von erfahrener, aber neutraler Seite moderierte Kick-off-Sitzungen, in denen die Verantwortlichkeiten, Rollen und die gemeinsame Sprache im Projekt vereinbart werden.

Neue B2B-Technologien sind reizvoll und können mittelfristig durchaus in der Lage sein, wirkungsvolle Kommunikationsprozesse noch zu beschleunigen. Doch die vorschnelle Suche nach Effizienzreserven durch moderne Internet-Tools wird beträchtliche Implementierungskosten verursachen, aber alleine keine langfristigen und wesentlichen Verbesserungen in der Kunden-Lieferanten-Integration bringen.

5 Literatur

[Andersen 2002] *Arthur Andersen Consulting:* Zusammenarbeit oder verschärfte Konkurrenz? Empirische Studie der Arthur Andersen Consulting GmbH und des Arbeitsbereiches Produktionswirtschaft der TU Hamburg - Harburg, 2002.

[Automobil-Produktion 2001] Zeitschrift Automobil-Produktion, Heft Oktober 2001.

[KPMG 2000] *KPMG:* Nutzenpotenziale von Supply Chain Software (APS-Systemen) in der Automobilzulieferindustrie, White Paper, Oktober 2002.

[Krüger et al. 1999] *Krüger, Andreas; Schmolke, Gernot; Vaupel, Ronald:* Projektmanagement als kundenorientierte Führungskonzeption. Management mit Projekten und Management von Projekten. Stuttgart, 1999.

[Negretto 2002] *Negretto, Ugo:* E-Enabled Supply Chain am Beispiel der Automobilindustrie. Encima GmbH, 2002.

Dr. Christian Hilz
Leiter Konzerncontrolling
MT Technologies AG
Hebbelstr. 65
85055 Ingolstadt
Christian.Hilz@misslbeck.de

Dipl.-Kfm. Dr. Andreas Krüger
Dipl.-Kfm. Dr. Oliver Haas
PI project intelligence
Ernsdorfer Str. 73a
83209 Prien
{krueger, haas}@project-intelligence.de
www.project-intelligence.de

Volker Nissen, Andreas Mauß

Wissensmanagement im Rahmen der prozessorientierten Einführung von E-Procurement und Supplier Relationship Management

Europas Konzerne investieren trotz Konjunkturflaute ungebremst in den elektronischen Einkauf. E-Procurement stellt einen wesentlichen Baustein auf dem Weg zum Supplier Relationship Management (SRM) dar. Die Komplexität der Projekte wird oft unterschätzt. Um einen schnellen ROI sicherzustellen, ist eine prozessorientierte Einführung sowie aktives Wissensmanagement unerlässlich. Jede Projektphase generiert eine Fülle von Dokumenten, die inhaltlich auf vielfältige Weise zusammenhängen. Hierin manifestiert sich das Wissen der Projektmitglieder, das später für Schulungen und den Roll-out dringend benötigt wird.

Anhand eines Implementierungsprojektes mit dem SAP® Enterprise Buyer Professional™ beschreiben wir den Einsatz des Wissensmanagement-Werkzeuges CognoVision™. Neben der Umsetzung der formulierten Anforderungen wird darauf eingegangen, wie vordefinierter E-Procurement/SRM-Content, zum Beispiel Referenzmodelle, den Aufwand reduzieren und eine strukturierte Einführung ebenso wie das Change Management unterstützen kann.

Inhaltsübersicht

1 E-Procurement als Teilgebiet des Supplier Relationship Managements (SRM)

1.1 Ziele, Herausforderungen und aktuelle Trends im Beschaffungsmanagement

Die Bedeutung des Beschaffungsmanagements für das Unternehmensergebnis wird oft unterschätzt. Kosten extern beschaffter Güter haben einen großen Hebel auf das betriebliche Ergebnis. Spart ein Unternehmen im Einkauf nur 1 %, so verbessert sich das Ergebnis vor Zinsen und Steuern um durchschnittlich 18 % ([o.V. 2002b]).

Traditionelle Beschaffungsprozesse sind papierbasiert und auf eine zentralisierte Beschaffung ausgerichtet. Sie weisen im Durchschnitt etwa 40 manuelle Schritte pro Bestellung auf. Die IT-technische Integration mit den Lieferanten ist niedrig. Kommunikation findet per Telefon, Brief, Fax oder im persönlichen Gespräch statt. Dadurch leidet die traditionelle Beschaffung unter den folgenden Symptomen:

- hohe interne Prozesskosten
- lange Wiederbeschaffungszeiten
- Mehrfacherfassung der Bestelldaten, unternehmensintern und beim Lieferanten
- häufige Medienbrüche im Informationsfluss, dadurch Intransparenz

- unzureichende Flexibilität
- ineffiziente Systemunterstützung
- zu wenig Zeit für den strategischen Einkauf

Insbesondere im Bereich der geringwertigen Materialien sind die auf A- und B-Güter ausgerichteten Prozesse nicht geeignet, die Beschaffung effizient abzubilden.

Um Zeit zu sparen, wird daher häufig am vorhandenen ERP-System und damit am formellen Prozess vorbei bestellt (so genanntes Maverick-Buying).

Die Notwendigkeit zur fortgesetzten Kostensenkung und eine zunehmende Beschaffungstiefe führen heute zur Neuausrichtung des Einkaufs auf strategische Aufgaben. Die Beschaffung von unkritischen Teilen wird dezentralisiert und mit Hilfe elektronischer Beschaffungsprozesse vereinfacht und beschleunigt. Daneben ist eine Verlagerung der Bestandsverantwortung auf die Lieferanten zu beobachten. Sie geht einher mit einer längerfristigen Bindung zu den Schlüssellieferanten bei gleichzeitiger Verkleinerung der Lieferantenbasis. Das Ziel ist eine Win-Win-Situation für beide Partner durch bessere Abstimmung und Zusammenarbeit, zum Beispiel mittels kollaborativer Planung und VMI-Konzepten (Vendor Managed Inventory).

1.2 E-Procurement

Im Vordergrund der aktuellen E-Business-Projekte in Deutschland steht neben dem internetgestützten Management der Kundenbeziehungen (CRM) das E-Procurement und die Verknüpfung mit Supply-Chain-Partnern über das Web ([o.V. 2002a]). Kernkomponenten einer E-Procurement-Lösung sind elektronische Kataloge der bestellbaren Waren und Dienstleistungen einschließlich Content Management, Workflow-Steuerung (z.B. Genehmigungsprozess) und Beschaffungsabwicklung durch elektronische Integration der eigenen Systeme mit denen der Lieferanten ([Drefs 2001]).

Bis 2008 werden fast alle Großunternehmen elektronisch beschaffen. Bei Unilever ist z.B. für 2002 ein E-Procurement-Volumen von 500 bis 600 Mio. Euro geplant ([Schmidt 2002]). Selbst im Mittelstand nutzen bereits 20% der Unternehmen das Internet für Warenbestellungen und sind mit Lieferanten vernetzt ([o.V. 2001]).

E-Procurement entlastet durch die Dezentralisierung von unkritischen Beschaffungen den zentralen Einkauf. Dieser erhält mehr Zeit für strategische Aufgaben und wertschöpfende Aktivitäten, wie Produktauswahl und Einkaufsverhandlungen mit Lieferanten. Weitere Nutzenpotenziale des E-Procurement liegen in Einsparungen bei den Prozesskosten. Die Steuerung des Beschaffungsportfolios über Kataloge vermeidet Maverick-Buying und erlaubt eine Reduzierung der Einkaufspreise über Bündelungseffekte. Die verkürzten Wiederbeschaffungszeiten durch elektronische Integration mit den Lieferanten führen daneben zu sinkenden Bestandskosten. [Kuhn 2001] quantifiziert für den C-Teile-Bereich die Nutzeffekte von E-Procurement wie folgt:

- Senkung der Bestellkosten von 143 Euro auf unter 18 Euro pro Bestellung
- Reduzierung der Bestelldurchlaufzeit von 16 auf 1,5 Tage
- Senkung der Gesamtbearbeitungszeit je Bestellung von 182 Min. auf 18 Min.
- Reduzierung der Anzahl Teilprozesse von 46 auf 12
- Reduzierung der am Bestellprozess beteiligten Organisationseinheiten von 8 auf 2

Entscheidend ist die Integration der E-Procurement-Lösung mit dem ERP-System des eigenen Unternehmens, um die Purchase-to-Pay-Prozesskette vollständig abzudecken und das gesamte Nutzenpotenzial zu realisieren. Alternativ zum Aufbau und Betrieb der Hardware und Software im eigenen Haus nutzen viele Unternehmen die Möglichkeit, E-Procurement mit Hilfe eines Hosting-Providers zu realisieren. Ebenfalls gibt es heute Anbieter, welche die Verwaltung der Produkt- und Lieferantendaten

(Content Management) übernehmen und so die Einkaufsabteilungen entlasten. Darüber hinaus können Beschaffungsvorgänge durch die Anbindung an elektronische Marktplätze unterstützt werden ([Sioulvegas & Dillmann 2001]).

Derzeit beginnen Unternehmen, ihr E-Procurement in zwei Richtungen weiterzuentwickeln. Zum einen werden Produktivmaterialien, die in Unternehmen etwa 80 % des Einkaufsvolumens ausmachen, in die elektronische Beschaffung aufgenommen. Zum anderen dehnt man die Systemunterstützung im Rahmen von Supplier Relationship Management auf andere Funktionen des Beschaffungswesens aus.

1.3 Supplier Relationship Management

Die Beschaffungslogistik ist ein Baustein des Supply Chain Managements (vgl. [HMD 207]). Sie enthält neben operativen Aufgaben auch strategische Aspekte, wie die Optimierung des Lieferantenportfolios, Aushandlung von Rahmenverträgen und Pflege der Lieferantenbeziehungen ([Nowak & Buhmann 2001], [Puschmann et al. 2001]). Für nicht wenige Unternehmen bildet E-Procurement den Einstieg in eine komplette Reorganisation des Einkaufs und Erweiterung zum Supplier Relationship Management (SRM).

SRM beinhaltet das ganzheitliche Management des Beschaffungsprozesses und der Lieferantenbeziehungen, um so die Einkaufsseite eines Unternehmens zu optimieren. Neben dem E-Procurement gehören zu den Kernaufgaben des SRM z.B. die Lieferkettensteuerung, kollaborative Beschaffungsplanung, das Vertragsmanagement und die Unterstützung des strategischen Sourcing sowie des Supplier Controlling durch Analysewerkzeuge. Analysten rechnen erst im Jahre 2004 mit ausgereiften Gesamtlösungen für diesen Bereich ([Matzer 2002]), doch bieten Softwarehäuser wie die SAP bereits heute Bausteine für das SRM an.

Angestrebte Nutzenpotenziale des SRM liegen beispielsweise in einer höheren Effizienz der Lieferantenbasis durch Synchronisation mit Schlüssellieferanten, automatisierte Überwachung der Supplier Performance und kontinuierliche Überprüfung und Verbesserung der Beschaffungsstrategie. Eine weitere Konsequenz des SRM sind bessere Make-or-Buy-Entscheidungen sowie eine Verkürzung der Time-to-Market. Der Einsatz von Supply Chain Event Management ([Nissen 2002]) im Rahmen des SRM erhöht die Transparenz der Beschaffungsprozesse und gestattet proaktives und effizientes Handeln bei Ausnahmesituationen. SRM verbessert die Datengrundlage für die Beschaffungsplanung, strategische Beschaffungsentscheidungen und Lieferantenverhandlungen. Von Bedeutung ist dabei die Integration mit Data-Warehouse-Anwendungen (vgl. [HMD 222]). Durch einfachere und schnellere Prozesse, bessere Werkzeugunterstützung und elektronische Abwicklung lassen sich Prozesskosten und Einkaufspreise weiter senken sowie Bestandskosten reduzieren.

2 Vorgehensweise bei der Einführung von E-Procurement/SRM

2.1 Phasen der Einführung und typische Schwachstellen im Projekt

Ein typisches E-Procurement-Einführungsprojekt gliedert sich grob in folgende Phasen, die in leicht abgewandelter Form auch auf die Einführung von SRM angewendet werden können:

1. Projektvorbereitung:
- Projektplanung
- Projektorganisation
- Definition von Standards und Konventionen
- Schulung der Projektmitglieder
- ....

2. Analysephase (beim E-Procurement in der Regel nur kurz)
- Aufnahme der Istprozesse und Schwachstellen in der Beschaffung
- Identifikation des Beschaffungsportfolios
- Bestellvolumen und Bestellhäufigkeiten
- Lieferantenanalyse

- Aufnahme der Anforderungen
- Identifikation von Restriktionen

3. Konzeptionsphase

- Erstellen des Fachkonzepts
  - Entwurf der Sollprozesse und Organisation
  - Stammdatenkonzept und Content Management der Kataloge
  - Betriebswirtschaftliche Definition der Schnittstellen (Einbinden der Lieferanten)
  - Definition von Rollen und Berechtigungsprofilen
  - Auswahl der E-Procurement-Software (im Allgemeinen schon vor Projektbeginn erfolgt)
  - Auswahl der Katalogsoftware
  - Make-or-Buy-Entscheidung für das Content Management
  - ....
- Erstellen des DV-Konzepts (auf Basis der Fachkonzept-Ergebnisse)
  - DV-technische Umsetzung der kundenspezifischen Anforderungen an den E-Procurement-Prozess
  - Konzeption Hardware und Systemarchitektur
  - DV-technische Beschreibung der Schnittstellen, insbesondere der Katalogschnittstelle und Lieferantenanbindung
  - Softwaretechnische Umsetzung von Organisationsstruktur und Berechtigungskonzept
  - DV-technische Definition der Workflows
  - Aufbau von Testszenarien und Testplänen
  - ....

4. Implementierungsphase (nach Abnahme der Konzeption)

- Implementierung Testsystem
  - Technische Bereitstellung des Testsystems
  - Allgemeine Einstellungen
  - Aufbau der Organisationsstruktur
  - Umsetzung des Genehmigungs-Workflows im System
  - Realisierung Stammdaten, einschließlich Katalogintegration
  - Customizing der Bestellprozesse
  - Anbindung an weitere Systeme (Insbesondere ERP-System)
  - Anbindung der Lieferanten (XML, Schnittstellen)
- Testbetrieb
  - Funktionale Tests, Integrations- und Massentests
  - Erstellen der System- und Anwenderdokumentation
  - Abnahme Testsystem
- Implementierung Produktivsystem
  - Technische Bereitstellung des Produktivsystems
  - Transport der Einstellungen auf das Produktivsystem
  - Tests auf dem Produktivsystem
  - Erstellen Schulungsunterlagen
  - Schulung der Anwender
  - Abnahme des Produktivsystems

5. Produktivstart

- Go Live der vereinbarten Funktionalität
- Unterstützung der Anwender in der Umstellungsphase
- Aktivierung des Change Managements

Zu den häufigen Problembereichen in E-Procurement- und SRM-Projekten zählen neben Faktoren wie schlechter Zeitplanung und wechselnden Verantwortlichkeiten auch ein unklarer Einführungsumfang, das Fehlen einer einheitlichen und strukturierten Vorgehensweise sowie schlechte Dokumentation und mangelndes Wissensmanagement. Um einen guten ROI des Projektes und kurze Einführungszeiten sicherzustellen, sind daher folgende Aspekte zu beachten:

- nutzenorientierte Evaluierung und Fokussierung des Projektes im Vorfeld
- prozessorientierte Implementierung unter Verwendung von Referenzmodellen
- aktives Wissensmanagement während und nach dem Projekt

Der zu erwartende Projektnutzen und die ROI-Ermittlung kann über die Definition von Kennzahlen im Beschaffungsprozess unterstützt werden. Eine genaue Aufnahme der Istsituation und der erzielbaren Verbesserungen erfolgt dann kennzahlbasiert. Dabei werden beispielsweise Durchlaufzeiten, Liegezeiten und Kosten pro Bestellung analysiert. Dies bildet die Grundlage der anschließenden Nutzenquantifizierung des geplanten Projektes und der Priorisierung von Teilbereichen im Sinne eines Stufenplans.

E-Procurement/SRM-Projekte sind in erster Linie Reorganisations- und erst in zweiter Linie IT-Projekte. Die Komplexität von Projekten im SRM und E-Procurement wird oft unterschätzt. Geschäftsprozesse müssen zum Teil umstrukturiert werden mit korrespondierenden Auswirkungen auf die interne Organisation. Traditionelle Abläufe gehören auf den Prüfstand. Häufigstes Beispiel hierfür sind Genehmigungs- und Freigabeverfahren. Business Process Reengineering auf Basis von Referenzmodellen ist daher eine Voraussetzung für kurze Einführungszeiten.

In diesem Beitrag soll vor allem das aktive Wissensmanagement im Rahmen einer prozessorientierten Implementierung näher dargestellt werden. Die folgenden Abschnitte behandeln diesen Aspekt in genereller Form sowie anhand eines konkreten Projektbeispiels aus dem E-Procurement.

2.2 Bedeutung und Stand des Wissensmanagements in der Projektarbeit

Im Informationszeitalter kommt dem Wissensmanagement eine Schlüsselfunktion im Wettbewerb zu. Wissen ist eine strategische Ressource, deren Aufbereitung, Bewahrung, Mehrung und Verteilung für den Unternehmenserfolg große Bedeutung hat. Ein großes Potenzial für Wissensmanagement wird vor allem bei komplexen und wissensintensiven Prozessen gesehen. Die Einführung einer E-Procurement/SRM-Lösung ist hierfür ein gutes Beispiel.

Jede Projektphase generiert eine Fülle von Dokumenten, die inhaltlich zusammenhängen. Hierin manifestiert sich das Wissen der Projektmitglieder, das später für Schulungen und den Roll-out benötigt wird. Typischerweise ist die Projektdokumentation heute Selbstzweck. Mangelhafte Strukturierung, fehlende Versionierung und limitierter Zugriff sorgen dafür, dass nach Projektende dort niedergelegtes Wissen kaum genutzt werden kann. Man könnte hier scherzhaft auch von »Schrankware« sprechen. Oft sind bei Beginn eines Folgeprojektes nicht einmal die Abschlussdokumente des Vorgängerprojektes in aktueller Fassung auffindbar.

Stattdessen sollten Projektergebnisse eine flexibel nutzbare und breit zugängliche Wissensbasis sein. Dafür ist aktives Wissensmanagement während und nach dem Projekt erforderlich. Das setzt geeignete Werkzeuge voraus. [Herrmann et al. 2002] haben folgende Erfolgsfaktoren bei der Einführung von Wissensmanagement identifiziert:

- konsequente Geschäftsprozessorientierung
- Einsatz von Modellierungsmethoden
- Automatisierung von Standardvorgängen in der Wissensarbeit
- ständige Evaluation und Rückmeldung, auch nach der Einführung der Wissensmanagementlösung

Um Prozesse zu optimieren und transparenter zu gestalten, haben viele Unternehmen ihre Abläufe in Prozessmodellen visualisiert und mit Hilfe von Office-Anwendungen dokumentiert. Bei der Bearbeitung von Aufgaben innerhalb eines Geschäftsprozesses werden heterogene Informationen benötigt, die zwar logisch miteinander in Beziehung stehen, aber informationstechnisch in unterschiedlichen Dokumenten, Systemen und Formaten vorliegen.

Damit Prozessmodelle mitsamt den zugehörigen Dokumenten im Unternehmen operativ genutzt werden, bedarf es einer Lösung, die die Bearbeitung, Informationsverknüpfung und

Publikation im Intranet bzw. Internet erlaubt. Diesen Ansatz des prozessorientierten und methodengestützten Wissensmanagements verfolgt die DHC GmbH. Unser Werkzeug CognoVision will herkömmliche Anwendungssysteme nicht ersetzen, sondern die mit diesen Applikationen erarbeiteten Ergebnisse in Beziehung setzen und intelligent verwalten. Daher erfolgt die Dokumentbearbeitung in den bisher eingesetzten Office-Tools. Ein mit MS Visio erstelltes Geschäftsprozessmodell kann beispielsweise durch ein mit MS Word erstelltes Textdokument näher beschrieben sein. Über solche Beziehungen, die im Gegensatz zu einfachen Hyperlinks eine Bedeutung tragen, kann in CognoVision grafisch navigiert und zu den jeweiligen Dokumenten verzweigt werden. Die Installation von Clients auf den Rechnern der Anwender entfällt. Ein gewöhnlicher Internetbrowser genügt als Benutzeroberfläche.

Mit CognoVision lassen sich Informationen über Systemgrenzen hinweg personifiziert und aus unterschiedlichen Blickrichtungen darstellen, ohne dabei redundante Informationen zu erzeugen. Jeder Anwender kann Informationen in vorgegebene oder eigendefinierte Sichten/ Strukturen ablegen (siehe Abb. 1) und anderen Nutzern sein Wissen logisch aufbereitet zur Verfügung stellen. Die Publikation und Verfügbarmachung der Inhalte im Internet/Intranet erfolgt automatisch. Ziel ist der Aufbau eines strukturierten Wissensnetzes, das die einfache Wiederverwendung von Ergebnissen für unterschiedliche Projekte und Aufgaben sicherstellt.

2.3 Nutzen eines Wissensportals für das Projektmanagement im E-Procurement/SRM

Mit CognoVision kann ein Wissensportal aufgebaut werden, das die operative Projektarbeit wirkungsvoll unterstützt. Der Nutzen eines solchen Wissensportals für die Projektarbeit gründet sich auf die folgenden Teilaspekte.

Projektmanagement im Web

Für das Projekt oder einzelne Anwender können Sichten mit geeigneten Strukturen definiert werden, mit denen wiederum Dokumente (Informationsobjekte) verlinkt sind. Sichten stellen projekt- und anwenderbezogene Blickrichtungen auf Informationen dar. Sichten und Strukturen können klassifiziert werden. Betrachtet man z.B. die Konzeptionsphase innerhalb eines SRM-Projekts, ist die entsprechende Struktureinheit vom Typ »Projektphase« und besitzt Attribute wie z.B. Anfangsdatum, Dauer und Ressourcen.

Abb. 1: Grundelemente von CognoVision (ERP=Enterprise Resource Planning System; DMS=Document Management System; BPR=Business Process Reengineering Tools)

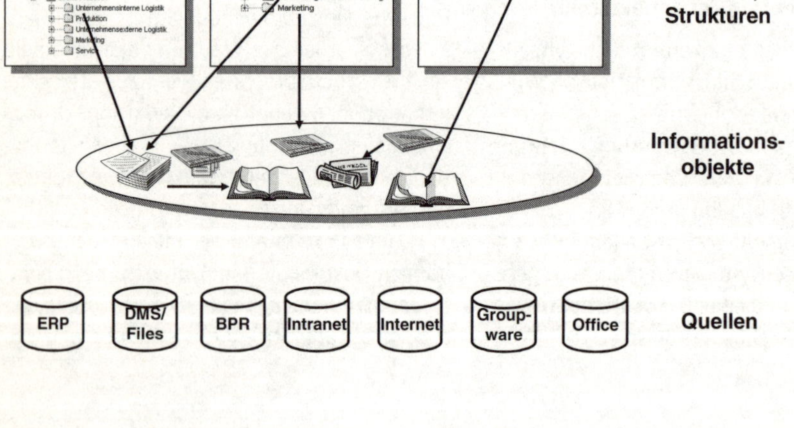

Sichten werden auch bei Integration eines Fremdsystems automatisch aufgebaut. So kann man z.B. die Projektstruktur aus einer MS Project-Datei als Struktur in das Wissensportal übernehmen.

Einzelne Projektphasen lassen sich mit weiteren Informationen, wie Projektdokumentation und operativen Daten, verknüpfen und im Intranet bzw. Internet den Projektmitarbeitern berechtigungsabhängig zur Verfügung stellen. Projektergebnisse können weltweit, systemunabhängig bearbeitet und ausgetauscht werden.

Zur Bearbeitung des Dokuments wird automatisch die ursprüngliche Applikation im Quellformat geöffnet und ein Sperrvermerk in der Datenbank gesetzt. Nach Änderung und Fertigstellung wird das Dokument direkt in ein Internetformat (HTML oder PDF) überführt. Nach der Publikation steht das Dokument allen autorisierten Benutzern direkt zur Verfügung.

Über die Definition von Projekt-Templates und die optionale Versionierung von Informationen lassen sich geforderte Standards in der Projektdokumentation leichter einhalten. Gleichzeitig reduzieren sich die späteren Aufwände für Schulung und Roll-out durch den sukzessiven Aufbau einer vernetzten Dokumentation im Projekt.

Business Content

Zu Beginn eines E-Procurement/SRM-Projektes sind in CognoVision im Rahmen des mitgelieferten Business Content unter anderem folgende Inhalte verfügbar:

- Allgemeine Informationen zu den SAP-Werkzeugen Enterprise Buyer Professional™ (EBP) und SAP Supplier Relationship Management™ (SAP-Dokumentation, Best Practices, Installationsleitfäden usw.)
- Referenzmodelle (Prozessketten, Funktionszuordnungsdiagramme) zu den relevanten Beschaffungsprozessen (z.B. indirekte Beschaffung, direkte Beschaffung)
- Templates und Hilfen für die Projektarbeit (z.B. Analysebögen, Präsentationen, Muster für die Customizing-Dokumentation, vorkonfigurierter Projektplan, Protokollstandards)

Der Business Content hilft, die Aufwände in der Konzeptionsphase zu reduzieren und die Einführung zu beschleunigen. Er bietet gleichzeitig eine Orientierung in erprobten Einführungsstandards, die unternehmensspezifisch angepasst und verfeinert werden. Im Vordergrund steht dabei die konsequente Geschäftsprozessorientierung unter Verwendung der Referenzmodelle. Damit wird die strukturierte Vorgehensweise und Qualitätssicherung bei der Erstellung des Fachkonzeptes und späteren Implementierung unterstützt.

Integriertes Modellierungswerkzeug MS Visio

Die vollständige Integration von Visio in CognoVision ermöglicht die grafische Modellierung von Beschaffungsprozessen, Organisationsstrukturen usw. Durch die Datenbankanbindung ist sichergestellt, dass Objekte in Visio wiederverwendet werden können, so dass z.B. mehrere Objekte mit gleichem Namen in verschiedenen Modellen dasselbe Objekt in der Datenbank repräsentieren. Die Publikation der Modelle in einem internetfähigen Format (HTML/PDF) erfolgt automatisch. Die zu diesen Objekten eingepflegten Attribute und Verweise zu anderen Informationsobjekten (z.B. MS Office-Dokumenten, SAP-Transaktionen) werden in CognoVision verwaltet.

Wissensmanagement über das Projekt hinaus

Die strukturierte Erfassung, Verwaltung und Publikation von Projektwissen erlaubt die Wiederverwendung dieses Wissens über die Grenzen des aktuellen Projektes hinaus. Das System gewährleistet, dass immer der aktuellste Informationsstand verfügbar ist. Dadurch wird auch das Change Management nach Projektende unterstützt. Mitarbeitern in der Roll-out-Phase sowie in Folgeprojekten steht die vernetzte Projektdokumentation als umfassende Wissensquelle zur Verfügung. Individuelle Sichten auf ausgewählte Bereiche der Projektdokumentation können aufgebaut werden, die nur für eine bestimmte Anwendergruppe relevante Themen darstellen. Bei E-Procurement-Projekten wird die Dokumentation über das Wissensportal für die schnelle Integration der Lieferanten genutzt.

3 Implementierungsbeispiel

3.1 Überblick zum Projekt

Im Folgenden sind unsere Erfahrungen mit der wissensmanagementbasierten Einführung der E-Procurement-Lösung Enterprise Buyer Professional™ (EBP) der SAP AG bei einem Kunden der diskreten Fertigungsindustrie wiedergegeben. Das EBP-Projekt gliedert sich in mehrere Stufen. Derzeit findet die Implementierung für einen beschränkten Personenkreis und ausgewählte Materialklassen (C-Teile) statt. Anschließend ist zunächst der nationale und später auch internationale Roll-out in mehreren Standorten geplant. Darüber hinaus soll in mehreren Stufen das Beschaffungs- und Lieferantenportfolio erweitert werden, wobei auch die Beschaffung von Direktmaterialien über EBP vorgesehen ist. Ein späterer Ausbau zu einer SRM-Lösung auf SAP-Basis ist ebenfalls vorgesehen.

Das in der aktuellen Stufe des Projektes über den EBP abzuwickelnde Bestellvolumen liegt bei jährlich ca. 600 Tsd. Euro mit 5 Lieferanten. Eingebunden sind derzeit fünf Administratoren in der Beschaffung und ca. 60 Anwender (Besteller). Der EBP wird während des Projektes aus Kosten- und Qualitätsgründen durch einen Hosting-Anbieter betrieben. Für die Auswahl der DHC als Beratungspartner spielten der werkzeuggestützte Beratungsansatz mit CognoVision und die methodische Vorgehensweise eine wichtige Rolle.

3.2 Umsetzung der Vorgehensweise sowie Erfahrungen im Projekt

In einem Vorprojekt wurde auf Workshop-Basis eine E-Procurement-Nutzenevaluierung vorgenommen, um den ROI des Projektes zu ermitteln und einen Stufenplan für die Realisierung zu unterstützen. Für die im Rahmen des Workshops durchgeführte Erarbeitung grober Sollprozesse wurden als Beschleuniger EBP-Referenzprozesse aus dem Business Content von CognoVision eingesetzt. Andere Inhalte des Business Content konnten bei der kennzahlbasierten ROI-Ermittlung sowie für den Vorschlag einer Einführungsstrategie (analog Abschnitt 2.1) verwendet werden.

Im Rahmen des EBP-Projektes wird das Tool CognoVision als zentrales Werkzeug der Projektdokumentation und -durchführung verwendet. Ein wesentliches Ergebnis der Konzeptionsphase sind die Beschreibungen der zu implementierenden Prozesse in Form von ereignisorientierten Prozessketten (EPK). Diese Modelle sind nach definierten Modellierungskonventionen zu erstellen. Die Konventionen dienen dazu, die zu implementierenden Prozesse und damit verbundene Informationen und Dokumente übersichtlich und transparent zu halten. Dies ist für die Wiederverwendbarkeit der Ergebnisse im Rahmen der Roll-outs sehr wichtig.

Im Projekthandbuch wurden daher zu Beginn des Projektes festgelegt:

- Struktur des projektbezogenen Wissensportals (siehe Abb. 2)
- Konventionen zur Beschreibung der EBP-Prozesse
- Inhalt und Form der zu erstellenden Dokumente, wie Fach- und DV-Konzept, sowie die Einordnung der erstellten Dokumente in die CognoVision-Strukturen, einschließlich der Verlinkungen

Als Grundlage der Prozessbeschreibungen dienten DHC-Referenzmodelle zu den einzelnen E-Procurement-Prozessen im EBP. Die Modellierung der Prozesse erfolgt stets nach dem Top-down-Ansatz. Hierzu stehen im Einzelnen drei Detaillierungsebenen zur Verfügung. Auf der Grobebene wird das jeweilige EBP-Szenario, zum Beispiel die indirekte Beschaffung mit XML-Lieferantenanbindung in Form einer EPK

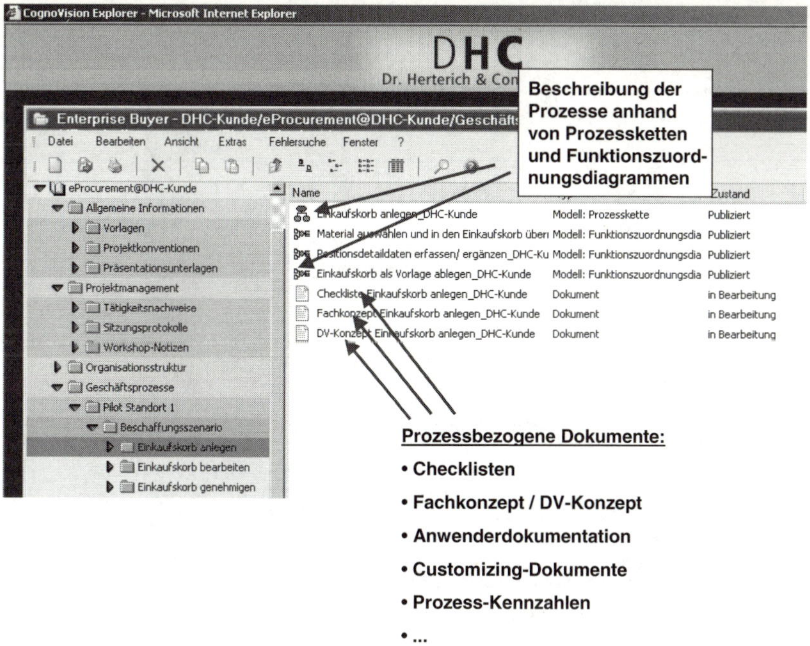

Abb. 2: Struktur des kundenspezifischen Wissensportals im EBP-Projekt (Ausschnitt) auf CognoVision-Basis. Die Benutzerschnittstelle bildet der Internet Explorer.

beschrieben. Dieses Szenario wird dann in den weiteren Modellierungsebenen (Fein, Detail) bei Bedarf verfeinert.

Alle Dokumente, welche für den jeweiligen Prozess relevant sind (Prozesscheckliste, Fach- und DV-Konzept, Customizing-Dokumente etc.) liegen unterhalb der Struktur *Geschäftsprozesse* und werden mit dem jeweiligen Prozessmodell verknüpft (siehe Abb. 3). Jedes im Rahmen des Projektes erstellte Dokument wird versioniert. Nach Freigabe einer Version führen Änderungen an dem bestehenden Dokument zwangsläufig zu einer neuen Version. Inhalte sind dadurch immer in der aktuellen Version am Arbeitsplatz des Nutzers zugänglich.

Alle Dokumente im Rahmen des Projektmanagements werden unterhalb der Struktur *Projektmanagement* abgelegt. Die einzelnen Dokumente, wie z.B. Besprechungsprotokolle und Projektstatusberichte, werden im Projektplan mit den jeweiligen Projektphasen verknüpft. Fachlich verantwortliche Personen, wie der Projektleiter, können Inhalte direkt verwalten.

Für jedes Projektmitglied, das im Rahmen des Projektes Dokumente erstellt oder auf diese zugreifen muss, ist ein Benutzer in der CognoVision-Datenbank angelegt und mit einem passenden Berechtigungsprofil verknüpft.

Die wesentlichen Nutzeffekte der wissensmanagementbasierten EBP-Einführung ergeben sich bei diesem Kunden erstens aus der strukturierten und für alle verbindlichen Vorgehensweise, wie sie im Rahmen des Wissensportals durch das Phasenmodell und projektspezifische Templates dokumentiert ist. Zweitens ermöglichte die Verwendung des Business Content in verschiedenen Bereichen eine schnellere Einführung und damit eine Senkung des Aufwandes. So beschleunigten beispielsweise die vorkonfigurierten Checklisten zu den einzelnen Beschaffungsprozessen die Konzeption der Sollprozesse. Die strukturierte Ablage und Ver-

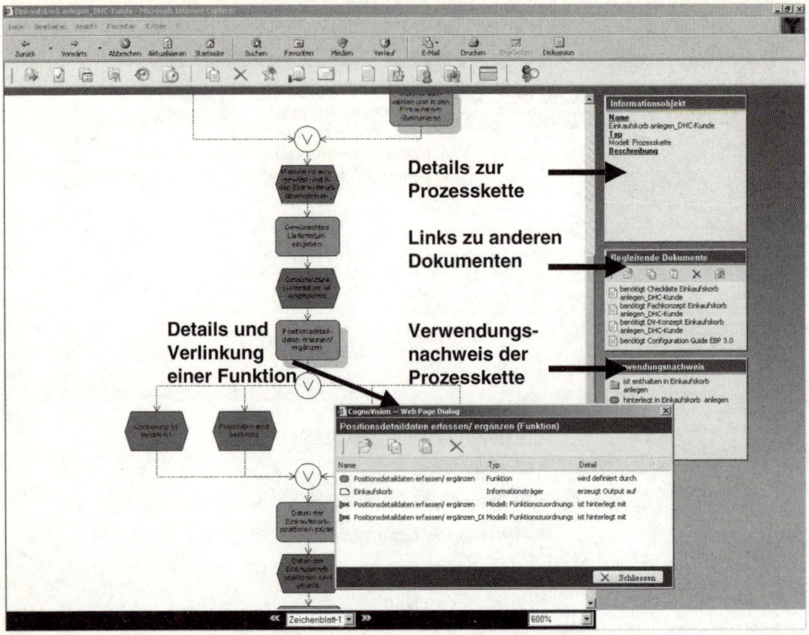

Abb. 3: Verlinkung von Prozesskette und Dokumenten (Beispiel)

linkung von Dokumenten erleichtert die Wiederverwendbarkeit von Ergebnissen der jetzigen Projektstufe im späteren Roll-out. So sinkt die Gesamtlaufzeit des Projektes bei gleichzeitig verringertem Dokumentationsaufwand und weltweitem Zugriff auf die Informationen.

Bei der später geplanten Erweiterung auf die vollen SAP SRM-Funktionen kann der Grundaufbau des Wissensportals beibehalten werden. Er ist dann um beispielsweise folgende SRM-spezifische Strukturen zu erweitern:

- Einkaufs- und Lieferantenstrategie
- Einkaufscontrolling
- SRM-bezogene Auswertungen
- Supplier Self-Service
- Supplier Collaboration

4 Ausblick

Die hier geschilderte Vorgehensweise einer prozessorientierten und wissensmanagementgestützten Systemeinführung ist nicht auf beschaffungsorientierte Themen beschränkt. Auch für die Themen Customer Relationship Management und Supply Chain Management existiert bereits spezifischer Business Content. Dort sind Prozessmodelle, Kennzahlsysteme und Templates zur Unterstützung der Projektarbeit enthalten.

CognoVision bietet darüber hinaus die technische Grundlage zum Aufbau eines unternehmensweiten multifunktionalen Intranets, in dem grafische Prozessbeschreibungen intelligent mit weiteren Dokumenten und Daten verlinkt werden. Der Aufwand für die Erfassung und Pflege der Dokumente lässt sich durch die Werkzeugunterstützung drastisch reduzieren. Dank der rollen- bzw. mitarbeiterspezifischen Personalisierung ist es möglich, jedem Mitarbeiter genau die Inhalte zur Verfügung zu stellen, die er für seine tägliche Arbeit benötigt. Die Dokumentation der Unternehmensprozesse kann gleichzeitig als Grundlage für eine ISO-9000-Zertifizierung dienen beziehungsweise für eine Validierung im GMP-kritischen (GMP: Good Manufacturing Practice) Umfeld.

5 Literatur

[Drefs 2001] *Drefs, Mattias:* Vom Internet Marktplatz zur Internet Supply Chain – Erfolgsfaktor B2B. In: Dangelmaier, Wilhelm; Pape, Ulrich; Rüther, Michael: Die Supply Chain im Zeitalter von E-Business und Global Sourcing. Bonifatius-Verlag, Paderborn, 2001, S. 31-35.

[Eßig 2001] *Eßig, Michael:* e-Procurement und Supplier Relationship Management: Neubewertung von Lieferantenbeziehungen durch elektronischen Einkauf? In: Information Management & Consulting 16 (2001) 4, S. 67-72.

[Herrmann et al. 2002] *Herrmann, Thomas; Diefenbruch, Marc; Kienle, Andrea:* Erfolgsfaktoren bei der Einführung von Wissensmanagementsystemen in der Praxis. In: Informatik Spektrum 20 (2002) 6, S. 210-214.

[HMD 207] Supply Chain Management, HMD – Praxis der Wirtschaftsinformatik, Heft 207, dpunkt.verlag, Heidelberg, Juni 1999.

[HMD 222] Business Intelligence, HMD – Praxis der Wirtschaftsinformatik, Heft 222, dpunkt.verlag, Heidelberg, Dezember 2001.

[Kuhn 2001] *Kuhn, A.:* C-Teile-Logistik. In: Hossner, R. (Hrsg.): Logistik-Jahrbuch 2001. Handelsblatt Fachverlag, Düsseldorf, 2001, S. 168-171.

[Matzer 2002] *Matzer, M.:* Steuerungstools kennen Lieferanten und Kunden. In: CZ o.Jg., 2002, 7, S. 9.

[Müller 2002] *Müller, G.:* Das Internet sorgt für Ordnung im Informationsdschungel. Das klassische Dokumentenmanagement hat ausgedient. In: FAZ vom 21.12.2001.

[Nissen 2002] *Nissen, Volker:* Supply Chain Event Management. In: Wirtschaftsinformatik 44 (2002) 5 (zur Veröffentlichung angenommen).

[Nowak & Buhmann 2001] *Nowak, Michael; Buhmann, Michael:* E-Procurement-Strategien. In: Information Management & Consulting 16 (2001) 4, S. 7-13.

[Pradka 2002] *Pradka, A.:* Trendwende im E-Procurement. In: CYbiz o.Jg., 2002, 5, S. 10-12.

[Puschmann et al. 2001] *Puschmann, Thomas; Alt, Rainer; Österle, Hubert:* Best Practices im E-Procurement. In: Information Management & Consulting 16 (2001) 4, S. 20-30.

[Schmidt 2002] *Schmidt, Holger:* Europas Großkonzerne verlagern ihren Einkauf ins Internet. In: FAZ vom 6.3.2002

[Sioulvegas & Dillmann 2001] *Sioulvegas, Niko; Dillmann, Ralf:* E-Procurement und elektronische Marktplätze. In: Information Management & Consulting 16 (2001) 4, S. 35-40.

[o.V. 2001] *ohne Verfasser:* E-Business. Mittelstand legt los. In: Logistik Heute 23 (2001) 5, S. 44.

[o.V. 2002a] *ohne Verfasser:* In Deutschland stehen fast alle E-Business-Projekte auf dem Prüfstand. In: FAZ vom 17. Juni 2002.

[o.V. 2002b] *ohne Verfasser:* Weit gehende Kooperation. In: Wirtschaftswoche (2002) 32, S. 70.

Dr. rer. pol. Volker Nissen
Direktor SCM
Dipl.-Wirtsch. Ing. Andreas Mauß
Consultant
DHC Business Solutions GmbH
Landwehrplatz 6-7
66111 Saarbrücken
{nissen, mauss}@dhc-gmbh.com
www.dhc-gmbh.com

Kilian Eyholzer, Walter Kuhlmann, Thomas Münger

Wirtschaftlichkeitsaspekte eines partnerschaftlichen Lieferantenmanagements

Der vorliegende Beitrag zeigt, wie die bestehende Lieferantenbasis eines Unternehmens strukturiert, priorisiert und optimiert werden kann und Normstrategien für ein erfolgreiches Lieferantenmanagement abgeleitet werden können. Es wird dargestellt, welche Potenziale neuartige IT-Tools (konkret: Supplier-Relationship-Management-Lösungen) haben und wie diese die abgeleiteten Normstrategien auf effiziente Art und Weise unterstützen können. Des Weiteren folgt eine Analyse der Wirtschaftlichkeit dieser IT-Tools. Schließlich wird dem Leser aufgezeigt, wie ein Unternehmen vorgehen sollte, um das Management seiner Lieferantenbeziehungen zu optimieren und dabei die richtigen unterstützenden Tools auszuwählen und zu implementieren.

Inhaltsübersicht

1 Der Einkauf im Wandel

Der Einkauf, der in traditioneller Sicht lediglich ein Erfüllungsgehilfe anderer Abteilungen war, intern hohe Ineffizienzen aufwies und oft nur lose Beziehungen zu Lieferanten unterhielt, wandelt sich mehr und mehr zu einer strategisch wichtigen Funktion im Unternehmen (vgl. Abb. 1). Damit einher geht eine Aufwertung der Beschaffung, d.h. eine Abkehr von der heute oft dominierenden Transaktions- hin zu einer *Wertschöpfungsorientierung* und damit zu einem strategischen Supply Management mit reorganisierten, optimierten und daher effizienten Strukturen und Abläufen (*Prozessorientierung*). Operative und administrative Aufgaben werden so weit als möglich automatisiert, eliminiert, an Lieferanten oder aber an andere Hierarchiestufen übergeben, um so mehr Zeit für strategische Aufgaben gewinnen zu können. Eine solche strategische Aufgabe ist bspw. das Lieferantenmanagement: Die Optimierung der Beziehungen zu den Lieferanten stellt die dritte Stufe in Abbildung 1 dar (*Partnerorientierung*) und hat – im Gegensatz zu den anderen beiden Stufen – eine externe Ausrichtung. Abbildung 1 zeigt auf, dass die Veränderungen auf allen Stufen gerade durch den Einsatz geeigneter IT-Tools möglich werden.

Während zahlreiche Unternehmen die Beschaffung heute schon als strategische Funktion betrachten und interne Prozesse, Strukturen und Systeme optimiert worden sind (bspw. durch den Einsatz einer elektronischen Beschaffungslösung), zeigen sich im Bereich des Lieferantenmanagements noch deutliche Verbesserungspotenziale. Wurde auf der Absatzseite bereits seit mehreren Jahren von Customer Relationship Management (CRM), d.h. von ei-

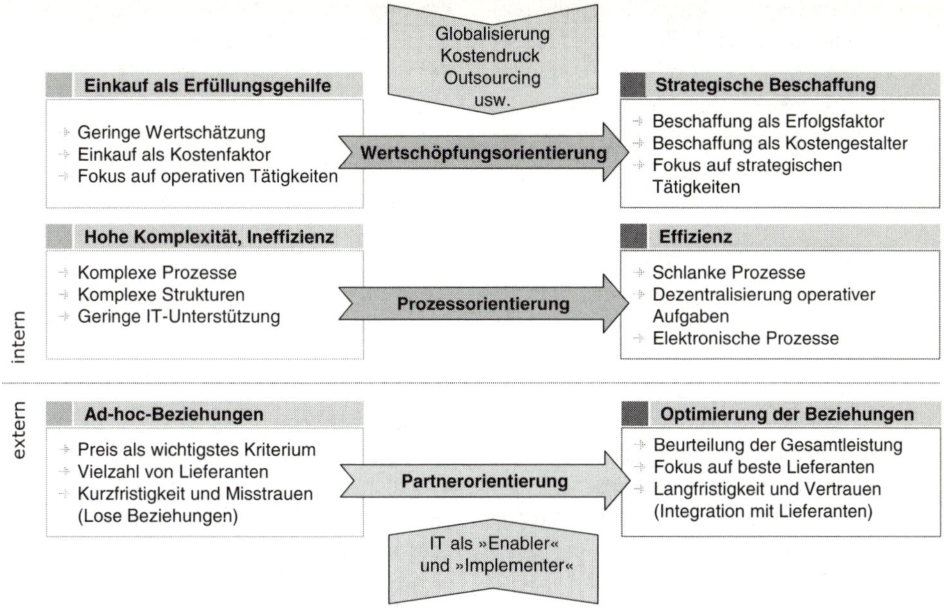

Abb. 1: Vom Einkauf zum strategischen Supply Management [Eyholzer 2002]

nem Management der Beziehungen zu den Kunden, gesprochen, war die Beschaffungsseite lange Zeit von losen und oftmals kompetitiven Beziehungen gekennzeichnet. Der Lieferant wurde als Widersacher betrachtet und durch ständige Preisverhandlungen gegen andere Lieferanten ausgespielt. Dies hatte negative Auswirkungen auf die Zuverlässigkeit von Lieferanten und generierte extrem hohe Kosten. Oft war – infolge mangelnder Transparenz – zudem unklar, mit wie vielen Lieferanten überhaupt Geschäftsbeziehungen eingegangen wurden.

Immer mehr Unternehmen begreifen heute, dass der Preis nur eines von vielen wichtigen Kriterien ist und dass in erster Linie die Gesamtleistung des Lieferanten zu betrachten ist. Es zeigt sich, dass gerade eine Fokussierung auf die besten Lieferanten und der Aufbau langfristiger und partnerschaftlicher Beziehungen erfolgversprechend ist. Dies vor dem Hintergrund, dass die Fertigungstiefe abnimmt, dass das Outsourcing an Bedeutung gewinnt und dass folglich die Auswahl zuverlässiger Lieferanten immer wichtiger wird. Es ist von zentraler Bedeutung, eine seriöse Beurteilung der bestehenden Lieferanten vorzunehmen, deren Potenziale und Fähigkeiten richtig einzuschätzen und entsprechend die Geschäftsbeziehungen – unterstützt durch modernste Technologien – optimal zu gestalten.

2 Lieferantenmanagement als wichtige Grundlage der Beschaffungsoptimierung

2.1 Ausgangslage

Unter einem ganzheitlichen Lieferantenmanagement versteht man die Gestaltung, Lenkung und Entwicklung der Lieferantenbasis und der Lieferantenbeziehungen eines Unternehmens. Das Lieferantenmanagement fokussiert dabei auf die folgenden Kernbereiche:

- Management der Lieferantenbasis,
- Lieferantenentwicklung und
- Lieferantenintegration.

Es ist wichtig, die Lieferantenbasis und die Lieferantenbeziehungen kontinuierlich zu überwachen und aktiv zu gestalten. Nicht jedem Lieferanten kommt der gleiche Stellenwert zu. Unterschiedliche Lieferanten sollen bzw. müssen unterschiedlich behandelt werden. An erster Stelle steht daher stets die Frage, wie die Produktbasis und die entsprechende Lieferantenbasis eines Unternehmens eigentlich aussehen.

2.2 Produkt- und Lieferantensegmentierung

Um eine fundierte Aussage über die Produkte und Lieferanten eines Unternehmens machen zu können, sind die Beschaffungsgüter und -quellen im Detail zu strukturieren und zu klassifizieren. Die Kriterien zur Strukturierung und Klassifizierung sind vielfältig und oft industriebezogen. Klassische Kriterien wie Beschaffungskomplexität, Angebotsmacht, Einkaufsvolumen und Beeinflussbarkeit der Lieferanten eignen sich in der Regel sehr gut, um eine Grobanalyse der Beschaffungssituation im Unternehmen vornehmen zu können. Abbildung 2 zeigt eine mögliche Segmentierung von Materialien und Lieferanten.

Die Segmentierung schafft Transparenz bezüglich Materialien und Lieferanten, reicht jedoch nicht aus, um die relevanten Beschaffungspotenziale zu realisieren und nachhaltig zu sichern. Dennoch bildet sie eine gute Basis, um entsprechende Normstrategien zu definieren, Handlungsalternativen zu evaluieren und den sinnvollen Einsatz neuartiger IT-Tools zu beurteilen.

2.3 Ableitung von Normstrategien

Der Aufbau eines effektiven Lieferantenmanagements richtet sich in erster Linie nach dem Portfolio der Beschaffungsgüter und -quellen. Die Kombination der beiden Portfolios bildet den Ausgangspunkt für die Definition der Normstrategien und dient darüber hinaus der Identifikation des Handlungsbedarfs außerhalb der Normstrategien (vgl. Abb. 3). Strategisch wichtige Materialien sollten bspw. aus Beschaffungsquellen stammen, auf die man einen hohen Einfluss hat, sprich von »Hebellieferanten« oder »Strategischen Lieferanten« bereitgestellt werden. Beschafft man diese Materialien jedoch von »Engpasslieferanten« oder »Standardlieferanten«, besteht ein relativ hohes Versorgungsrisiko. Mittels Lieferantenentwicklung kann dem entgegengewirkt und zu einer adäquaten Normstrategie gefunden werden.

Die Normstrategie »Wertschöpfungspartnerschaft«, als Teil eines entsprechenden ganzheitlichen Lieferantenmanagements, bildet die Basis für die Realisierung von Nutzenpotenzialen durch partnerschaftliche Zusammenarbeit und Integration. Abbildung 4 zeigt die Ausgangslage und Zielsetzung einer Wertschöp-

Abb. 2: Material- und Lieferantenportfolio [Wildemann 1999]

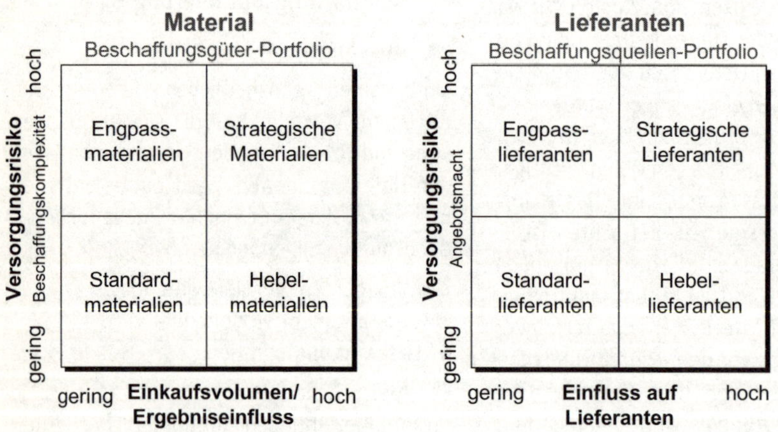

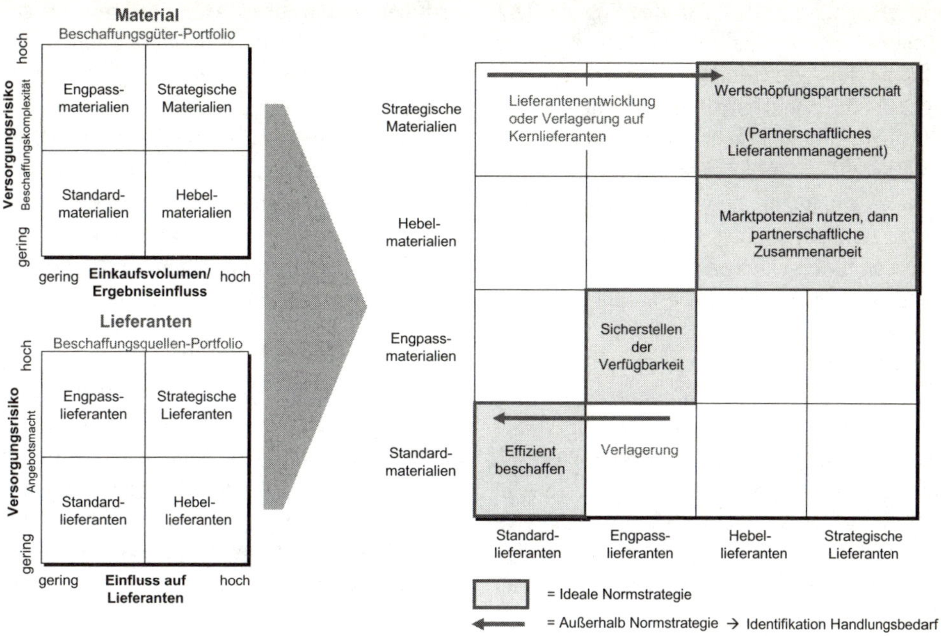

Abb. 3: Ableitung von Normstrategien aus dem Material- und Lieferantenportfolio [Wildemann 1999]

fungspartnerschaft. Ein partnerschaftliches Lieferantenmanagement, organisatorische Maßnahmen, Prozessoptimierung und die Einführung neuer Softwarelösungen unterstützen dabei die Umsetzung und helfen, die dargestellten Ziele zu erreichen und nachhaltig zu sichern.

3 Neue IT-Tools als Enabler

3.1 Stand der Entwicklung

E-Procurement, sprich die Unterstützung von Beschaffungsprozessen durch das Internet, hat sich zum heutigen Zeitpunkt bereits in einigen Unternehmen durchgesetzt. In Deutschland setzen gemäß einer KPMG-Studie aus dem Jahr 2001 etwa 37% der befragten Unternehmen E-Procurement ein (Großunternehmen: 73%) (vgl. [KPMG 2001]). Eine Studie von Commerce One aus dem Jahr 2002 sieht Deutschland im Bereich E-Procurement allerdings als Nachzüg-

Abb. 4: Hebel zur Potenzialrealisierung

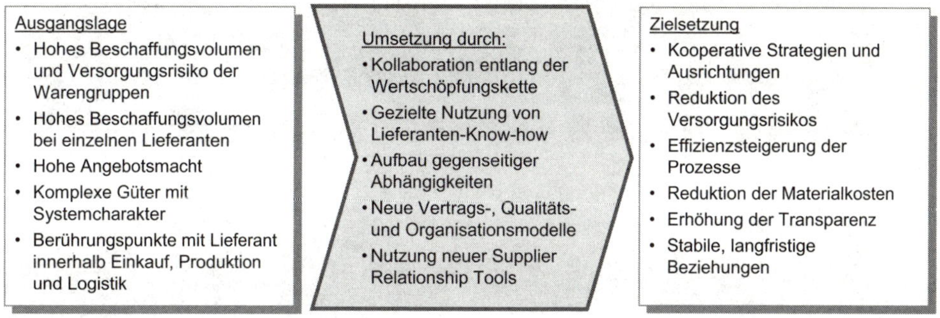

ler, verglichen mit den USA und England (vgl. [Commerce One 2002]). Für die Schweiz ergab eine im Juli 2002 durchgeführte Studie des Instituts für Wirtschaftsinformatik der Universität Bern und der Fachzeitschrift Netzwoche, dass bereits rund 68% aller Schweizer Unternehmen mit mehr als 5 Mitarbeitern einmal online beschafft haben. Allerdings setzen nur zwei von fünf online beschaffenden Unternehmen eine so genannte Desktop-Purchasing-Software ein, d.h. eine Standardsoftware, die auf dem Intranet des beschaffenden Unternehmens installiert wird und durch elektronische Kataloge und automatisierte Workflows jedem Mitarbeiter das dezentrale Bestellen von Gütern erlaubt. Weit stärker verbreitet scheint der Einkauf auf Lieferantenhomepages. Marktplätze wiederum werden von den wenigsten Unternehmen genutzt (vgl. [Griese/Zaugg 2002]).

Gespräche mit Beschaffungsverantwortlichen und Fallstudien in Großunternehmen zeigen weiter, dass zwar häufig bereits E-Procurement-Lösungen eingesetzt werden, die Unternehmen damit aber noch weitgehend am Anfang stehen und nur rudimentäre Funktionalitäten nutzen (vgl. [Eyholzer 2002]). Die eingesetzten Lösungen sind oft nicht in interne ERP-Systeme integriert; nur wenige Lieferanten bzw. Produkte sind eingebunden. Dieser Einsatz stellt somit lediglich einen ersten Schritt im E-Procurement dar und hat den Unternehmen kaum die erhofften Kosteneinsparungen und langfristigen Wettbewerbsvorteile verschafft.

3.2 Übersicht neuer IT-Tools

Die bislang verfügbaren E-Procurement-Lösungen unterstützen in erster Linie operative Bestellprozesse und greifen damit eindeutig zu kurz. Neue Konzepte und Softwarelösungen, die unter dem Stichwort SRM (Supplier Relationship Management) derzeit auf den Markt gebracht werden, versprechen neue und umfassendere Nutzungs- und Einsparpotenziale im Bereich der internetbasierten Beschaffung, insbesondere auch zur Unterstützung strategi-

Abb. 5: Komponenten des SRM

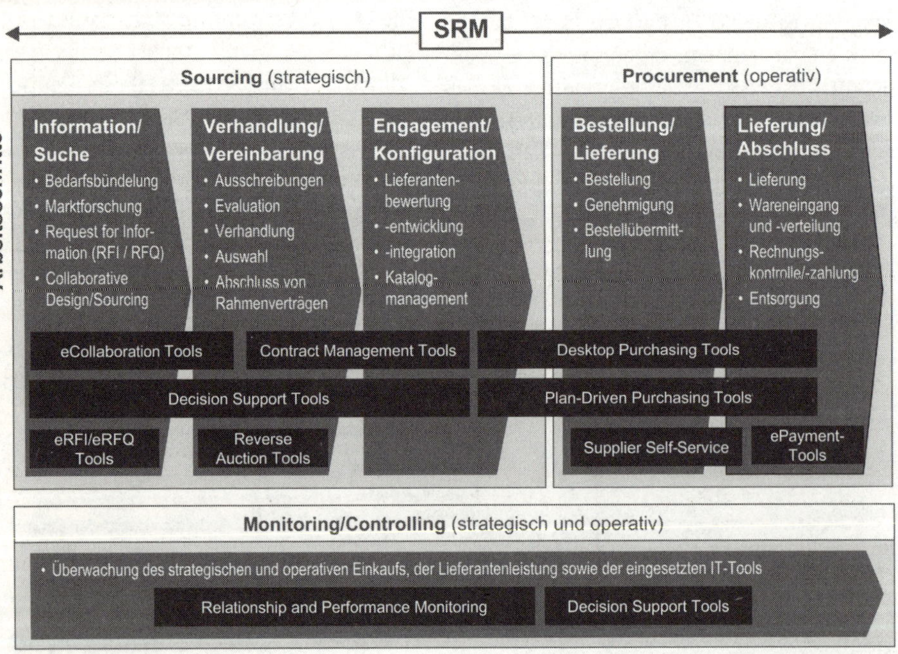

scher Aufgaben. Supplier Relationship Management besteht im Wesentlichen aus drei Komponenten, die aufeinander aufbauen: Sourcing, Procurement und Monitoring. Diese orientieren sich an den typischen Phasen einer Markttransaktion, nämlich der Information/Anbahnung, der Verhandlung bzw. dem Vertragsabschluss, der Konfiguration (Sourcing), der Abwicklung (Procurement) und der Kontrolle (Monitoring) (vgl. Abb. 5).

Die genannten Komponenten des SRM lassen sich durch diverse neuartige Tools unterstützen. Tabelle 1 liefert eine kurze Beschreibung der einzelnen SRM-Tools.

Tool	Funktionalitäten
eCollaboration Tools (Tools zur elektronischen Zusammenarbeit)	Tools zur Unterstützung der Zusammenarbeit zwischen Einkäufer und Lieferant, bspw. zur gemeinsamen Entwicklung von Produkten (Collaborative Design), zur gemeinsamen Bedarfsplanung (Collaborative Forecasting and Planning) oder zur gemeinsamen Beschaffung (Collaborative Sourcing). Die Tools bieten bspw. die Möglichkeit, auf einen Datenbestand dezentral zuzugreifen oder Projekte und/oder Dokumente zentral zu managen.
Decision Support Tools (Tools zur Entscheidungsunterstützung)	Decision Support Tools unterstützen Entscheidungsträger durch strukturierte Analyseprozesse und damit durch eine gezielte Entscheidungsvorbereitung, bspw. bei der Auswahl von Lieferanten oder bei Make-or-Buy-Entscheidungen.
Contract Management Tools (Tools für Vertragsmanagement)	Insbesondere in Großunternehmen wird es zunehmend wichtig, ein zentrales Vertragsmanagement zu pflegen. Nur so können ausgehandelte Konditionen und Mengeneffekte unternehmensweit realisiert und überwacht werden.
eRFI/eRFQ Tools (Tools für elektronische Ausschreibungen)	Zur strukturierten Einholung von Informationen bietet es sich an, Bedarfe zu publizieren oder Lieferanten zur Abgabe von Produktbeschreibungen und Leistungen aufzufordern. Dieser Prozess kann durch Ausschreibungstools unterstützt werden.
Reverse Auction Tools (Tools für umgekehrte Auktionen)	Durch Systeme zur dynamischen Preisfindung können so genannte Reverse Auctions durchgeführt werden. Hierbei wird ein Bedarf ausgeschrieben und mehrere Lieferanten werden zur Abgabe von Angeboten in einem bestimmten Zeitraum eingeladen. Das System steuert den Ablauf dieser umgekehrten Auktionen und liefert detaillierte statistische Daten und Berichte.
Desktop Purchasing Tools (Tools zur Katalogbeschaffung von indirekten Gütern)	Direct-Purchasing-Software ermöglicht es, operative Aufgaben weitgehend an den Bedarfsträger zu verlagern. Der Bedarfsträger kann via Intranet Bestellungen aufgeben, insb. für indirekte Materialien und C-Artikel. Eine wichtige Basis für Desktop Purchasing Tools sind elektronische Kataloge, in welchen der Benutzer nach den gewünschten (vordefinierten und mit Bildern hinterlegten) Produkten sucht und einen Warenkorb füllen kann. Durch automatisierte Genehmigungsworkflows und eine Dezentralisierung aller operativen Aufgaben (inkl. Wareneingang) kann der zentrale Einkauf stark entlastet werden.
Plan-Driven Purchasing Tools (Tools zur Beschaffung von direkten Gütern)	Direkte Güter werden mittels umfassender Lösungen geplant, überwacht und ohne manuelle Interaktion automatisch beim Lieferanten bestellt. Diese effektive und effiziente planungs- und produktionsgesteuerte Beschaffung führt zu Prozesskosteneinsparungen und garantiert eine hohe Versorgungssicherheit.

Tool	Funktionalitäten
Supplier Self-Service Tools (Tools zur Verlagerung von Aufgaben an Lieferanten)	Ziel der Beschaffungsoptimierung ist es, nicht strategische Aufgaben weitgehend an dezentrale Stellen oder an Lieferanten abzugeben. So wird bspw. die Verantwortung für die Lagerhaltung oft an Lieferanten delegiert (Vendor Managed Inventory). Der Lieferant kann sich bspw. online in das System des Kunden einloggen, dort Bestände oder Bestelldaten abfragen und auch Rechnungen erfassen.
E-Payment (Tools zur elektronischen Zahlungsabwicklung)	Zahlreiche Lösungen zur Unterstützung der Zahlungsprozesse befinden sich derzeit in der Pilotphase (Electronic Bill Presentment and Payment). Die Idee ist, dass der Kunde sämtliche Rechnungsdaten elektronisch erhält und manuelle Prozesse weitgehend abgelöst werden.
Relationship and Performance Monitoring (Tools zur Überwachung der Leistungen)	Wichtig ist eine systematische Sammlung einkaufsrelevanter Daten sowie deren Aufbereitung und Nutzung für eine fortwährende Kontrolle der Akteure im Unternehmen und der Lieferanten. Das Monitoring bildet die Basis für die Lieferantenbeurteilung und damit für mögliche Veränderungen im Vertragswesen.

Tab. 1: Beschreibung der Tools des SRM

Zahlreiche Softwarehersteller bringen derzeit SRM-Lösungen auf den Markt, bspw. SAP® (mySAP SRM®), Peoplesoft® (SRM8) oder Healy Hudson (Impact Sourcing). Da sich die genannten Lösungen in ihren angebotenen Funktionalitäten nicht wesentlich unterscheiden, soll hier auf eine detaillierte Betrachtung der einzelnen Lösungen verzichtet werden.

3.3 Zuordnung der SRM-Tools zu den Normstrategien

Die oben beschriebenen SRM-Tools lassen sich nun den definierten Normstrategien zuordnen (vgl. Abb. 6).

Die hier präsentierten Zuordnungen sind dabei lediglich als grobe Leitlinien zu verstehen, da einige SRM-Tools sehr mächtig sind und sich zur Unterstützung mehrerer oder aller der in Abschnitt 2.3 definierten Strategien anbieten. So eignen sich bspw. Reverse Auctions einerseits zur Ausschreibung eines Bedarfs an hochspezifischen, evtl. gar maßgefertigten Teilen, während sie andererseits durchaus auch zur Einholung von Angeboten für einen Jahresbedarf an Kopierpapier dienen können. Die komplette Einführung aller Komponenten einer SRM-Lösung ist nicht in jedem Fall für alle Unternehmen lohnenswert. Welche Tools eingesetzt werden sollen, hängt von den Kosten-/Nutzenverhältnissen ab.

4 Wirtschaftlichkeitsbetrachtung

4.1 Beurteilung der Wirtschaftlichkeit der IT-Tools

Angesichts der Fülle möglicher Maßnahmen und angebotener Tools zur Unterstützung der Beschaffung sehen sich die Verantwortlichen der Unternehmen in der Regel folgenden Fragen gegenüber: Was kann ich konkret tun und wie kann ich die immer wieder aufgezeigten Potenziale wirklich realisieren? Was und wie viel nutzen mir dabei vor allem die viel gepriesenen Tools der großen Softwarelieferanten?

Verschiedenen Studien und Umfragen zufolge betrachten die meisten Unternehmen derzeit den Kostendruck als größte Herausforderung in der Beschaffung (vgl. [Eyholzer 2002]), was angesichts der angespannten Wirtschaftslage und der unsicheren Zukunftsprognosen nicht erstaunt. Da die Durchführung von Optimierungsmaßnahmen neben der täglichen Arbeit (zumindest kurzfristig) nicht wertschöpfend ist, müssen alle Aktivitäten wie eine Inves-

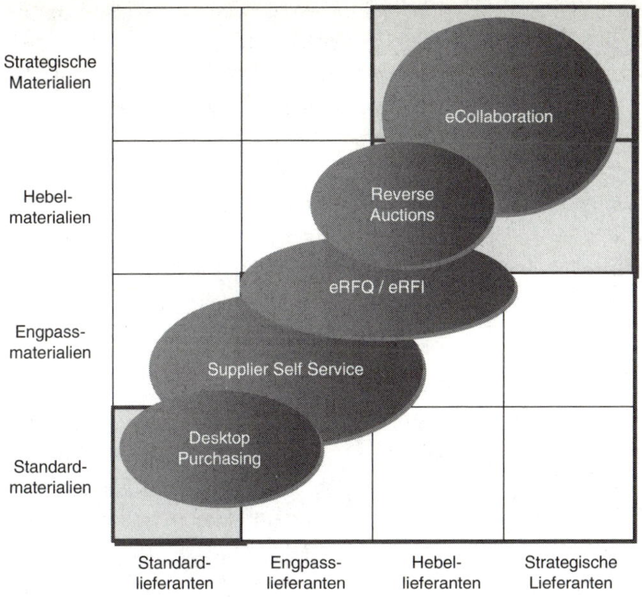

Abb. 6: Zuordnung der SRM-Tools zu Normstrategien

tition betrachtet und entsprechend sorgfältig bewertet und priorisiert werden. Es stellt sich also die Frage, wie die Wirtschaftlichkeit von Maßnahmen und vor allem von Software-Tools bewertet werden kann.

Bei der Beurteilung der Wirtschaftlichkeit steht man dabei grundsätzlich vor dem Problem, dass eine allgemein geltende Bewertung für eine Maßnahme zwar tendenziell möglich ist – einer Reduzierung der Preise durch aktives Sourcing wird niemand das Einsparungspotenzial absprechen –, das Einbeziehen aller Einflussfaktoren aber in bestimmten Situationen diese Potenziale reduzieren oder sogar ins Gegenteil drehen kann. Als Beispiel sei die Luftfahrtbranche genannt, wo hohe Qualitätsanforderungen und Zertifizierungsrichtlinien eine freie Wahl der Lieferanten kaum zulassen und entstandene Aufwände aufgrund von Qualitätsmängeln niedrigere Einkaufspreise schnell obsolet machen können.

Die Wirtschaftlichkeit von Maßnahmen und Tools ist also nicht per se gegeben, sondern von zahlreichen Faktoren abhängig; die nachfolgende Auflistung präsentiert eine Auswahl:

- Branche (Größe, Abhängigkeiten, Stellung im Markt, Grad der Technisierung etc.)
- Produkt (Portfolio, Variantenvielfalt, Gültigkeiten etc.)
- Markt (Zugang, Kundenportfolio, Lieferantensituation, Abhängigkeiten etc.)
- Organisation (Zentralisierung/Dezentralisierung, Führungsstrukturen etc.)
- Geografie (Regionalität des Lieferantennetzes, innerbetriebliche Logistik, Fertigungsstätten etc.)

Bei der Beurteilung von SRM-Tools ist zu beachten, dass ein Großteil der Einsparungspotenziale durch gleichzeitig durchgeführte Optimierungen von Prozessen und Organisationen (Business Process Redesign (BPR)) erzielt werden. Für eine korrekte Bewertung der Potenziale empfiehlt sich daher, die BPR-Maßnahmen und die IT-Unterstützung durch SRM getrennt voneinander zu betrachten. Dennoch muss auch die Abhängigkeit zwischen den einzelnen Maßnahmen beachtet werden. Grundsätzlich gilt, dass für eine effektive Nutzung möglicher Potenziale Prozess- und Organisationsveränderungen als notwendige Maßnahmen (Hygienefaktoren) gesehen werden können. SRM-Tools haben die Eigenschaft eines »Enablers«, durch den sich neue zusätzliche Potenziale erschließen lassen, die allerdings ohne eine entsprechende Optimierung von Abläufen und Strukturen deutlich geringer ausfallen.

Ein Beispiel aus der E-Procurement-Praxis macht diesen Zusammenhang deutlich: Der Pflegeaufwand für Kataloge und Daten steigt überproportional mit der Anzahl der eingebundenen Lieferanten. Die Einführung eines katalogbasierten Desktop-Purchasing-Systems wird also ohne eine vorherige oder parallele Reduzierung des Lieferantenportfolios einen sehr hohen Pflege-/Betreuungsaufwand nach sich ziehen, durch den die potenziellen Einsparungen im Einkauf an anderer Stelle wieder zunichte gemacht werden.

Abbildung 7 zeigt mögliche Kriterien zur Beurteilung der Potenziale von SRM-Tools. Beispielhaft werden hier die Kriterien Reduktion von Prozesskosten, Reduktion der Durchlaufzeit, Reduktion der Materialkosten, Erhöhung der Qualität (bspw. durch Reduktion von Fehlern) sowie die Erhöhung der Transparenz betrachtet.

Eine Einzelbewertung von SRM-Tools kann nur hinsichtlich ihres möglichen Potenzials durchgeführt werden; eine aussagekräftige Beurteilung der Sinnhaftigkeit für ein Unternehmen hat in Zusammenhang mit einer konkreten Berücksichtigung des Umfeldes und der Einflussfaktoren zu erfolgen. Im Rahmen einer Evaluation muss folglich eine konkrete Einzelbewertung der Tools und Maßnahmen durchgeführt werden, die auf den ermittelten individuellen Kriterien und deren Gewichtung, die aus den strategischen Vorgaben des Unternehmens ermittelt werden sollte, basiert.

4.2 Fallbeispiele

Wie bereits erwähnt, haben zahlreiche Unternehmen in einem ersten Schritt Desktop-Purchasing-Software eingeführt, um operative Aufgaben zu dezentralisieren und eine Entlastung des Zentraleinkaufs zu erreichen. Erst in jüngster Zeit werden vermehrt auch strategische Aufgaben wie bspw. das Sourcing durch neue IT-Tools unterstützt.

Als Fallbeispiel können hier die Schweizerischen Bundesbahnen (SBB) angeführt werden. Um effizienter einkaufen zu können, wurde das Desktop Purchasing Tool mySAP SRM E-Procurement eingeführt, in dem heute über 1.000 User ca. 20.000 Artikel von etwa 150 Lieferanten über einen elektronischen Katalog bestellen können. Nach der erfolgreichen Einführung zeigte eine anschließend durchgeführte Studie weitere erhebliche Potenziale auf, die nun u.a. durch Re-

Abb. 7: Mögliches Bewertungsschema für SRM-Tools

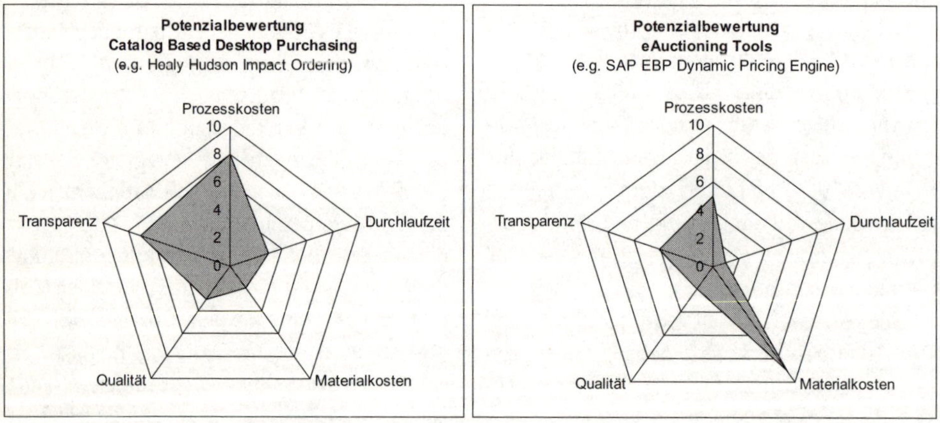

verse Auctions, Ausschreibungen (RFQ) und Supplier Self-Service Tools realisiert werden.

Der Computerhersteller Acer verwendet seit längerem eCollaboration Tools, um die Produktentwicklung und die Produktionsplanung mit Lieferanten und Subkontraktoren in den Phasen der Entwicklung und Herstellung abzustimmen. Infolge der Einführung dieser Tools reduzierte sich die Entwicklungszeit eines Laptops um bis zu 40%.

Das Chemieunternehmen Ciba Specialty Chemicals managt im Rahmen eines Pilotprojekts die Lagerbestände chemischer Produkte für Procter & Gamble in Mexiko (Vendor Managed Inventory). Anstatt von Procter & Gamble schriftliche Bestellungen entgegenzunehmen, erhält Ciba SC direkten Zugriff auf die aktuellen Lagerbestände und entscheidet selbst über Menge und Zeitpunkt von Bestellungen. Als wesentliche Erfolge sind eine markante Optimierung der Kapazitäten und eine deutlich verbesserte Planbarkeit zu nennen (vgl. [The Smart Chemicals Forum 2001]).

Ein ähnliches Beispiel stellt die Lösung »Supply Order« des Schweizer Marktplatzdienstleisters Conextrade dar. Wie erwähnt, pflegen Unternehmen eine Vielzahl von Beziehungen zu sehr unterschiedlichen Lieferanten. Während mit größeren Lieferanten oft eine direkte Anbindung und damit ein elektronischer Datenaustausch von Bestell- und Rechnungsdaten besteht, ist diese Vorgehensweise für kleinere Lieferanten ungeeignet. »Supply Order« bietet daher kleineren Lieferanten die Möglichkeit, dass diese bei Bestellungen von ihren Kunden via E-Mail benachrichtigt werden. Der Lieferant meldet sich dann mit seinem Login direkt auf dem Marktplatz von Conextrade an, greift dort auf die eingegangenen Bestellungen zu und kann diese online bearbeiten. Es bietet sich zudem die Möglichkeit, auch Rechnungsdaten direkt online im System zu erfassen. Eine solche Lösung kommt nur für Lieferanten mit geringen Volumina in Frage, da sich bei einer großen Anzahl an täglichen Bestellungen die manuelle Bearbeitung nicht lohnen dürfte.

Abb. 8: Strukturiertes Vorgehen als Garant für eine erfolgreiche Beschaffungsoptimierung

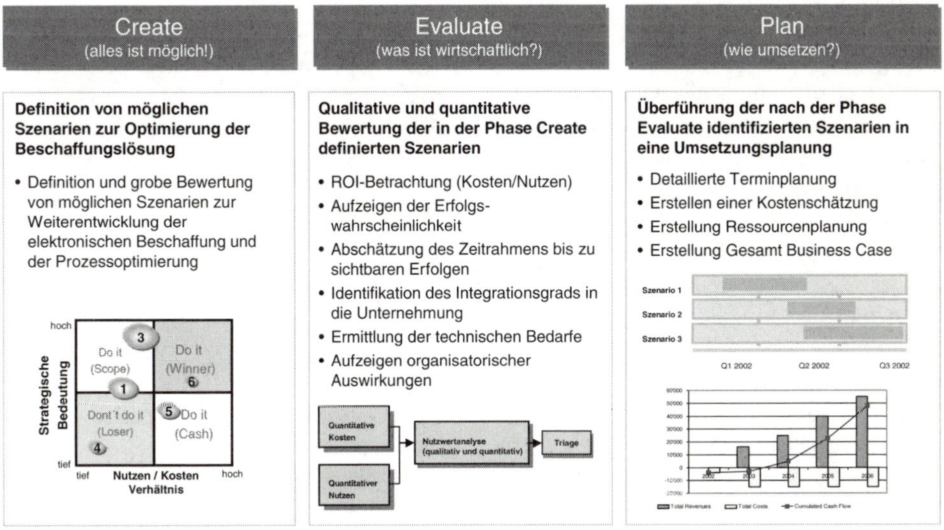

5 Fazit

In der aktuell verhaltenen Wirtschaftslage herrscht trotz des starken Kostendrucks auf den Einkauf immer noch große Unsicherheit hinsichtlich sinnvoller und erfolgreicher Optimierungsmaßnahmen, die zu ergreifen sind. Projekte und Investitionen werden nur sehr zurückhaltend getätigt, obwohl der festzustellende Kostendruck die Realisierung von Einsparpotenzialen nahe legt. Einige Unternehmen haben dies erkannt und erste Schritte zur Wertschöpfungsorientierung und Prozessoptimierung unternommen. So wird die C-Teile-Beschaffung über E-Procurement-Lösungen oder Dienstleister zunehmend zur »Commodity«; ganzheitliche Lösungen sind eher selten.

Das Augenmerk der Aktivitäten wird sich in Zukunft stärker auf den Bereich der A-und B-Güter verlagern. Partnerschaftliches Lieferantenmanagement als Voraussetzung für ein erfolgreiches strategisches Supply Management gewinnt daher zunehmend an Bedeutung. Die Nutzung von SRM-Lösungen bzw. einzelner Tools wie Supplier Self-Service, Supplier Integration über XML oder eCollaboration Tools kann helfen, neue Potenziale zu realisieren. Eine klare Positionierung und Einschätzung der aktuellen Lage ist jedoch Voraussetzung und neben einer sorgfältigen Auswahl der einzelnen Maßnahmen und Tools sowie einer individuellen Bewertung (bspw. durch eine ROI-Berechnung) ein Garant dafür, gute Ergebnisse bei akzeptablem Investitionsaufwand zu erzielen. Der Weg zum Erfolg führt über eine strukturierte Vorgehensweise und eine strikte Priorisierung der Aktivitäten (vgl. Abb. 8).

Werden die Rahmenbedingungen richtig erfasst und bei der Planung der Beschaffungsoptimierung berücksichtigt, kann mit den aktuell auf dem Markt verfügbaren Tools und Services bereits ein großer Schritt hinsichtlich der Evolution der Supply Chain in Richtung integrierter Supply-Netzwerke und optimierter Beschaffung getan werden. Organisatorische Maßnahmen, Business Process Reengineering und der Einsatz von Systemen und Tools stehen in einer erfolgreichen Umsetzung gleichberechtigt nebeneinander. Die Erfahrung lehrt, dass eine erfolgreiche Implementierung und Nutzung eines neuen IT-Tools stark von einer entsprechenden Anpassung und Optimierung bestehender Abläufe und Strukturen abhängen.

6 Literatur

[Commerce One 2002] *Commerce One:* Global Procurement Report. Vgl. *http://www.benchmark-research.co.uk*, London, 2002.

[Eyholzer 2002] *Eyholzer, K.:* Einsatzpotenziale und Auswirkungen von E-Procurement-Lösungen: Eine Analyse des Entwicklungsstands in Schweizer Grossunternehmen. Shaker Verlag, Aachen, 2002.

[Griese/Zaugg 2002] *Griese, J.; Zaugg, A.:* Netzreport'4. Vgl. *http://www.netzreport.ch*, Basel, 2002.

[KPMG 2001] *KPMG Consulting AG:* E-Procurement in deutschen Unternehmen: Der Implementierungsschub steht noch bevor. Frankfurt am Main, 2001.

[The Smart Chemicals Forum 2001] *The Smart Chemicals Forum:* E-collaboration in specialty chemicals. London, 2001.

[Wildemann 1999] *Wildemann, H.:* Das Konzept der Einkaufspotenzialanalyse: Bausteine und Umsetzungsstrategien. In: Hahn, D.; Kaufmann, L.: Handbuch Industrielles Beschaffungsmanagement. Gabler Verlag, Wiesbaden, 1999.

Dr. rer. oec. Kilian Eyholzer
lic. oec. HSG-Betriebswirtschaft Thomas Münger
ESPRiT Unternehmensberatung AG
Spitalgasse 3
CH-3011 Bern
{kilian.eyholzer, thomas.muenger}
@esprit-consulting.ch
www.esprit-consulting.ch

Dipl.-Ing. Walter Kuhlmann
ESPRiT Consulting AG
Prinzregentenplatz 15
81675 München
walter.kuhlmann@esprit-consulting.de
www.esprit-consulting.de

Frank Herrmann

Elektronische Kataloge zur Deckung maschinell disponierten Bedarfs

Katalogbeschaffungssysteme finden erfolgreichen Einsatz bei der Beschaffung von Verbrauchsmaterial und zeigen bereits einen hohen Systemintegrationsgrad. Deswegen kommt ihr Einsatz auch für Direktmaterial, maschinell disponiertes Material, geringer und mittlerer Komplexität in Frage. Heute angebotene Systeme erlauben internen und externen Katalogzugriff und ermöglichen die Beschaffung bestandsgeführten und sogar konfigurierten Materials.

Direktmaterialbeschaffung über elektronische Kataloge kann die Stammdatenpflege signifikant reduzieren und dabei schnelle, sichere elektronische Prozesse ermöglichen. Vorteile ergeben sich insbesondere in Branchen mit hoher Anzahl Einzelbeschaffungsvorgänge, die bisher kaum automatisiert sind. Mit der Direktmaterialbeschaffung einher gehen einige Prozessvarianten, die heute von Katalogbeschaffungssystemen noch nicht unterstützt werden, weil sie im Umfeld von Verbrauchsmaterial in der Regel keine Rolle spielen. Diese Einschränkungen reduzieren die Nutzenpotenziale der Direktbeschaffung per E-Procurement zwar, der Einsatz bleibt jedoch interessant.

Inhaltsübersicht

1 Einleitung

Katalogbeschaffungssysteme sind die erfolgreichste Einsatzform von E-Procurement-Software, wenngleich sich ihr Einsatz heute in der Regel auf geringwertige Verbrauchsmaterialien beschränkt. Erfolgreiche Lösungen sind in die Backend-Prozesse integriert und haben Transaktionskostenersparnis, Transparenzsteigerung bezüglich des Prozesses und Durchlaufzeitverkürzung zum Ziel.

Am anderen Ende der Produktskala rangieren Ausschreibungen für Materialien und Leistungen mit hohen Einstandspreisen. Die Vorgänge sind vergleichsweise selten und von hoher Interaktion zwischen den beteiligten Kunden und Lieferanten geprägt. Wesentliche Ziele beim Einsatz solcher Systeme sind die Reduzierung von Einstandspreisen und die Transparenzsteigerung bezüglich der angebotenen Leistung bzw. des angebotenen Produkts. Integrationslösungen in bestehende Einkaufssysteme sind aufwendig und aufgrund der vergleichsweise wenigen Vorgänge unattraktiv.

Nichts ist nahe liegender, als die Lücke zwischen beiden Ansätzen zu schließen und den Einsatz von E-Procurement für die Beschaffung so genannter Direktmaterialien zu diskutieren. Direktmaterial geht in die eigenen Produkte ein und stellt dabei erhebliche Anforderungen bei der Integration in bestehende MRP-Systeme. Im Mittelpunkt stehen normierte Direktmaterialien mit hohen Transaktionshäufigkeiten. Im Folgenden wird von heutigen Katalogbeschaffungslösungen ausgegangen und ihre Einsatzfähigkeit für (deterministisch) disponiertes Material untersucht, das in die eigenen Produkte eingeht.

2 Status quo

2.1 Katalogbeschaffung

Setzen Unternehmen heute auf E-Procurement-basierte Prozesse, so sind hiermit vorrangig Katalogbeschaffungslösungen gemeint. Generell bauen elektronische Katalogbeschaffungslösungen auf der Nutzung von Daten im Beschaffungsprozess auf, die vom Lieferanten verwaltet werden. Produktbeschreibung, Preise, Mengeneinheit, Warengruppe usw. sind Informationen, die der Lieferant aus seinem System extrahiert, inhaltlich gegebenenfalls aufwertet, z.B. durch Bildinformationen, und dem Kunden elektronisch zur Verfügung stellt. In Verbindung mit kundenseitig gehaltenen Informationen wie Kostenstellenzugehörigkeit des einkaufenden Mitarbeiters, Gültigkeit von Kostenkontierungsobjekten, Sachkontenzuordnung zur Warengruppe, Abladestellen des Mitarbeiters, Freigaberichtlinien usw. kann ein durchgängig automatisierter Geschäftsprozess aufgebaut werden. Unter Umständen können alle zugrunde liegenden Daten während des ablaufenden Prozesses automatisch ermittelt werden. Somit kann die vollelektronische Bestellabwicklung realisiert werden: ein fehlerfreier Ablauf von der katalogbasierten Bestellerzeugung über die automatische Auftragserstellung beim Lieferanten, elektronische Lieferpapiere und Faktura, Wareneingang auf Basis der elektronischen Lieferpapiere des Lieferanten und Abwicklung der Rechnungsprüfung im Hintergrundverfahren zur elektronisch empfangenen Rechnung.

Wenngleich dieser idealtypische Prozess nicht immer realisierbar ist, meist wegen unzureichender elektronischer Kommunikationsfähigkeit der Backend-Systeme, so ist doch allein durch den Einsatz eines E-Procurement-Systems eine erhebliche Verschlankung des Geschäftsprozesses möglich.

2.2 Integrationsaspekte gängiger Lösungen

Die beschaffbaren Produktgruppen stellen dabei weniger eine Beschränkung dar als vielmehr die Nutzung der Produkte auf Kundenseite und ihre Erstellung auf Lieferantenseite. So sind katalogbasierte Beschaffungslösungen auf Kundenseite in der Regel auf nicht oder nur manuell disponierte Verbrauchsmaterialien beschränkt, auf Lieferantenseite werden schwerpunktartig Produkte von Handelsunternehmen angeboten, die man auch in Papierkatalogen findet. Produkte, die kundenbezogen spezifiziert werden und einer Konfiguration bedürfen, scheinen damit außen vor zu sein. Sind die Potenziale bereits ausgeschöpft? Welche Möglichkeiten und Schwierigkeiten treten im Umfeld der Direktbeschaffung per E-Procurement auf?

Die Beschaffung über elektronische Kataloge hat in den vergangenen beiden Jahren eine vergleichsweise stabile Entwicklung genommen. Schwachstellen wie die Backend-Integration, das Katalog-Content-Management oder die elektronische Kommunikation mit dem Lieferanten wurden thematisiert und die Funktionalitäten der verfügbaren Produkte auf dem Markt sukzessive erweitert. Nach wie vor existieren nebeneinander im Wesentlichen drei unterschiedliche Formen, eine webbasierte Beschaffung zu realisieren:

1. Die eigene E-Procurement-Lösung mit einer optimierten Schnittstelle zum eigenen ERP-System und einem eigenen Katalog und/oder Lieferantenkatalogen.
2. Die eigene E-Procurement-Lösung mit Schnittstelle zum ERP und Kataloghosting sowie Katalog-Content-Management durch einen Dienstleister, der i.d.R. auch für den Dokumentenaustausch mit dem Lieferanten sorgt.
3. Die »hosted Solution«, bei der Katalogmanagement und Systembereitstellung der E-Procurement-Software in einer Hand liegen und der Datenaustausch mit den Lieferanten optimiert wird.

Integrationsanforderungen liegen bei allen Lösungen insbesondere im Bereich Finanzbuchhaltung und Controlling sowie im Belegaustausch mit dem Lieferanten und dem Backend-System. Das Katalog-Content-Management stellt bei Variante eins eine Kernherausforderung für Unternehmen dar. Die Varianten zwei und drei setzen auf die Nutzung eines Intermediärs, was insbesondere einen erhöhten Abstimmungsaufwand erfordert. Solange sich die Beschaffung auf reines Verbrauchsmaterial bezieht und keine Bestandsführung notwendig ist, kann sich die Backend-Integration auf die Erzeugung und Fortschreibung von Textbestellungen beschränken.

3 Abwicklung bestandsgeführten Materials

3.1 Gelagertes Verbrauchsmaterial

Weiterführende Lösungen bilden auch die interne Beschaffung von bestandsgeführten Materialien ab. Zwar kann im Zuge eines E-Procurement durch die beschleunigten Durchlaufzeiten häufig von einer Bestandsführung gewisser Materialien ganz abgesehen werden. Dennoch gibt es Gründe, die für eine Beschaffung auf Lager sprechen. Insbesondere im Instandhaltungsbereich, wo bereits kurze Wiederbeschaffungszeiten zu enormen ausfallbedingten Kosten führen können, oder auch bei kundenspezifisch gefertigtem Material, wie Werbematerialien, wird man auf eine Lagerung nicht verzichten können. Zudem kann auch die dezentrale Versorgung mit eigengefertigten Produkten, z.B. Proben, sinnvoll sein, die aus Sicht eines Bedarfsträgers wie eine Fremdbeschaffung abzuwickeln sind.

3.2 Anforderungen an Katalogmanagement

In diesen Fällen muss bereits im Katalog die Materialnummer mitgeführt werden, unter der das zu beschaffende Material bestandsgeführt werden soll. Dies stellt gesteigerte Anforderungen an das Katalog-Content-Management: Den bis auf den Preis i.d.R. kundenneutralen Produktdaten des Lieferanten müssen die Materialnummern zugeführt werden, unter denen der Kunde die Materialien bestandsführt. Hierzu muss entweder der Kunde oder der Lieferant die Beziehung »eigenes Material – Kundenmaterial« bzw. »eigenes Material – Lieferantenmaterial« fehlerfrei und aktuell pflegen. Eine Voraussetzung, die häufig fehlt. Ist sie kundenseitig vorhanden, so fehlt gängiger Katalog-Content-Management-Software die Funktionalität, beispielsweise aus Datensätzen für Lieferanten-Material-Beziehungen die Lieferantenmaterialnummer zu identifizieren und die ermittelte Materialnummer dem Produktkatalogsatz des Lieferanten hinzuzufügen.

Manuelle Pflege der zugehörigen Materialstammsätze in den eigenen elektronischen Katalog oder den des Katalogdienstleisters ist die Konsequenz. Zudem müssen die Update-Prozesse beherrscht werden: Ersetzt der Lieferant ein Material durch ein neues, ist zu prüfen, ob dieses neue Produkt unter der gleichen Materialnummer weitergeführt werden kann und soll wie das alte. Kommuniziert der Lieferant die Änderung über eine Produktlöschung und ein neues Produkt im Katalog, ist ein Genehmigungsvorgang in der Katalogmanagementsoftware i.d.R. obligatorisch. Dies gilt auch für reine Textpositionen. Jedoch kann bei bestandsgeführten Materialien auch ein Produktupdate-Vorgang genehmigungspflichtig werden, was er bei Textpositionen normalerweise nicht wäre. Handelt es sich bei dem bestandsgeführten Produkt um ein eigenes Produkt, das Mitarbeitern über einen elektronischen Katalog zur Verfügung gestellt werden soll, treten die beschriebenen Schwierigkeiten nicht auf.

Ist die Referenz zur internen Materialnummer im Katalog hergestellt, kann die Abwicklung entweder über eine Reservierung oder eine interne Bestellung bzw. Umlagerungsbestellung mit Verbrauchskontierung erfolgen. Letztere Lösung hat den Vorteil, dass unternehmensintern mit einer Lieferabwicklung gearbeitet werden kann bzw. auch Verkaufsprozesse zwischen unterschiedlichen Firmen eines Konzerns abgebildet werden können. Die Schnittstelle zwischen E-Procurement-System und Backend-System gestaltet sich kaum schwieriger als bei Textpositionen.

4 Geschlossene und offene Produktvarianten

4.1 Konfiguriertes Material

Die Beschaffung konfigurierter Produkte über E-Procurement-Systeme stellt per se keine besonderen Schwierigkeiten dar, solange es sich um Verbrauchsmaterial handelt. Bei geringer Variantenvielfalt können die Varianten als verschiedene Produkte in den Katalog geladen werden. Sind die Anforderungen höher, muss also beispielsweise Beziehungswissen berücksichtigt werden. Um zulässige oder unzulässige Merkmalskombinationen zu ermitteln, sollte auf die Lieferantenwebsite gesprungen werden, um die gewählte Konfiguration auf Gültigkeit zu prüfen. Gegebenenfalls ist die gesamte Konfiguration auf der Lieferantenwebsite durchzuführen.

Um die Referenzierung auf die durchgeführte Konfiguration sicherzustellen, wird im Lieferantensystem mindestens eine Konfigurations-ID generiert, die an das Procurement-System weitergereicht wird. Will der Lieferant die durchgeführte Konfiguration zur Planung seiner Kundenauftragsfertigung nutzen, kann auch ein Kundenauftrag mit Absagekennzeichen und Auftragswahrscheinlichkeit angelegt werden. Zudem können aus der Konfiguration abgeleitete, erklärende Texte übergeben werden. Der Kundenauftrag im Lieferantensystem wird mit Absagekennzeichen angelegt. Damit bleibt er wirkungslos oder kann vom Lieferanten zur Planung seiner Bedarfe herangezogen werden. Bis die auf den Kundenauftrag referenzierende Bestellung beim Lieferanten eingeht, bleibt dieser gegenüber dem Kunden ohne Wirkung. Somit kann das Szenario auch bei erforderlicher Genehmigung des Einkaufs eingesetzt werden.

4.2 Einheitliche Oberfläche

Um dem Anforderer auch bei offenen oder geschlossenen Produktvarianten eine möglichst gleichartige Oberfläche anzubieten, empfiehlt es sich, aus dem einheitlichen Produktkatalog die Lieferantenseite nur zur Konfiguration anzuspringen, dort jedoch keine Warenkorbfunktionalitäten anzubieten. Schwierigkeiten ergeben sich bei der beschriebenen Vorgehensweise heute, abhängig vom elektronischen Katalog, bei generierten Informationen wie dem Preis. Häufig können Kataloge nicht mit Positionen umgehen, deren Preis vom Lieferantensystem dynamisch ermittelt wird. Weiterhin fehlen die Standards für eine solche Integration von Daten aus lieferantenseitigen Applikationen in den Katalog.

Ist der Preis von der Konfiguration abhängig, kann daher heute häufig nur ein Absprung auf die Lieferantenwebsite angeboten werden, um dort die Konfiguration durchzuführen und im Rücksprung die Daten samt Konfigurations-ID oder Kundenauftragsreferenz an die E-Procurement-Applikation zu übergeben.

5 Direktmaterialbeschaffung

Die materialnummernorientierte Beschaffung bestandsgeführter Materialien stellt keine großen Schwierigkeiten dar und selbst die Beschaffung konfigurierter Produkte ist möglich. Worin liegen die Herausforderungen echter Direktmaterialbeschaffung, also für E-Procurement von maschinell disponiertem Material, und worin liegt der Anreiz dafür?

5.1 Anreize für Direktmaterialbeschaffung per E-Procurement

In der Tat macht die Abwicklung von disponiertem Material über eine E-Procurement-Plattform nur dann Sinn, wenn sich die Rahmenbedingungen der Beschaffung bei jedem Beschaffungsvorgang ändern und aktualisiert werden müssen. Mit den Rahmenbedingungen sind Preise und Konditionen, Liefer- und Zahlungsbedingungen, Produktspezifikationen, aber auch die Lieferzeit des Produktes gemeint, also alle Informationen, die zur Fremdbeschaffung eines Materials notwendig sind. Die Notwendigkeit, solche Informationen bei jedem Beschaffungsvorgang zu aktualisieren, wird im Wesentlichen bestimmt durch den Zeitraum zwischen Beschaffungsvorgängen des gleichen Materials und der Möglichkeit, die Rahmendaten für eine Zeitspanne per Rahmenvertrag zu fixieren. Wenn mit Bestellabrufen zu Rahmenverträgen gearbeitet wird, in denen die eigenen Materialdaten und die des Lieferanten fixiert sind, oder wenn sogar lieferplanbasierte Prozesse zum Einsatz kommen, ist der Automatisierungsgrad bereits sehr hoch. Eine katalogbasierte Direktbeschaffung bietet hier kein Potenzial für weitere Automatisierung.

Wenn sich allerdings Beschaffungsvorgänge des gleichen Materials längere Zeit nicht wiederholen, sich also zwischen zwei Vorgängen Konditionen ändern, sich das Produktspektrum des Lieferanten ändert, sich die Verfügbarkeit ändert usw., dann wird die Datenpflege in Einkaufssystemen zur Sisyphusarbeit. Auf der anderen Seite rechnet sich die rahmenvertragliche Fixierung von maschinell disponiertem C- oder B-Material kaum, wenn man eine große Zahl eingesetzter C- und B-Materialien unterstellt. In den genannten Fällen wird deshalb auch eine elektronische Bestellabwicklung, zum Beispiel per EDI, unwirtschaftlich, da der Aufwand für die Datenpflege immens wird. Die Beschaffung von disponiertem C- und B-Material ist unter diesen Umständen folglich entweder in der Datenpflege oder in der Abwicklung aufwendig.

5.2 Unterschiedlichkeit der Branchen

Die genannten Bedingungen finden sich in unterschiedlichen Branchen verstärkt wieder:

Die chemische Industrie arbeitet bei den disponierten Materialien äußerst exakt, zudem ist die Anzahl der disponierten Materialien den Einkauf betreffend vergleichsweise gering. Bei Automobilzulieferern und Automobilbau ist zwar die Anzahl einzukaufender Materialien hoch, es handelt sich aber in der Mehrheit um Zeichnungsteile. Zudem findet eine kontinuierliche Materialbeschaffung z.B. über Lieferpläne statt. Die Rahmendaten sind sehr gut in den Backend-Systemen hinterlegbar.

Der Maschinenbau dagegen arbeitet in der Regel mit einer großen Zahl Materialstammsätze im Einkauf. Von den Zeichnungsteilen abgesehen stellt zwar jede Materialnummer ein klar definiertes Material dar, letztendlich wird aber erst durch die Hinterlegung der Lieferantenmaterialnummer eindeutig, um welches Produkt des Lieferanten es sich handelt. Im Fall kundenbezogener Erweiterungen oder Kundenauftragsfertigung, wenn mit Kundenauftragsbeständen gearbeitet wird, kann der Detaillierungsgrad der Materialnummer auf vergleichsweise grobem Niveau liegen.

Der Anlagenbau begnügt sich häufig mit Materialstammsätzen auf der Ebene zwischen Produkt und Warengruppe. Die Datenpflege auf einem genaueren Niveau würde zwar eine exakte Beschreibung des Bedarfs erlauben, die Wahrscheinlichkeit dafür, dass der gleiche Bedarf wiederkehrt, wäre dagegen minimal. Außerdem stellt sich bei den unregelmäßigen Beschaffungsvorgängen immer wieder neu die Frage nach der Verfügbarkeit der Materialien.

5.3 Einfacher Prozess

Es liegt daher nahe, die Beschaffungsprozesse auf die aktuellen Produkt- und Rahmendaten seiner Lieferanten zu stützen, statt auf mühsam gepflegte und doch veraltete Materialstammdaten und Konditionssätze im Einkaufsmodul des Backend-Systems zurückzugreifen.

Für einzelne Standard-E-Procurement-Systeme gibt es bereits eine Dispositionsschnittstelle, die es erlaubt, disponierte Bedarfsmeldungen aus dem Backend-System im E-Procurement-System weiterzubearbeiten. Über das E-Procurement-System kann auf interne oder externe Kataloge zugegriffen, zu dem Bedarf das passende Lieferantenprodukt ausgewählt und somit die Bestelldaten vervollständigt werden. Einige Lieferanten bieten bereits heute eine Online-Verfügbarkeitsprüfung. Im E-Procurement-System wird die Bestellung erzeugt und an das Backend-System rückkommuniziert. Von dort aus kann die Bestellung in elektronischer Form an den Lieferanten übermittelt werden, da Unsicherheiten, die heute bezüglich eindeutiger Produktbeschreibung, Liefertermin und verfügbarer Menge, Preisen und Konditionen usw. bestehen, bereits ausgeräumt sind. Die Kommunikation mit dem Lieferanten vereinfacht und beschleunigt sich (Abb. 1).

Die Materialstammdatenpflege kann sich im beschriebenen Szenario darauf beschränken, Materialien aus Unternehmenssicht eindeutig zu beschreiben, die lieferantenspezifischen Informationen werden während des Beschaffungsprozesses eingesammelt.

Das Katalog-Content-Management gestaltet sich in diesem Fall sogar einfacher als bei lagerhaltigem Material: Da die Zielgruppe für die Direktmaterialbeschaffung der professionelle Einkäufer ist, reicht die manuelle Zuordnung des Bedarfs zum bedarfsdeckenden Produkt des Lieferanten aus. Eine Hinterlegung der Kundenmaterialnummer im Lieferantenkatalog, wie oben beschrieben, macht in diesem Szenario keinen Sinn.

5.4 Schwachpunkte

Obwohl diese Lösung grundsätzlich funktionstüchtig ist, gibt es einige Schwachpunkte, die zu beachten und zukünftig zu verbessern sind:

Ein genereller Schwachpunkt der Lösung besteht darin, dass zu einer Materialnummer ein beliebiges Material aus dem Katalog beschafft werden kann. Während die traditionelle, auf Backend-Informationen gestützte Bestellung vielleicht für eine Beschaffung nicht ausreichend genau ist, was i.d.R. zu Rückfragen des Lieferanten führt, sind die Informationen dann in jedem Fall eindeutig, aber vielleicht falsch.

Abb. 1: Prozessvarianten und Prozessbeteiligte

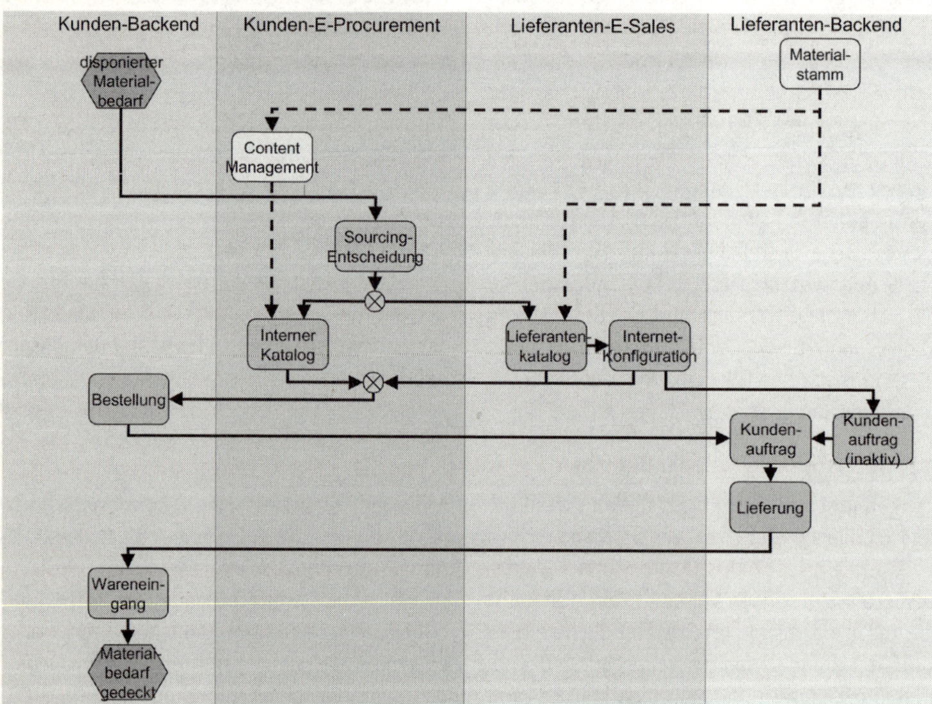

Wenn der Einkäufer versehentlich das falsche Produkt aus dem Katalog gewählt hat, läuft ein präziser, schneller Beschaffungsprozess, jedoch für das falsche Produkt. Diese Probleme können teilweise durch leistungsfähige, übersichtliche Kataloge eingeschränkt werden. Die Möglichkeit aber, wie im Backend-System den übergeordneten, auslösenden Bedarf aufzurufen, um Rückschlüsse auf das zu beschaffende Material zu ziehen, wird E-Procurement-Software wohl noch lange fehlen. Aus diesem Grund wären katalogbasierte Plausibilitätsprüfungen hilfreich, beispielsweise könnten Katalogsysteme basierend auf vergangenen manuellen Zuordnungen von Kundenmaterialnummern zu Lieferantenwarengruppen bereits eine Vorselektion der Produkte im Katalog durchführen.

Gravierender aber ist die Problematik fehlender Funktionalität für die beschriebene Abwicklung. Heutige E-Procurement-Systeme beschränken sich vielfach auf die Abdeckung von Verbrauchsmaterial im geringwertigen Bereich. Damit einher geht eine gewisse Einfachheit dieser Materialien und der dafür konzipierten Software. Was E-Procurement-Systeme auszeichnet, ist die Offenheit gegenüber dem Internet, was die einfache Einbeziehung von Internetservices wie z.B. externen Katalogen ermöglicht. Auf der anderen Seite fehlen ihnen Funktionalitäten, wie sie aus Einkaufsmodulen gängiger Standardsoftware bekannt sind.

Bei der Beschaffung produktionsbezogener Materialien sind erweiterte Funktionalitäten unverzichtbar: Beispielsweise sind komplexe Konditionen wie Staffelpreise oder Tagespreise relevant, ebenso die Nutzung von Fremdwährungen in den Beschaffungsvorgängen, die Einbeziehung von Informationen für eine Importabwicklung oder die Übergabe von Parametern vom Backend-System an das Katalogbeschaffungssystem z.B. bei Nutzung von konfiguriertem Einkauf. Weiterhin sind Aspekte der Steuerung des Geschäftsprozesses wie getrennte Bewertung, Rechnungspläne, Bestätigungssteuerung und vieles mehr von Relevanz.

Auch die Katalogschnittstellen sind für eine Direktmaterialbeschaffung nicht ausreichend, da sie generell von existierenden Rahmenverträgen ausgehen, die Liefer- und Zahlungsbedingungen, Verpackungsrichtlinien und Ähnliches regeln. Eine vorgangsbezogene Auswahl dieser Rahmenbedingungen ist nicht vorgesehen, obwohl dies ein erheblicher Bestandteil der Leistung sein kann. Zudem wäre es wünschenswert, weitere das Produkt betreffende Informationen wie die statistische Warennummer, Ursprungsland der Ware usw. mit der Auswahl des Produktes in den Warenkorb und dem Auslösen der Bestellung einzuholen. Neben zu schwachen Katalogschnittstellen mangelt es hier auch an Standards: Was bei den Lieferbedingungen über Incoterms erreicht worden ist, fehlt bei Zahlungsbedingungen und technischen Lieferbedingungen.

Andererseits kann man nicht behaupten, dass eine Materialbeschaffung über das Internet funktionieren kann, ohne vorher Informationen im System hinterlegt zu haben, und sei es nur die Verbindung zwischen der URL des Lieferantenkatalogs und der Kontonummer des Lieferanten. Darüber hinaus sind Übertragungsformen für den elektronischen Belegaustausch festzulegen und vieles mehr.

Daher kann für eine Übergangszeit in Kauf genommen werden, mit jedem Lieferanten die Rahmenbedingungen zu fixieren, die für alle beschafften Produkte grundsätzlich zur Geltung kommen sollen und daher als Vorschlagswerte im Lieferantenstamm hinterlegt werden können. Basierend hierauf können dann Beschaffungsprozesse gestützt auf die Produktdaten des Lieferanten auch für Direktmaterialien unter Nutzung der Vorteile elektronischer Kommunikation abgewickelt werden.

5.5 Realisierungsformen von Direktmaterialbeschaffung

Um der Problematik fehlender Funktionalitäten in E-Procurement-Systemen entgegenzuwirken, kann heute die Empfehlung nur sein, bei der Direktbeschaffung das Backend-System zum führenden System zu machen, zur Bedarfsdeckung auf die E-Procurement-Software zu verzweigen, alle über Web beschaffbaren Informationen in den Bedarfsbeleg zu übernehmen und diesen danach wieder ins Backend-System zur Weiterbearbeitung zurückzuspielen. Dort können dann ggf. Informationen hinzugepflegt werden, die weder am Lieferantenstamm hinterlegbar waren noch aus dem elektronischen Katalog übernommen werden konnten.

Freilich kann dieser Ansatz nur ein temporärer sein. Zu viel spricht für eine gesamthafte Bestellabwicklung mit permanenter Kommunikation sowohl mit dem eigenen Backend-System als auch mit dem des Lieferanten. Bestellbestätigungs- und Bestelländerungsprozesse verlangen nach einer möglichst intensiven Lieferantenintegration, die sich auf Basis der Architektur heutiger Backend-Systeme kaum realisieren lässt.

Ein vermeintlich gravierenderes Hindernis stellt die fehlende Verfügbarkeit von Katalogen auf Lieferantenseite dar bzw. der Mangel an geeignetem Datenmaterial auf Lieferantenseite, um die Daten in einen Katalog einzuspielen. Hersteller sind heute nur selten darauf vorbereitet, ihre Produkte in eigene E-Procurement-fähige Kataloge einzustellen. Andererseits ist die direkte Anbindung einer großen Zahl Lieferanten, die mit der Direktmaterialbeschaffung im beschriebenen Umfeld verbunden ist, nicht praktikabel.

Häufig sind von vornherein nur wenige Produkte aus einer großen Produktpalette interessant, dafür sind von vielen Lieferanten Daten in Produktkataloge einzuspielen und aktuell zu halten. Beide Argumente sprechen dafür, entweder über Händler abzuwickeln, die bereits die wichtigsten Hersteller in einem Katalog zusammenfassen, oder über Katalog-Content-Management-Dienstleister. Nur dann, wenn ein Kunde einen signifikanten Umsatz mit einem bestimmten Hersteller macht, wird es sinnvoll sein, die Direktbeschaffung aus dem Herstellerkatalog zu betreiben.

Dipl.-Wirtsch.-Ing. Frank Herrmann
IDS Scheer AG
Fachzentrum E-Procurement & Materials Management
Franklinstraße 62
60486 Frankfurt
f.herrmann@ids-scheer.de
www.ids-scheer.de

Daniel Corsten, Jan Felde

Supplier Collaboration: Eine Erfolgsstrategie?

Ergebnisse einer empirischen Studie

Der Kern des Supplier Relationship Managements liegt in der Unterstützung der Kollaboration zwischen Einkäufer und Lieferant. Die implizite Annahme ist, dass Kollaboration besser ist als Konfrontation. In diesem Artikel untersuchen wir die Frage, ob und unter welchen Nebenbedingungen Kollaboration eine Erfolgsstrategie für Unternehmen sein kann. Basierend auf einer Untersuchung bei 135 Schweizer Unternehmen, kommen wir zu dem Schluss, dass Kollaboration eine positive Wirkung auf das Unternehmensergebnis und die Innovationsleistung des Unternehmens hat. Allerdings können nicht alle Unternehmen gleichermaßen von diesen Vorteilen profitieren.

Inhaltsübersicht

1 Kollaboration und Konfrontation

Das umfassende Management der Kundenbeziehungen ist entscheidend für den Unternehmenserfolg. Dies hat zur herausragenden Position des Marketings im Unternehmen und in vielen Fällen zum Aufbau eines Systems zum Customer Relationship Management geführt. Der Hebel, der sich den Unternehmen bei einem erfolgreichen Management der Lieferantenbeziehungen bietet, wird dagegen erst langsam erkannt.

Die Konzentration auf die Kernfähigkeiten hat bei vielen Unternehmen dazu geführt, dass Lieferanten die Hälfte, häufig sogar mehr als 70% zur Wertschöpfung des Unternehmens beitragen. Die Auswirkungen der Kostensenkung im Einkauf auf das Gesamtunternehmensergebnis sind häufig beschworen worden. Der mögliche Ergebnisbeitrag eines Lieferanten geht weit über die Kostenersparnis hinaus. Vorteile jenseits der Preissenkung lassen sich nicht in normalen konfrontativen Lieferantenbeziehungen erzielen. Auch ist nicht jeder Lieferant ein Kandidat für eine enge Zusammenarbeit. Die Notwendigkeit, kooperative Beziehungen effizient zu gestalten, hat zur Entwicklung von Supplier-Relationship-Management-Software geführt.

In St. Gallen definieren wir Supplier Relationship Management (SRM) als das proaktive Management aller Lieferantenbeziehungen über alle Unternehmensbereiche hinweg mit dem Ziel, Produkte *zusammen mit dem Lieferanten* besser, schneller und zu niedrigeren Kosten zu entwickeln, einzukaufen und zu produzieren ([Corsten & Hofstetter 2001]). Der Zusammenarbeitsgedanke steht damit im Mittelpunkt des SRM. Gleichzeitig bildet SRM damit einen Gegenpol zur klassischen allein preisorientierten Einkäufer-Lieferanten-Beziehung (Abb. 1).

Der positive Nutzen von Kollaboration kann also als die zentrale Arbeitshypothese von SRM bezeichnet werden. Diesem Ansatz steht die langjährige Praxis des Einkaufs entgegen, Lieferanten gegeneinander auszuspielen und Entscheidungen ausschließlich auf Basis des Preises zu fällen. Der postulierte Vorteil der Kollaboration liegt vor allem im Abbau von Reibungsverlusten und in der Möglichkeit, Ressourcen optimal einzusetzen. Außerdem wer-

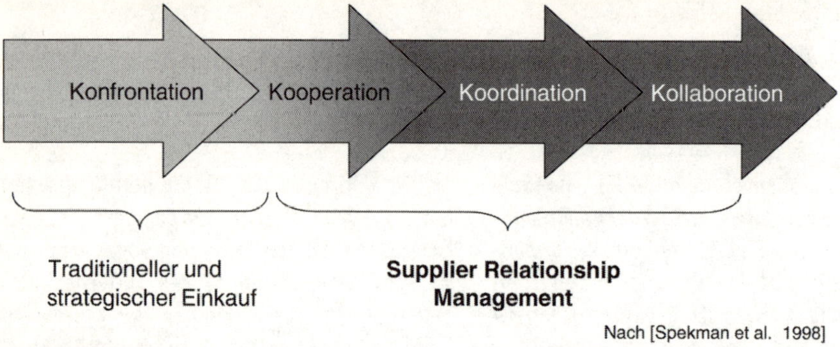

Abb. 1: Die vier »K« der Lieferantenkollaboration

den kurzfristige Gewinne zugunsten einer mittel- und langfristigen Sichtweise aufgegeben.

Dabei ist der Übergang von Konfrontation zu Kollaboration fließend. Kooperation beinhaltet die Reduzierung der Anzahl an Lieferanten und als Konsequenz umfassendere Beziehungen mit den verbleibenden Lieferanten. Langfristige Verträge erlauben beiden Parteien, auch für den anderen spezifische Investitionen zu tätigen. In der Stufe der Kooperation werden Informationen an den Partner weitergegeben, ein expliziter Datenaustausch oder ein Feedback-Mechanismus besteht aber nicht. In der nächsten Stufe der Koordination versuchen die Unternehmen ihre jeweiligen Aktionen besser aufeinander abzustimmen. Dazu bedarf es der Unterstützung durch das Topmanagement, echten Informationsaustausch über eine individuelle Schnittstelle und eine gemeinsame Technologieplanung. Kollaboration bedeutet eine weit fortgeschrittene Integration und Zusammenarbeit beider Unternehmen. Planung erfolgt gemeinsam und abgestimmt; Technologien werden geteilt und gemeinsam entwickelt. Die Mitarbeiter fühlen sich der Kollaboration ebenso verpflichtet wie dem eigenen Unternehmen. Der Begriff der Kollaboration beschreibt dabei sehr treffend die Zusammenarbeit mit dem vormaligen »Feind«, dem Lieferanten ([Spekman et al. 1998]).

Diese beiden alternativen Ansätze zur Gestaltung der Lieferantenbeziehung bilden den Ausgangspunkt für diesen Beitrag. Wir wollen der Frage nachgehen, ob bzw. wann Kollaboration vorteilhaft ist und welche Faktoren, z.B. eingesetzte Technologien oder industriespezifische Besonderheiten, die Beziehung zwischen Kollaboration und Unternehmenserfolg beeinflussen. Um eine möglichst vollständige Betrachtung zu erreichen, wird der Unternehmenserfolg anhand von vier Erfolgskriterien gemessen. Zum einen interessiert uns, inwieweit in einer bestimmten Beziehung Transaktionskosten gesenkt werden können. Als Zweites betrachten wir die Innovationen, die für das fokale Unternehmen aus dieser Beziehung entstehen. Zusätzlich untersuchen wir zwei allgemeine Erfolgskriterien: zum einen die Zufriedenheit der Einkaufsmitarbeiter mit der Lieferantenbeziehung. Zufriedenheit ist dabei ein Maß für verschiedene Aspekte, z.B. die Preisgestaltung, Pünktlichkeit, die Kosten, aber auch für die Bereitschaft, wieder bei diesem Lieferanten zu ordern. Als letztes Erfolgsmaß betrachten wir eine Reihe finanzieller Indikatoren. Das erste Ziel eines Unternehmens muss es sein, Geld zu verdienen. Dies gilt übrigens unabhängig davon, ob man Anhänger eines Shareholder- oder Stakeholder-Ansatzes ist: Zuerst muss das Geld verdient werden, das dann unter den verschiedenen Interessengruppen verteilt werden kann.

2 Forschungsprojekt »SRM«

Basierend auf Interviews mit Experten aus Einkauf und Softwareindustrie sowie eigenen Industrieprojekten wurde für die SRM-Studie ein quantitativer Fragebogen mit 120 Fragen, die das Thema Kollaboration von verschiedenen Seiten beleuchten sollten, entwickelt. Neben Fragen zum Wissen im Einkauf, der Nutzung des Internets und zur Position des Einkaufs im Gesamtunternehmen wurden für eine spezifische Beziehung zu einem der Hauptlieferanten Fragen zur Zusammenarbeit, der Beziehungsqualität und vor allem zum Ergebnis der Beziehung und des Unternehmens gestellt. Der Fragebogen war bewusst breit angelegt worden, um möglichst viele Einflussgrößen und deren Wechselwirkungen berücksichtigen zu können.

Der Fragebogen wurde an 980 Mitglieder des SVME (Schweizerischer Verband für Materialwirtschaft und Einkauf) versandt und auf der Homepage des Kompetenzzentrums Logistik *www.supply-chain.ch* zum Download bereitgestellt. Adressat des Fragebogens war also jeweils der in der SVME-Datenbank aufgeführte Kontakt; in der Mehrzahl der Fälle führt dieser den Titel Leiter Einkauf bzw. Leiter Supply Chain Management. Alle Ergebnisse spiegeln also die Einschätzung des Einkaufsleiters über die Beziehung zu einem vom ihm ausgewählten wichtigen Lieferanten wider.

Innerhalb der gesetzten Frist wurden 135 vollständig ausgefüllte Fragebögen zurückgesandt (Rücklaufquote 13,7%). Gegenüber der üblichen Rücklaufquote bei Befragungen ohne wiederholtes Nachhaken von 5-10% kann diese Quote als sehr gut bezeichnet werden. Die Zusammenarbeit mit dem SVME und die Nutzung des entsprechenden Logos hat sich also positiv auf die Rücklaufquote ausgewirkt. Etwa ein Drittel der Unternehmen machte von der Möglichkeit Gebrauch, den Fragebogen aus dem Internet herunterzuladen.

Wegen des Einflusses weniger Schweizer Multinationals unterscheiden sich Mittelwerte und Mediane der beschreibenden Variablen deutlich voneinander. Der Median wird nach unserer Einschätzung der Schweizer Unternehmenslandschaft der Mehrheit der antwortenden Unternehmen besser gerecht und wird daher hier angegeben. Die Unterschiede haben keinen Einfluss auf die übrigen Ergebnisse der Untersuchung. Der Median der Mitarbeiterzahl lag bei 645 Mitarbeitern (Mittelwert 11.200); davon waren 6 (Mittelwert 16) im Einkauf beschäftigt. Der Median des Umsatzes der untersuchten Unternehmen beträgt 100 Mio. CHF (69 Mio. Euro) (Mittelwert 2.200 Mio. CHF), das Beschaffungsvolumen 37 Mio. CHF (25 Mio. Euro) (Mittelwert 98 Mio. CHF). Alle wichtigen Branchen der Schweizer Industrie sind vertreten: 23% der Unternehmen lassen sich dem Maschinenbau zuordnen, 13% der Elektronik- und Elektroindustrie, 10% dem Großhandel und 7% entstammen der Automobilzulieferindustrie. Die Bau-, die Chemie- und die Konsumgüterindustrie folgen auf den weiteren Plätzen.

Die Beschaffungstiefe der untersuchten Unternehmen lag im Schnitt bei 46%. 27% der Unternehmen gaben an, ihre Beschaffungstiefe liege zwischen 30% und 40%, bei 32% der Unternehmen lag sie zwischen 40% und 50% und bei 12% der Unternehmen betrug die Beschaffungstiefe zwischen 50% und 60%. Nur 5% der Unternehmen konnten eine Beschaffungstiefe über 70% erreichen. Diese Zahlen verdeutlichen den mittelständischen Charakter der Schweizer Industrie. Die Automobil- und auch Teile der Elektronikindustrie übernehmen inzwischen nur noch das Branding und die Integration der Baugruppen und kommen so auf eine Beschaffungstiefe von über 70%; solche Großkonzerne sind selten in der Schweizer Wirtschaft (Abb. 2).

Die Internetnutzung der untersuchten Firmen ist noch nicht sehr weit fortgeschritten. Am häufigsten wird das Internet zur Suche nach Lieferanten genutzt. Hier geben immerhin 35% der Unternehmen an, das Internet regelmäßig einzusetzen; weitere 52% der Unternehmen nutzen das Internet öfters für ihre Lieferanten-

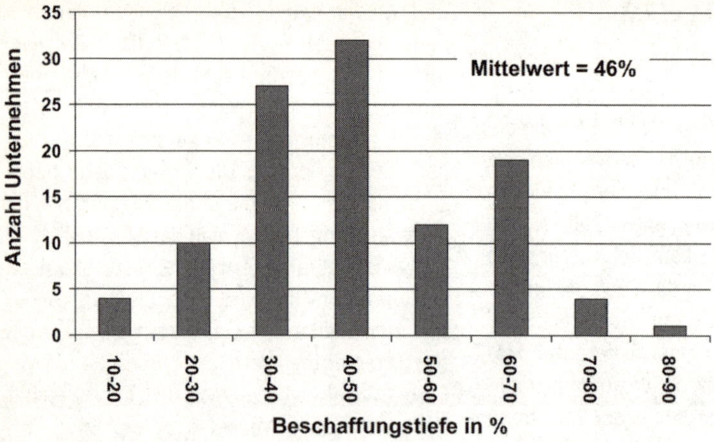

Abb. 2: Beschaffungstiefe in der Schweizer Industrie

suche. E-Mail wird am zweithäufigsten eingesetzt, wobei hier nur 16% der Unternehmen angeben, E-Mail regelmäßig für die Kommunikation mit Lieferanten zu nutzen; die Gruppe der mäßigen Nutzer liegt hier bei 48%. Dicht gefolgt wird E-Mail von elektronischen Katalogen. Hier geben sogar 19% an, sie regelmäßig zu nutzen; dafür werden Kataloge nur von 31% öfters genutzt. Die ebenfalls von uns erfragten elektronischen Auktionen landen weit abgeschlagen auf dem letzten Platz: 87% der Unternehmen nutzen Reverse-Auctions noch nicht, um von ihren Lieferanten mit niedrigen Verhandlungskosten günstige Preise zu erzielen.

3 Empirische Ergebnisse und Diskussion

»Ist Zusammenarbeit in Entwicklung und Produktion eine lohnende Strategie? Grundsätzlich ja, aber ...« So lässt sich das Ergebnis unserer Studie zusammenfassen.

Die zentrale Feststellung unserer Studie betrifft die Wirkung von Zusammenarbeit von Einkauf und Lieferant in Entwicklung und Produktion. Die Ergebnisse zeigen, dass Kollaboration einen positiven Einfluss auf die Innovationsleistung der von uns befragten Unternehmen hat. Das heißt, die Unternehmen, die mit ihren Lieferanten kooperieren, generieren aus diesen Beziehungen heraus mehr Produkt- und Prozessinnovationen und waren deshalb in der Lage, ihre eigenen F&E-Budgets zu kürzen. Allerdings führt Kollaboration mit Lieferanten zu einer Erhöhung der Transaktionskosten, denn die Kosten für Kommunikation und Koordination zwischen den beiden Partnern steigen. Von uns im Nachgang zusätzlich telefonisch befragte Unternehmen gaben an, sich z.B. einmal im Monat abwechselnd beim Kunden und in der eigenen Fabrik zu Abstimmungsgesprächen zu treffen. In einem Fall war die Fabrik des Kunden ca. 500 Kilometer von der des Lieferanten entfernt. Für ein solches Abstimmungstreffen geht also jedes Mal ein ganzer Arbeitstag verloren.

Zusammenarbeit zwischen Einkauf und Lieferant ist meist auf die kurzfristige Auftragsabwicklung und die logistiknahen Bereiche beschränkt. Überdurchschnittlich stark ist die Kollaboration in den Bereichen Bedarfsplanung, Produktentwicklung, Logistikplanung und Transportplanung. Am seltensten wird in den Bereichen Prozessentwicklung, Produktionsplanung, Strategieentwicklung und Marketingplanung zusammengearbeitet. Mit Ausnahme der gemeinsamen Produktentwicklung erfolgt die Zusammenarbeit bisher meist mit einem kurzen Zeithorizont. Allerdings lassen sich gerade in der Logistik schnell Erfolge vorweisen, die die Kollaboration im Unternehmen legitimieren helfen können (Abb. 3).

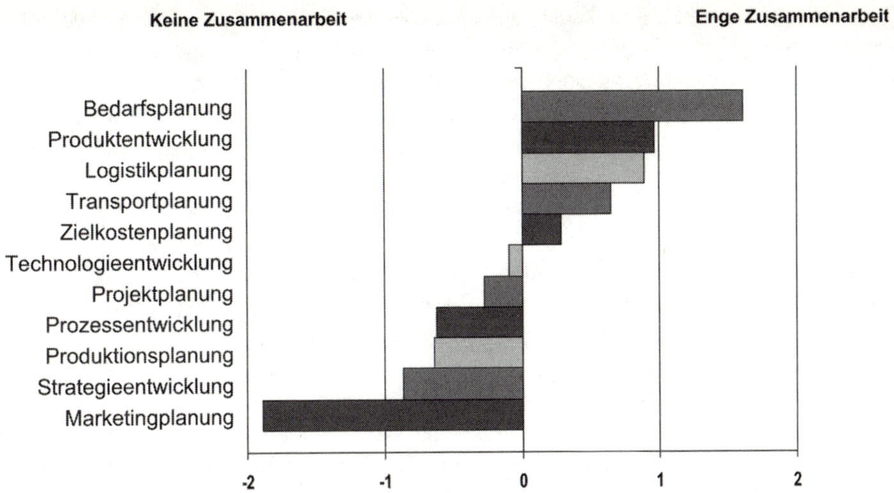

Abb. 3: Grad der Einkäufer-Lieferanten-Kollaboration nach Aufgaben

Auf die Zufriedenheit der Einkaufsmitarbeiter konnten wir keinen bzw. einen positiven, aber nicht signifikanten Einfluss von Kollaboration feststellen. Die Frage, ob Innovationssteigerung oder Kostensteigerungen einen durchschlagenderen Einfluss auf das Gesamtergebnis der befragten Unternehmen haben, muss zugunsten der Innovation beantwortet werden: Unternehmen, die mit ihren Hauptlieferanten eng zusammenarbeiten, haben im Schnitt der letzten drei Jahre bei Gewinn und Profitabilität besser abschneiden können als ihre Konkurrenten.

In einem zweiten Schritt unserer Analysen haben wir den Einfluss von Zusammenarbeit auf den Unternehmenserfolg näher untersucht. Ziel dabei war es aufzuzeigen, unter welchen Rahmenbedingungen Kollaboration sinnvoll bzw. weniger sinnvoll sein kann.

3.1 Vertrauen

Die wahrscheinlich am meisten gebrauchte – und missbrauchte – Vokabel im Zusammenhang mit Kollaborationen ist Vertrauen. Vertrauen ist die Bereitschaft, in einer Beziehung Verletzlichkeit einzugehen, in der Erwartung, nicht enttäuscht zu werden ([Rousseau et al. 1998]). Wesentlicher Bestandteil der Vertrauens ist es, dass der mögliche Schaden relativ groß ist. Vertrauen ersetzt in einer solchen Beziehung vertragliche Vereinbarungen und den Einsatz von Pfändern, die bei einer Vertragsverletzung verfallen würden. Da die Absicherung gegen alle Eventualitäten sehr teuer – wenn nicht unmöglich – ist, können Vertrauen und der damit verbundene Ruf eine wichtige Rolle in Kollaborationsbeziehungen spielen. Die Frage, ob Kollaboration zu Vertrauen führt oder Vertrauen erst Kollaboration ermöglicht, ist in der Theorie nach wie vor umstritten. Allerdings ergaben unsere Interviews, dass Kollaboration und Vertrauen sich gegenseitig verstärken. Aus einer einfachen Lieferbeziehung heraus entsteht Vertrauen in die Mitarbeiter und Fähigkeiten des Lieferanten, das dann dazu führt, dass die Beziehung vertieft wird und dem Lieferanten Stück für Stück wichtigere Aufgaben übertragen werden. Schließlich überträgt sich das Vertrauen in die Mitarbeiter auf ein Vertrauen in die Firma. Das Vertrauen wird institutionalisiert.

Intuitiv würde man vermuten, dass Kollaborationsbeziehungen besser funktionieren, je mehr Vertrauen in der Beziehung vorherrscht. Unsere Ergebnisse zeigen jedoch im Gegensatz zu anderen Studien (vgl. [Kumar 1996]), dass Kollaborationen bei niedrigerem Vertrauen auch oder vielleicht sogar besser funktionieren. So gaben die Unternehmen in unseren Interviews an, dass sie, auch wenn sie mit einem Lieferanten eng kooperieren, sich immer wieder einen Überblick über die Marktpreise verschaffen, um die Leistung, die sie erhalten, besser einschätzen zu können. Um das Vertrauen in der Beziehung nicht zu zerstören, muss dann dem Partner gegenüber klar kommuniziert werden, dass man nicht aus Misstrauen, sondern aus kaufmännischer Sorgfaltspflicht heraus den Markt beobachtet. So setzt ABB auf enge Zusammenarbeit mit seinen Lieferanten und bindet diese frühzeitig in den Produktentwicklungsprozess mit ein. Für die Beziehung werden dann klare Jahresziele gesetzt und diese Ziele regelmäßig auf ihre Erreichung hin überprüft. Kollaboration und Controlling gehen hier Hand in Hand. Offensichtlich gilt oft: Vertrauen ist gut, Kontrolle ist besser.

3.2 Abhängigkeit

Auch wenn viele Firmen inzwischen zumindest Lippenbekenntnisse abgeben, dass sie mit ihren Geschäftspartnern »Win-Win«-Situationen suchen, ist doch jeder Mitarbeiter zunächst seiner eigenen Firma verpflichtet. Ziel der Zusammenarbeit ist es zwar, den Kuchen für alle Beteiligten zu vergrößern, aber auch der größere Kuchen muss danach aufgeteilt werden. Bei der Aufteilung des Kuchens kann die Macht- und Abhängigkeitsverteilung in der Beziehung eine entscheidende Rolle spielen. In der Theorie werden Macht und Abhängigkeit als die zwei Seiten ein und derselben Medaille betrachtet. In dem Maße, in dem A von B für die Erlangung eines seiner Ziele auf B angewiesen ist, in dem Maße besitzt B Macht über A ([Emerson 1962]). Nehmen wir der Einfachheit halber an, A habe ein monetäres Ziel. Dann kommt es zu dem interessanten Nebeneffekt, dass, falls B seine Machtposition ausnutzt, um die zu verteilenden Ressourcen zu seinen Gunsten zu verteilen, B seine Machtposition reduziert, weil für A nur noch ein kleineres Stück übrig bleibt. Ein weiterer Effekt von Macht ist, dass sie zu »vorauseilendem Gehorsam« führt: B muss seine Macht also nicht einsetzen, um A die benötigten Ressourcen vorzuenthalten, sondern A wird sich in anderen Bereichen so verhalten, dass dies B wohlwollend stimmt.

Unsere Ergebnisse zeigen im Gegensatz zu anderen Studien (vgl. [Heide & John 1988][1]), dass eine Steigerung des Unternehmenserfolgs durch eine Kollaboration mit einem Lieferanten, von dem man abhängig ist, nicht zu erreichen ist. Im Gegenteil: Kollaborationen mit Lieferanten, von denen die Firma abhängt, sind mit niedrigen Werten für ROI, ROA und Verkäufe verbunden. Das Ziel einer Firma muss es also sein, seine Ressourcen in die Überwindung der Abhängigkeit, d.h. in die Suche nach Alternativlieferanten oder Substituten bzw. in eine Designveränderung, zu investieren. Eine Kollaboration ist unter diesen Umständen nicht zu empfehlen (Abb. 4).

3.3 Unternehmensgröße

Eine Frage, die uns im Rahmen unserer Vorgespräche immer wieder gestellt worden ist und die in Anbetracht der mittelständisch geprägten Wirtschaftsstruktur der Schweiz eine weiter reichende Bedeutung hat, betraf die Übertragbarkeit der Ergebnisse auf kleine und mittlere Unternehmen. Unsere Ergebnisse zeigen, dass kleinere Unternehmen in Kollaborationen weniger Innovationen generieren können als große. Hinzu kommt, dass die Transaktionskostensteigerungen, die wir nachweisen konnten, fast ausschließlich zu Ungunsten der kleinen Unternehmen anfallen. Diese Resultate können verschiedene Ursachen haben: Für ein kleines Unternehmen ohne spezialisierte F&E-Abteilung kann es einfach schwerer sein, von der Kollaboration durch Lernen zu profitieren. Sind die F&E-Mitarbeiter mit verschiedenen Themen beschäftigt, können sie jedem einzelnen nicht so

1. Heide und John untersuchen *gegenseitige* Abhängigkeit. Die Ergebnisse sind daher nur zum Teil vergleichbar.

Wenn … hoch / niedrig ist, wirkt sich Kollaboration positiv/ negativ / neutral auf den Unternehmenserfolg aus.

		Finanzergebnis	Innovation	Kostensenkung	Zufriedenheit
Vertrauen	hoch	o	+	-	+
	niedrig	+	+	+	o
Abhängigkeit	hoch	-	o	-	-
	niedrig	+	o	-	o
Unternehmens-größe	hoch	+	+	o	o
	niedrig	+	o	-	o
Alter der Beziehung	hoch	+	+	o	o
	niedrig	+	-	-	o
Nachfrage-stabilität	hoch	+	o	o	o
	niedrig	+	+	-	o

Abb. 4: Einflussfaktoren auf die Wirkung der Kollaboration

viel Zeit widmen. Und: Ist der Wissensrückstand erst einmal zu groß geworden, wird es schwer, die Lücke ohne ein Kraftprogramm wieder zu schließen. Das Gefühl der ungleichen Kostenverteilung kann Resultat der Tatsache sein, dass keine Innovationen aus der Beziehung heraus generiert werden und alle Kosten dadurch relativ zu hoch erscheinen. Möglicherweise werden die an sich gleich verteilten Kosten vom kleineren Partner auch als größer empfunden. Eine weitere Erklärung ist, dass es sich für eine große Firma nur dann lohnt, mit einer kleinen zu kooperieren, wenn diese in ihrem Bereich wirklich Spitze ist. Denn Geld in eine Beziehung zu investieren, die weder die Chance zu lernen noch die Chance eines hohen Umsatzes und Gewinns bietet, kann sich nicht lohnen.

Sollten die Großen ihre Kosten tatsächlich den Kleinen großenteils aufbürden, würde dies natürlich dem Gedanken einer ausgeglichenen Kollaboration zuwiderlaufen. Es ist zwar nahe liegend, dass der Lieferant eines kleinen Unternehmens größer ist, aber möglicherweise werden auch viele der Kollaborationen zwischen gleich kleinen Unternehmen eingegangen. In diesem Fall könnte es sowohl am Lernpotenzial als auch an den Fähigkeiten, die eigene Expertise dem anderen beizubringen, fehlen. Als Konsequenz ergibt sich vor allem für die großen Unternehmen, dass sie eine Verantwortung gegenüber ihren kleineren Kunden (wie auch ihren kleinen Lieferanten) haben. Lieferantenentwicklung wird häufig betrieben; möglicherweise kann hier die Absatzseite einmal etwas von der Beschaffungsseite des Unternehmens lernen.

3.4 Alter der Beziehung

Sowohl Vertrauen als auch Kollaboration brauchen Zeit, um entstehen zu können. So war es nicht verwunderlich, dass in zeitlich gesehen älteren Beziehungen mehr Innovationen generiert werden und die Transaktionskosten tendenziell niedriger sind. Vor allem wenn man sich die wechselseitige Verstärkung von Zusammenarbeit und nicht enttäuschtem Vertrauen in Erinnerung ruft, wird klar, dass zunächst in eine Beziehung investiert werden muss, ehe die Gewinne realisiert werden können. Hier liegt eines der Hauptprobleme: Die Firma muss lernen zu unterscheiden, welche Anfangsinvestitionen normal sind und welche hinausgeschmissenes Geld darstellen. Vor allem aber die Anreizsysteme des Einkaufs dürfen nicht allein auf Kosten ausgerichtet sein, sondern müssen auch die mittelfristige Entwicklung von Lieferanten erlauben. »There is no such thing as a free lunch«, lautet eine der ökonomischen Grundregeln. Dies gilt gerade beim Aufbau von Kollaborationsbeziehungen.

3.5 Nachfragestabilität

Industrieunterschiede konnten wir mit unserem relativ kleinen Datenbestand nicht nachweisen. Ein wichtiges Merkmal zur Unterscheidung von Industrien ist jedoch die Stabilität der Nachfrage. Während der Maschinen- und Anlagenbau sowie die Telekommunikationstechnologie am einen Ende des Spektrums liegen und hohe Nachfrageschwankungen aufweisen, liegen Pharmaindustrie und Dienstleistungen mit niedriger Nachfragedynamik am anderen Ende. Wie die Beispiele zeigen, gehen hohe Nachfrageschwankungen einher mit einer hohen Dynamik der technischen Entwicklung und kurzen Innovationszyklen.

Unsere Ergebnisse zeigen, dass Kollaboration dann am lohnendsten ist, wenn die Nachfragedynamik hoch ist. Dies gilt sowohl für die Innovationsleistung als auch für die Transaktionskosten. Wenn man sich als Firma in einer dynamischen Umgebung bewegt, ist es also sinnvoll, nicht zu versuchen, alles selbst zu machen, sondern sich auf seine Kernkompetenzen zu konzentrieren. Alle Randaktivitäten überlässt man besser Spezialisten. Vor allem wenn nicht klar ist, welche Technologien sich durchsetzen werden, ist es besser, mit einem Lieferanten, dessen Kerngeschäft in der fraglichen Technologie liegt, zusammenzuarbeiten, als knappe Ressourcen in eine Technologie zu investieren, die sich später nicht durchsetzen wird.

4 Fazit und Ausblick

Wir haben die Wirkungen von Kollaboration als dem konstituierenden Element von Supplier Relationship Management (SRM) auf den Unternehmenserfolg untersucht. Kollaboration mit Lieferanten ist insofern eine lohnende Strategie, als sie zu einer Steigerung der Innovationsleistung und der finanziellen Kennzahlen des Unternehmens führt. Allerdings ist Kollaboration mit höheren Kommunikations- und Koordinationskosten verbunden. Eine Detailuntersuchung zeigt, dass Kollaboration am besten funktioniert, wenn

- man sie mit gesunder kaufmännischer Vorsicht eingeht,
- man vom Kollaborationspartner nicht einseitig abhängt,
- die eigene Firma eher als groß einzustufen ist,
- die Nachfrage in der eigenen Industrie Schwankungen unterliegt und
- man mit dem möglichen Kollaborationspartner länger zusammenarbeitet.

SRM-Software unterstützt verschiedene Schritte auf dem Weg zur Kollaboration: Durch die Konsolidierung der Einkaufsdaten sollten sich Kollaborationspartner besser identifizieren lassen. Kollaborative Elemente in der Software können den eigentlichen Kollaborationsprozess unterstützen. Zumindest für unser Sample konnte aber kein Einfluss von Einkaufswissen, z.B. über Beschaffungsvolumina, Konzernumsatz mit bestimmten Lieferanten, Beschaffungsmarktdaten, Lieferantenprozesse, auf den Kollaborationserfolg oder die Wahrscheinlichkeit, eine Kollaboration einzugehen, festgestellt werden. Die Nutzung von Software zur elektronischen Kollaboration war in unserem Sample noch nicht so weit fortgeschritten, dass wir über ihren Nutzen Schlüsse ableiten konnten.

Durch Kollaboration mit Schlüssellieferanten kann ein Unternehmen wesentlich zur Steigerung seines Unternehmenswertes beitragen. SRM-Software kann dabei helfen, indem sie alltägliche Auftragsabwicklung und den Austausch von Daten effizienter gestaltet. Kooperative Beziehungen entstehen aber aus der menschlichen Interaktion zwischen den Mitarbeitern beider Unternehmen heraus. Nur wenn die elektronische Datenkommunikation permanent durch persönlichen Kontakt der Mitarbeiter untermauert wird, kann eine fruchtbare Kollaboration entstehen.

5 Literatur

[Corsten & Hofstetter 2001] *Corsten, Daniel; Hofstetter, Jörg S.:* Supplier Relationship Management. In: Belz, C.; Mühlmeyer, J. (Hrsg.): Key Supplier Management. Thexis, St. Gallen, 2001.

[Emerson 1962] *Emerson, Richard M.:* Power-Dependence Relations. American Sociological Review, 27 (February), 1962, S. 31 - 41.

[Heide & John 1988] *Heide, Jan B.; John, George:* The role of dependence balancing in safe-guarding transaction-specific assets in conventional channels. Journal of Marketing, 52 (January), 1988, S. 20 - 35.

[Kumar 1996] *Kumar, N.:* The Power of trust in manufacturer-retailer relationships. Harvard Business Review, November-December, 1996, S. 92 - 106.

[Spekman et al. 1998] *Spekman, Robert E.; Kamauff, John. W. Jr; Myhr, Niklas:* An empirical investigation into supply chain management – a perspective on partnerships. International Journal of Physical Distribution and Logistics Management, 28 (8), 1998, S. 630 - 650.

[Rousseau et al. 1998] *Rousseau, Denise M.; Sitkin, Sim B.; Burt, Ronald S; Camerer, Colin:* Not so different after all: A cross-discipline view of trust. Academy of Management Review, 23 (3), 1998, S. 393 - 404.

PD Dr. Daniel Corsten
Dipl. Wi.-Ing. Jan Felde
Universität St. Gallen
Institut für Technologiemanagement
Unterstrasse 22
CH-9000 St. Gallen
{daniel.corsten, jan.felde}@unisg.ch
www.item.unisg.ch
www.supply-chain.ch

Bernd Brehm, Frank Wallstab

Wirtschaftsrechtliche Aspekte des Einsatzes von E-Procurement-Systemen im Kontext von Application Service Providing

Electronic Commerce beeinflusst alle inner- und überbetrieblichen Prozesse. Electronic Procurement verändert die Beschaffungsprozesse zwischen Bestellunternehmen und Lieferanten. Neben zahlreichen betriebswirtschaftlichen Aspekten, die bei der Beschaffung über das Internet beachtet werden müssen, gibt es auch eine Reihe von juristischen Aspekten, welche – gerade im Hinblick auf den Gesamterfolg von E-Procurement-Projekten – Beachtung finden sollten. Dabei wirft insbesondere das webbasierte Bereitstellen von Software durch Application Service Providing (ASP) neue juristische Fragestellungen auf. Die Einordnung derartiger ASP-Verträge in bekannte gesetzliche Vertragstypen und damit verbundene Haftungs- und Gewährleistungsfragen stellen sich als komplex dar.

Inhaltsübersicht

1 Electronic Procurement und Application Service Providing

Durch die zunehmende Entwicklung des Internets erlangt dieses sowohl im Wirtschafts- als auch im Rechtsverkehr an Bedeutung. Unternehmen sind bestrebt, die kommerzielle Nutzung des Internets immer weiter auszubauen. Electronic Procurement und der Einsatz von webbasierten Beschaffungslösungen in Unternehmen stellen dabei nur eine der zahlreichen Facetten von Nutzungsmöglichkeiten des Internets dar. Die Unternehmensberatung *Arthur Andersen* trifft hinsichtlich des Wachstums von elektronischen Beschaffungslösungen eine positive Prognose und bezeichnet diese als Lösungen, die den Einkauf tiefgreifend verändern und verbessern werden und die in wenigen Jahren ein selbstverständliches Instrument für die Beschaffung sein werden (vgl. [Arthur Andersen 2001]). Angesichts dieser Einschätzung und der Tatsache, dass das Internet als globales Netzwerk keinem bestimmten nationalen Recht unterliegt, stellt sich die Frage nach den spezifischen rechtlichen Problemen des Einsatzes von webbasierten Beschaffungslösungen.

Electronic Procurement stellt den zentralen Begriff dar, wenn es um die Gestaltung und den Einsatz von elektronischen Beschaffungssystemen geht. Jedes Unternehmen benötigt neben den für die Produktion notwendigen Waren und Rohstoffen auch Betriebsmittel. Hiermit sind nicht produktive Waren und Dienstleistungen gemeint, die für das Tagesgeschäft notwendig sind und täglich verwaltet werden müssen. Diese Artikel werden oft auch als C-Artikel, MRO- (Maintenance, Repair and Operations) oder indirekte Güter bezeichnet. Das Ziel des Electronic Procurement ist die optimierte Beschaffung von Waren – und zum Teil auch Dienstleistungen (vgl. [Otterbach & Brehm 2001a]).

Speziell durch den Einsatz von Dienstanbietern, die Beschaffungssysteme für Bestellunternehmen und Lieferanten über das Internet bereitstellen, ergeben sich verschiedene Besonderheiten für die Beteiligten (vgl. [Schaeuffelen 2000]). Besteller und teilweise auch Lieferanten nutzen die Dienste eines Anbieters über das Internet. Dabei wird keinerlei Software mehr im eigenen Hause installiert. Diese neue Form des Bereitstellens von Software (und zum Teil auch ergänzenden Mehrwertdiensten) über das Internet wird als Application Service Providing (ASP) bezeichnet (vgl. [CYbiz-Lexikon 2001a]). Unternehmen und Dienstanbieter schließen hierzu einen so genannten ASP-Vertrag ab (vgl. [Feil 2001]).

2 Bereitstellung von Software durch Application Service Providing

Eine Entwicklung, die vermehrt zu beobachten ist, stellt dabei die Bereitstellung von Electronic-Procurement-Systemen und Zusatzdiensten über das Internet dar. Folgt man den Vorstellungen der Computerindustrie und der IT-Dienstleister, so sollen Anwendungsprogramme künftig nicht mehr komplett auf CD-ROM gekauft werden, sondern je nach Bedarf gegen »Miete« aus dem Internet geladen werden (vgl. [Spierling 2001]). Application Service Providing umfasst das Bereitstellen von Software und weiterführenden Zusatzdiensten über das Internet (vgl. [CYbiz-Lexikon 2001a]).

Application Service Providing bietet sich gerade für die Bereitstellung von E-Procurement-Systemen für die webbasierte Beschaffungsabwicklung der Unternehmen an. Über diese können Besteller im Unternehmen entsprechende Güter bei den Lieferanten beschaffen, die ebenfalls das System des Dienstanbieters nutzen (vgl. [Otterbach & Brehm 2001b]).

Das Anwenderunternehmen schließt zur Bereitstellung der Software mit dem Dienstanbieter einen so genannten ASP-Vertrag ab (vgl. [Feil 2001]). Problematisch sind insbesondere die vertragstypologische Einordnung des ASP-Vertrages und die damit verbundenen Haftungsfragen. Gerade für den Application Service Provider (den Dienstanbieter) können sich erhebliche Haftungsrisiken ergeben (vgl. *[http://www.e-gateway.de/recht/application_service.cfm]*). Die genannten Problembereiche sollen im Folgenden näher betrachtet werden. Zum besseren Verständnis wird zuvor der Begriff Application Service Provider definiert und das Geschäftsmodell des Application Service Providing erläutert.

2.1 Definition: Application Service Provider

Zur Definition sind zunächst die Begriffe Application Service Providing und Application Service Provider abzugrenzen. Application Service Providing bezeichnet das Geschäftsmodell der Bereitstellung von Software über das Internet (vgl. *[http://www.recht-freundlich.de/edv30.htm]*). Der Begriff Application Service Provider hingegen bezeichnet den Dienstanbieter, die die Bereitstellung anbietet und mittels Internet vornimmt (vgl. [CYbiz-Lexikon 2001b]). Beide Begriffe werden in der Literatur durch ASP abgekürzt (vgl. *[http://www.recht-freundlich.de/edv30.htm]*). Um Verwechslungen zu vermeiden, soll im Folgenden die Abkürzung ASP nur für das Geschäftsmodell des Application Service Providing benutzt werden.

Application Service Provider sind Unternehmen, deren Hauptgeschäft das Vermieten von Geschäftsanwendungen über das Internet oder über Netze ist. Das Innovative an diesem Servicemodell besteht darin, dass Softwarelizenzen vom Service Provider gekauft und die Funktionalitäten der Software zentral für mehrere Kunden über das Internet bereitgestellt werden. Dabei werden eine Reihe von integrierten Anwendungen angeboten (vgl. *[http://www.online-mietsoftware.de/asp_erklaerung.htm]*). Diese Definition der Informationsplattform *online-mietsoftware.de* zeigt, dass ein Application Service Provider die Bereitstellung von Software zentral für mehrere Unternehmen übernimmt. Die Unternehmen nutzen die Software dabei meist über das Internet.

Des Weiteren findet sich folgende Definition: Application Service Provider verwalten eine Vielzahl von Anwendungen auf zentralen Servern und stellen diese gegen eine Nutzungsgebühr über ein eigenes Netzwerk oder das Internet zur Verfügung (vgl. *[http://www.rechtfreundlich.de/edv30.htm]*). Hierbei ist darauf hinzuweisen, dass Application Service Provider nicht nur die Software bereitstellen, sondern auch entsprechende Verwaltungsaufgaben übernehmen. Diese Verwaltung beinhaltet vorwiegend Aufgaben der Datenverwaltung und Datensicherung (vgl. *[http://www.allaboutasp.org]*).

Gemäß ASP Industry Consortium (vgl. *[http://www.allaboutasp.org]*) muss ein Dienstanbieter jedoch weitere Kriterien erfüllen, um sich als Application Service Provider bezeichnen zu können. Der Begriff Application Service Provider ist dann berechtigt, wenn der Anbieter den vollständigen Lebenszyklus einer Geschäftslösung betreuen kann, d.h. von Einführung, Migration über Betrieb bis hin zu ergänzenden Serviceleistungen wie Hotline-Diensten, Schulungen, transparenter Abrechnung etc. (vgl. [Kreft 2001]). Es zeigt sich also, dass die Aufgaben eines Application Service Providers über die reine Softwarelösung hinaus auch in der Bereitstellung von spezifischen Arbeitserleichterungen als Mehrwert bestehen (vgl. [Kiefer 2001]).

Bezüglich der in den Definitionen enthaltenen Aussagen, dass es sich bei ASP um die Miete bzw. die Vermietung von Software handeln würde, ist schon an dieser Stelle zu erwähnen, dass sich Juristen diesbezüglich noch uneinig sind. Nach juristischen Gesichtspunkten ist es demnach unsicher, einen ASP-Vertrag allein nach mietrechtlichen Vorschriften zu beurteilen (vgl. *[http://www.legamedia.net/0103_schellenberg_martin_asp-haftung.php]*).

2.2 Application Service Providing – das Geschäftsmodell

Die Internetplattform *asp-konsortium.de* beschreibt das Geschäftsmodell ASP durch vier wesentliche Bereiche: Sicherheit, Verfügbarkeit/Gewährleistung, Billing/Accounting und Produkt-/Marktentwicklung (vgl. *[http://www.asp-konsortium.de]*).

Sicherheit: Das Herzstück jedes ASP-Modells ist ein zentrales Datenzentrum (Rechenzentrum). Hier sind die Anwendungen abgelegt, welche über das Internet genutzt werden. Zusätzlich werden durch den Dienstanbieter die Datenverwaltung und Datensicherung durchgeführt. Das Datenzentrum sollte dabei von einem wirksamen Sicherheitskonzept geschützt werden (vgl. *[http://www.applicationserviceproviding.de/ASPInformation/kriterien.htm]*).

Verfügbarkeit/Gewährleistung: Wichtigstes Erfolgskriterium ist die Sicherstellung der Verfügbarkeit und einwandfreien Funktion der Software (vgl. *[http://www.asp-konsortium.de]*). Die über das Internet bereitgestellte Software wird durch den Dienstanbieter für das Anwenderunternehmen konfiguriert. Durch das Rechenzentrum des Dienstanbieters werden genügend hohe Bandbreiten, auch für Spitzenbelastungen, zur Verfügung gestellt (vgl. *[http://www.applicationserviceproviding.de/ASPInformation/kriterien.htm]*). Der Dienstanbieter muss dies dauerhaft gewährleisten können. Anwender sollten sich gegenüber dem Dienstanbieter diesbezüglich vertraglich absichern (vgl. *[http://www.asp-konsortium.de]*).

Billing/Accounting: Statt dem Softwarekauf bezahlt der Anwender für die Nutzung der ASP-Lösung. Insoweit werden die bisherigen Lizenzierungsmodelle von Softwareanbietern hinfällig. Da eine Senkung der IT-Kosten das Hauptziel der Zusammenarbeit mit einem Application Service Provider ist, sollte dieser ein transparentes und planbares Abrechnungsmodell vorweisen können. Hieraus sollten die Gesamtkosten je Zeiteinheit hervorgehen und die Frage geklärt werden, ob die Software nach einer bestimmten Laufzeit in das Eigentum des Anwenders übergeht (vgl. *[http://www.online-mietsoftware.de/ asp_erklaerung.htm]*).

Produkt-/Marktentwicklung: Vor allem die Weiterentwicklung des Produktes (ASP-Lösung) des Application Service Providers ist für den Erfolg des Geschäftsmodells entscheidend (vgl. *[http://www.informationweek.de/channels/channel47/002050a.htm]*). Bei Anbietern von ASP-Lösungen steht eine Marktkonsolidierung an. Die Frage, welche Modelle und Anbieter sich durchsetzen werden, ist weitestgehend noch nicht zu beantworten (vgl. *[http://www.asp-konsortium.de]*). Demzufolge spielen hierbei sowohl das Know-how, die Erfahrung, die Entwicklungspotenziale als auch die generelle Kapitalausstattung des Application Service Providers eine Rolle (vgl. *[http://www.informationweek.de/channels/channel47/002050a. htm]*).

Die Informationsplattform *Informationweek.de* führte mit Spezialisten der Unternehmensberatung Gartner Group Interviews zu Chancen und Neuerungen durch ASP-Lösungen. Hinsichtlich der Neuerungen durch ASP gilt: Das Neue am ASP-Konzept – so wie es die Gartner Group versteht – besteht zusammengefasst darin, dass Anbieter vorkonfigurierte Lösungen bereitstellen, so dass der Kunde keine Startinvestitionen mehr leisten muss. Er bezahlt lediglich die laufenden Kosten der Anmietung der Applikation (vgl. *[http://www.informationweek.de/channels/channel47/002050a.htm]*). Diese Einschätzung zeigt, dass neben der Verlagerung von Tätigkeiten an den Dienstanbieter (z.B. Datenverwaltung und Datensicherung) die Kostenstruktur von ASP-Lösungen entscheidendes Kriterium für die hohe Einschätzung der Chancen von ASP-Lösungen ist. Unternehmen können die hohen Kosten der Anschaffung und der Implementierung komplexer Systeme sparen (vgl. [Spierling 2001]). Skalierbare und mandantenfähige Lösungen müssen viele Kunden gleichzeitig bedienen. Erst dann entstehen deutliche Kostenvorteile durch ASP (vgl. *[http://www.informationweek.de/channels/channel47/002050a.htm]*).

Weiteres Ergebnis der Interviews von *Informationweek.de* ist die Definition des ASP-Geschäftsmodells anhand folgender Faktoren, die typische Eigenschaften von ASP-Lösungen darstellen:

- Applikationen und Services werden durch den Dienstanbieter unternehmensübergreifend und zentral angeboten. Er übernimmt das Einrichten, Betreiben und Pflegen der gesamten Anwendung.
- ASP-Lösungen sind Multi-Klienten-Lösungen. Das heißt, diese 1-zu-n-Lösungen werden einmal entwickelt und danach einer Vielzahl von Kunden zur Verfügung gestellt.
- Die Anwendung und entsprechende Services werden durch den Dienstanbieter über ein Netzwerk (meist Internet) global bereitgestellt.
- Das Anwenderunternehmen zahlt nach dem Prinzip »pay per use«. Der Kunde zahlt nur für die tatsächliche Verwendung der Software. Investitionen des Anwenders in die Software selbst entfallen.

2.3 Vertragstypologische Einordnung und Haftung bei ASP-Verträgen

Elektronische Datenverarbeitung hat mittlerweile überall im Unternehmen Einzug gehalten. Mit der Gewöhnung an die Datenverarbeitung haben sich Unternehmen und Mitarbeiter jedoch auch an Systemausfälle gewöhnt. Solange das Unternehmen seine IT selbst betreibt, bleibt es regelmäßig auch auf dem durch Systemausfall entstandenen Schaden sitzen. Den eigenen IT-Mitarbeitern lässt sich nur schwer Verschulden nachweisen, im Zweifel wären sie kaum haftbar zu machen (vgl. *[http://www.legamedia.net/0103_schellenberg_martin_asp-haftung.php]*).

Anders sieht die Situation im Falle des Einsatzes von ASP-Lösungen aus. Hier wird das Softwaresystem durch den Application Service Provider betrieben. Die Verfügbarkeit des Systems über das Internet ist wichtiger Leistungsbestandteil des ASP-Geschäftsmodells, welchen der Application Service Provider abzudecken hat. Demnach ist dieser zugleich ein neuer potenzieller Haftungsschuldner für Anwenderunternehmen, auf den durch Systemausfälle entstandene Schäden abgewälzt werden könnten (vgl. *[http://www.recht-freundlich.de/edv30.htm]*).

Es zeigt sich, dass das ASP-Geschäftsmodell, neben den ohnehin vorhandenen wirtschaftlichen Risiken, zusätzliche Haftungsrisiken für den Dienstanbieter beinhaltet. Die Höhe der Risiken hängt wesentlich davon ab, wie es dem Dienstanbieter gelingt, Haftung und Gewährleistung vertraglich zu beschränken. Dazu muss jedoch zunächst geklärt werden, welche zivilrechtlichen Vorschriften auf den ASP-Vertrag anzuwenden sind. Dies wiederum erfordert eine Einordnung des ASP-Vertrages in die gesetzlich geregelten Vertragstypen des BGB. Letztendlich stellt sich die zusätzliche Frage, welche weiteren Bestandteile ein ASP-Vertrag beinhalten sollte, um beiderseitige Vertragsinteressen ausreichend zu würdigen (vgl. *[http://www.provider-vertragsrecht.de/providervertragsrecht/asp/einordnung.htm]*).

Vertragstypologische Einordnung und Wesen

Grundlage der Gestaltung des ASP-Vertrages ist die Einstufung dieser neuen Vertragsart in die durch das BGB gesetzlich geregelten Vertragstypen (vgl. [Feil 2001]). Hintergrund ist die Tatsache, dass die durch das BGB geregelten typischen Verträge – hierzu zählen z.B. Kauf-, Miet-, Dienst- und Werkverträge – als gesetzliche Leitbilder fungieren. In ihnen werden Rechte und Pflichten der Parteien, mögliche Ansprüche im Falle der Schlechtleistungen etc. geregelt. Dies stellt die im Kern umrissenen Vorstellungen des Gesetzgebers von angemessener Risikoverteilung dar (vgl. *[http://www.provider-vertragsrecht.de/providervertragsrecht/asp/einordnung.htm]*). Will ein Application Service Provider beispielsweise seine Haftung vertraglich einschränken, so muss er zuerst wissen, welche Regelungen des BGB für den ASP-Vertrag entsprechend gelten. Umfang der geschuldeten Leistung und Geschäftsbedingungen werden in einem so genannten Service Level Agreement (SLA) im ASP-Vertrag zwischen beiden Parteien festgelegt. Sind bestimmte Punkte im ASP-Vertrag nicht geregelt, so wird diese Lücke durch das Recht des Vertragstyps des BGB geschlossen, dem der ASP-Vertrag zuzuordnen ist. Diese Überlegungen zeigen, dass eine Zuordnung unerlässlich ist (vgl. *[http://www.legamedia.net/0103_schellenberg_martin_asp-haftung.php]*).

Da es bisher keine Zuordnung durch höchstrichterliche Rechtsprechung gibt ([Lediger 2001]), lässt sich der ASP-Vertrag nicht sicher einer bestimmten Vertragsart des BGB zuordnen. Verkompliziert wird die Sache durch die Bereitstellung von Zusatzleistungen durch den Application Service Provider (z.B. Hotline-Services, Schulungen, Abrechnung), denn diese gehören wiederum meist einer anderen Vertragsart an. Wie ein Gericht die Einstufung von ASP-Verträgen vornehmen würde, ist schwer kalkulierbar. Die branchenübliche Bezeichnung als Mietsoftware ist rechtlich nicht verlässlich und hilft bei der Beurteilung nur bedingt (vgl. *[http://www.legamedia.net/0103_schellenberg_martin_asp-haftung.php]*).

Literaturseitig sind verschiedene Zuordnungen mit den dazugehörigen Begründungen auffindbar. Die wichtigsten Meinungen bzgl. der Einstufung von ASP-Verträgen in die gesetzlich geregelten Vertragsarten sollen im Folgenden kurz dargestellt werden. Dabei wird jedoch nur die Hauptleistung des Application Service Providers (Bereitstellung von Software über Netze) betrachtet. Zusätzliche Serviceleistungen, die vom Application Service Provider neben seiner Hauptleistung erbracht werden, sind nicht Bestandteil der Betrachtung.

Der bereits oben eingeführten Bezeichnung Mietsoftware folgen zum Teil auch Juristen. Viele sprechen sich für die Anwendung von Mietrecht gemäß §§ 535 ff. BGB aus. Begründung hierfür ist, dass im Rahmen des ASP-Vertrages ein Gebrauch der Software vorliegt und es sich bei Software um eine Sache handelt (vgl. [Lediger 2001]). Bei Anwendung der Mietregeln hat der ASP-Kunde einen Anspruch auf ständig volle Verfügbarkeit des Systems. Bei Ausfällen oder sonstigen Mängeln mindert sich das Entgelt. Schadenersatz kann der Kunde verlangen, wenn der Provider den Systemausfall verschuldet hat oder trotz einer Anzeige des ASP-Kunden nicht beseitigt (vgl. *[http://www.legamedia.net/0103_schellenberg_martin_asp-haftung.php]*; Bestimmungen gemäß §§ 535-536c BGB).

Andere Autoren verneinen hingegen die Anwendung des Mietrechts und begründen dies damit, dass dem ASP-Kunden keine Software überlassen wird. Die Software steht dem Kunden nie vollständig zur Verfügung. Der Programmablauf wird ausschließlich von der Betriebssoftware des ASP-Anbieters gesteuert. Der Nutzer im Unternehmen kann die Programme aufrufen und für sich arbeiten lassen, jedoch wird der eigentliche Programmtext nicht in seinen Rechner kopiert. Der Application Service Provider schuldet seinem Kunden lediglich die Dienste eines bestimmten Programms. Demzufolge spricht man sich für die Anwendung des Dienstvertragsrechts aus (vgl. *[http://www.provider-vertragsrecht.de/providervertragsrecht/asp/einordnung.htm]*). Nach § 611 BGB schuldet der Application Service Provider seinem Kunden eine angemessene Bemühung, nicht aber, wie beim Mietvertrag, den Erfolg. Schadenersatz kommt hier nur bei nachgewiesenem Verschulden in Betracht (vgl. *[http://www.legamedia.net/0103_schellenberg_martin_asp-haftung.php]*).

Wiederum andere Literaturquellen sprechen sich für die Beurteilung des ASP-Vertrages als Pachtvertrag aus. Bei dieser Vertragsart überlässt der Verpächter (= ASP-Anbieter) dem Pächter (= ASP-Anwender) den verpachteten Gegenstand (= ASP-Software) zum Gebrauch und gewährt dem Pächter den Genuss der Früchte (= erarbeitete Daten und Ergebnisse des ASP-Programms). § 581 II BGB verweist bei der Pacht auf die mietrechtlichen Vorschriften. Demzufolge sind auch vergleichbare Ergebnisse denkbar.

Zusätzlich ist jedoch auch eine Einordnung als Werkvertrag in Betracht zu ziehen. Für bedenklich müsste allerdings der Umstand gehalten werden, dass im Falle eines ASP-Vertrages eine dauerhafte Vertragsbeziehung vorliegt (vgl. *[http://www.recht-freundlich.de/edv30.htm]*). Der Application Service Provider würde gemäß den werkvertraglichen Bestimmungen seine Leistungspflicht nur erfüllen, wenn der vereinbarte Erfolg eintritt (§ 631 BGB). Dies wäre der Fall, wenn der Kunde die Software auch tatsächlich nutzen könnte. Ist dies nicht Fall, so kann der ASP-Anwender gemäß der §§ 633 - 638 BGB Nacherfüllung verlangen, vom Vertrag zurücktreten oder die Vergütung mindern. Darüber hinaus besteht seitens des Kunden gemäß § 634 i.V.m. § 636 BGB Anspruch auf Schadenersatz, insoweit ein Verschulden des Anbieters vorliegt (vgl. *[http://www.legamedia.net/0103_schellenberg_martin_asp-haftung.php]*).

Eine abschließende Beurteilung ist zurzeit nicht möglich. Vielmehr muss eine endgültige Klärung durch die Rechtsprechung abgewartet werden. In der Zwischenzeit muss jeder ASP-Vertrag nach dem Prinzip der Einzelfallentscheidung auf seine richtige Einordnung geprüft werden. Dabei sind vor allem die speziellen Leistungsbestandteile des konkreten ASP-Geschäftsmodells einzubeziehen (vgl. [Feil 2001]).

Vertragliche Haftungs- und Gewährleistungsbeschränkung

Da ASP-Lösungen für eine Vielzahl von Anwendern bestimmt sind und die Beteiligten – insbesondere der ASP-Anbieter – nicht jedes Mal neu verhandeln können oder wollen, bietet sich die Verwendung von Allgemeinen Geschäftsbedingungen (AGB) an (vgl. *[http://www.recht-freundlich.de/edv30.htm]*). Doch auch hier ist Vorsicht geboten, denn die Rechtsprechung beurteilt die Zulässigkeit einer Beschränkung der Haftung oder der Gewährleistung in den Allgemeinen Geschäftsbedingungen anhand des gesetzlichen Vertragstypus (vgl. *[http://www.legamedia.net/0103_schellenberg_martin_asp-haftung.php]*). Da diese Einordnung – wie gezeigt – nicht zuverlässig möglich ist, erweist sich die Verwendung entsprechender Klauseln zur Beschränkung der Haftung und Gewährleistung in AGB durch den Application Service Provider als risikoreich. Es besteht die Gefahr, dass Klauseln zu weit gefasst und nach den gesetzlichen Bestimmungen für AGB unwirksam sind (vgl. *[http://www.recht-freundlich.de/edv30.htm]*).

Wie kann sich ein Application Service Provider gegen den drohenden Schadenersatz bei Nichtverfügbarkeit des Systems schützen? Zur Lösung dieses Problems gibt es folgenden Vorschlag. Der Application Service Provider verpflichtet sich erst gar nicht, eine hundertprozentige Leistung zu erbringen. Vielmehr soll beispielsweise eine Verfügbarkeit nur zu 99,7% des Jahres sichergestellt sein (vgl. *[http://www.legamedia.net/0103_schellenberg_martin_asp-haftung.php]*). Es ist jedoch zu empfehlen, nur Verfügbarkeiten zu garantieren, die auch wirklich vom ASP-Anbieter eingehalten werden können. Keinesfalls sollten hier aufgrund von Interessen des Marketings höhere Zahlen versprochen werden ([Lediger 2001]). Würde das System im Beispiel demnach zu 0,3% des Jahres ausfallen (etwas mehr als 24 Stunden), so könnte der Provider nicht wegen einer Pflichtverletzung in Anspruch genommen werden, da er für diese Zeit nicht zur Leistung verpflichtet war. Übliche Wartungszeitfenster sind jedoch bei diesen Berechnungen nicht zu berücksichtigen (vgl. *[http://www.legamedia.net/0103_schellenberg_martin_asp-haftung.php]*).

Fraglich ist jedoch, ob diese Form der indirekten Haftungsbegrenzung einer gerichtlichen Kontrolle standhalten würde. Immerhin könnte man argumentieren, der ASP-Anbieter »mogele« sich um die gesetzlichen Beschränkungen bei Gewährleistungs- und Haftungsausschluss herum, indem er einfach den Leistungsumfang reduziert. In der Literatur sind jedoch einige ähnliche Lösungsvorschläge zu finden (vgl. *[http://www.recht-freundlich.de/edv30.htm]*, [Lediger 2001]).

Die Möglichkeit des vertraglichen Ausschlusses von Gewährleistungsrechten und der Haftungsbeschränkung sollte vom ASP-Anbieter je nach Geschäftsmodell ausführlich geprüft werden. Eine generelle Haftungsbeschränkung ist möglich. Im Rahmen von AGB kann die Haftung auf Vorsatz und grobe Fahrlässigkeit beschränkt werden. Diese generelle Haftungsbeschränkung ist in jedem Fall anzustreben.

Service Level Agreements

Der durch den Application Service Provider zu erbringende Leistungs- und Serviceumfang wird in einem so genannten Service Level Agreement (SLA) festgehalten (vgl. [Röhrborn 2001]). Hierin wird der genaue Leistungsumfang hinsichtlich Qualität und Servicegrad, den der ASP-Anbieter liefern möchte, den der Kunde erwartet und auf den sich beide Parteien geeinigt haben, festgelegt. SLA stellen den wichtigsten und gleichzeitig kritischsten Teil des ASP-Vertrages dar (vgl. *[http://www.asp-konsortium.de]*).

Für jedes SLA sind zwei grundlegende inhaltliche Gestaltungspunkte zu beachten. Einerseits müssen Leistungen hinreichend konkret formuliert werden und andererseits dürfen keine überraschenden Klauseln gem. § 305c I BGB enthalten sein (vgl. [Lediger 2001]). Ein SLA wird über mehrere Bereiche definiert und hängt inhaltlich auch davon ab, wie die zu erbringenden Dienste eingerichtet werden. Grundsätzlich sind in die SLA von ASP-Verträgen folgende Inhalte aufzunehmen:

Serviceumfang: Jeder Dienst, der durch den Application Service Provider zur Verfügung gestellt werden soll, muss festgelegt und detailliert beschrieben werden. Dabei sind Standards festzulegen, welche vom Provider bei der Ausführung dieser Dienste eingehalten werden müssen (vgl. *[http://www.asp-konsortium.de]*).

Verfügbarkeit: Für jeden Dienst, den der Anbieter bereitstellt, sollte eine entsprechende Verfügbarkeit angegeben werden. Verfügbarkeit eines Services bezeichnet in Prozent den Zeitraum, in dem der Service zur Verfügung steht, gemessen am theoretisch maximal zur Verfügung stehenden Zeitraum. Höhere Verfügbarkeitsraten lassen sich erreichen, indem man als maximale Verfügbarkeit die Zeiten abzüglich der Ausfallzeiten, die der Application Service Provider nicht zu vertreten hat, definiert (vgl. [Lediger 2001]).

Datenschutz und Datensicherheit: Vor allem wenn ASP-Lösungen in unternehmenskritischen Bereichen eingesetzt werden, gewinnen Fragen des Datenschutzes und der Datensicherheit an Bedeutung. Im SLA sollten möglichst alle diesbezüglichen Maßnahmen detailliert und exakt erläutert werden. Bestimmungen zu Verschlüsselungstechnologien, Datenschutzbeauftragten, Zugangsberechtigungssystemen, Datensicherung, Sicherheit beim Datentransfer und Maßnahmen bei Serverausfall sollten an dieser Stelle festgelegt werden (vgl. *[http://www.recht-freundlich.de/edv30.htm]*).

Störungs- und Problemmanagement: In einem Eskalationsstufenmodell sollten Reaktions- und Antwortzeiten für die Mängelbeseitigung festgeschrieben werden (vgl. [Lediger 2001]). Eine Angabe von Fristen lässt dann klar erkennen, wann ein Verzug vorliegt. Zeiten und Umfang des Supports (z.B. Hotline-Services, Schulungen, Beratung) müssen ausführlich aufgeführt sein. Wichtig ist eine klare Support-Struktur aufzuzeigen und alle dadurch entstehenden Zusatzkosten zu beziffern (vgl. *[http://www.recht-freundlich.de/edv30.htm]*).

Haftung und Gewährleistung: Beschränkungen der Haftung und Gewährleistung sollten wie zuvor erläutert in das SLA aufgenommen werden.

Berichterstattung: Im SLA werden die Anforderungen an das Reporting, die vom Application Service Provider durchgeführt werden sollte, fixiert. Hierbei sollten Regelungen bzgl. der Erstellung von Sicherheitskopien getroffen werden. Wichtig ist auch die Frage, wie und wann der ASP-Anwender an seine Daten auf den Servern des ASP-Anbieters gelangt.

2.4 Ausblick

Application Service Providing stellt für alle Beteiligten ein neues Instrument der Nutzung des Internets dar. Führend sind wie so oft US-amerikanische Unternehmen. Dort nutzen schon erheblich mehr Unternehmen die Möglichkeit von Softwareanwendungen über Internet. Die Fachzeitschrift CYbiz gibt ein Untersuchungsergebnis von Zona Research an, wonach 63% aller IT-Verantwortlichen in US-Unternehmen zurzeit schon auf den verschiedensten Gebieten mit ASP-Lösungen arbeiten. Mit der üblichen zeitlichen Verzögerung ist diese Entwicklung auch in Europa zu erwarten und teilweise auch schon erkennbar (vgl. [Manhart 2001]).

3 Fazit

Dem Einsatz von Electronic-Procurement-Systemen durch Application Service Providing im Beschaffungswesen von Unternehmen sind gute Zukunftsaussichten zuzuschreiben. Wie auch immer diese Systeme konkret durch Unternehmen in Zusammenarbeit mit den Anbietern ausgestaltet werden, der Einsatz von derartigen Systemen ist eine vielversprechende Möglichkeit der Nutzung moderner IT-Systeme durch Unternehmen. Wurde die anfängliche E-Commerce-Euphorie auch in den vergangenen Jahren von der Realität des Wirtschaftslebens eingeholt, so werden sich mittelfristig jene E-Commerce-Geschäftsmodelle durchsetzen, die den Unternehmen konkrete erfolgswirksame Ergebnisse bringen. Der Wandel von traditionellen Beschaffungsstrukturen hin zu einem elektronisch voll unterstützten Beschaffungsmanagement bietet Unternehmen eine Chance, die Möglichkeiten der aktuellen Software- und Internettechnologie direkt erfolgswirksam zu nutzen.

Dienstanbieter von elektronischen Lösungen im Beschaffungsbereich müssen sich jedoch rechtlich absichern, insbesondere gegen das erhöhte Haftungsrisiko. Wie gezeigt, sind beim Einsatz von aktuellen Application-Service-Providing-Lösungen aufgrund der noch strittigen vertragstypologischen Einordnung der zugrunde liegenden ASP-Verträge wirksame Haftungsregelungen bzw. -beschränkungen für den Dienstanbieter schwer definierbar. Bei der Einordnung und Gestaltung von ASP-Verträgen gibt es diverse offene Fragen, von denen einige vorgestellt wurden. Verlässliche Klauselvorschläge zur Formulierung oder gar Musterverträge existieren bislang nicht. Allerdings ist abschätzbar, dass sich die zuvor beschriebenen Vertragselemente als besonders wichtig herauskristallisieren werden (vgl. [Feil 2001]). Bei der Gestaltung des einzelnen ASP-Vertrages sollte das dazugehörige spezielle Geschäftsmodell genau betrachtet werden. Richtige Einordnung des Vertragstyps und exakte Formulierung des genauen Leistungsumfangs sind Voraussetzungen für einen verwendbaren ASP-Vertrag. Grundlegende Beachtung muss dabei eine angemessene Risikoverteilung zwischen den Parteien finden (vgl. *[http://www.legamedia.net/0103 schellenberg_martin_asp-haftung.php]*).

Besondere Bedeutung kommt damit im Rahmen von ASP-Verträgen den Service Level Agreements (als dem wichtigsten Bestandteil des ASP-Vertrages) zu. Hierin müssen Unternehmen und Dienstanbieter für beide Seiten annehmbare Qualitäts- und Servicegrade und eine angemessene Risikoverteilung festlegen. Wie die Ausführungen gezeigt haben, hängt Nutzbarkeit und effektiver Einsatz der Beschaffungssoftware unmittelbar vom unternehmensindividuellen Zuschnitt der Leistungen ab.

Abgesehen von wirtschaftlichen Chancen und Risiken des Einsatzes von Electronic Procurement ist die rechtliche Beurteilung derartiger Systeme von nicht zu unterschätzender Wichtigkeit. Ohne die nötige Rechtssicherheit beim internetbasierten Handel ist eine für alle Beteiligten positive Entwicklung des E-Commerce gefährdet. Die Entwicklung und Fortbildung des Rechts hinkt jedoch der rapiden Entwicklung des Internets hinterher. Somit sind Beschaffungsvorgänge mittels webbasierter Beschaffungslösungen kritisch zu hinterfragen. Wurden die webbasierten Beschaffungsvorgänge entsprechend rechtlich geprüft und sind die Electronic-Procurement-Systeme mit entsprechenden Funktionalitäten ausgestattet, so sind sie auch für den täglichen Wirtschafts- und Rechtsverkehr tauglich.

4 Literatur

[Amor 2000] Amor, D.: Die E-Business-(R)Evolution – Das umfassende Executive-Briefing. Galileo Press, Bonn, 2000.

[Arthur Andersen 2001] Arthur Andersen: eProcurement – Elektronische Beschaffung in der deutschen Industrie – Status und Trends. Düsseldorf, München, 2001.

[Bogaschewsky 1999] Bogaschewsky, R.: Elektronischer Einkauf – Erfolgspotentiale, Praxisanwendungen, Sicherheits- und Rechtsfragen. Deutsche Betriebswirte, 1999.

[CYbiz-Lexikon 2001a] CYbiz-Lexikon: CYbiz 03/2001. Deutscher Fachverlag GmbH, Frankfurt am Main, 2001.

[CYbiz Lexikon 2001b] CYbiz-Lexikon: CYbiz 07/2001, Frankfurt am Main, 2001.

[Feil 2001] Feil, T.: Keine Angst vor ASP-Verträgen. CYbiz 05/2001, Frankfurt am Main, 2001.

[Kreft 2001] Interview mit R. Kreft. In: Hämmerling, A.: ASP: Alptraum auf Raten? CYbiz 07/2001, Frankfurt am Main, 2001.

[Kiefer 2001] Kiefer, L.: Procurement Service Provider – ASP in der Beschaffung. In: E-Procurement Review; Nr. 2, 01/2001, Stuttgart, 2001.

[KPMG 2001] KPMG E-Business Competence Center: E-Business Lösungen von KPMG. München, 2001.

[Lediger 2001] Lediger, A.: Vereinbarung von Service-Leveln. München, 2001.

[Manhart 2001] Manhart, K.: Mieten statt Kaufen. CYbiz 05/2001, Frankfurt am Main, 2001.

[Otterbach & Brehm 2001a] Otterbach, G.; Brehm, B.: Straffen und Vereinfachen – Wem nützt und was kann E-Purchasing? FAZ, 07.11.2001 (Sonderauflage: Einkauf und Logistik) S. B4, Frankfurt am Main, 2001.

[Otterbach & Brehm 2001b] Otterbach, G.; Brehm, B.: E-Purchasing – jetzt webbasiert. In: Card-Forum, 03/2001, Frankfurt am Main, 2001.

[Röhrborn 2001] Röhrborn; J.: Application Service Providing – Rechtliche Beurteilung, Haftung und Vertragsgestaltung. München, 2001.

[Schaeuffelen 2000] Schaeuffelen, A.: Rechtliche Besonderheiten und Risiken beim Einkauf mit Hilfe internet-basierter Beschaffungsdienstleistungen. In: BME e.V.: 35. Symposium Einkauf und Logistik; Frankfurt am Main, 2000.

[Spierling 2001] Spierling, D.: Sprungbrett ASP. CYbiz 03/2001, Frankfurt am Main, 2001.

[http://www.allaboutasp.org], Zugriff am 22.09. 2001.

[http://www.applicationserviceproviding.de/ASP Information/kriterien.htm], Zugriff am 21.06. 2001.

[http://www.asp-konsortium.de], ASP Industry Consortium; Leitfaden Service Level Agreements, Zugriff am 27.09.2001.

[http://www.e-gateway.de/recht/application_service.cfm], Schellenberg, M.; Zugriff am 06.03.2002.

[http://www.informationweek.de/channels/channel47/002050a.htm], Sinn, D.; Zugriff am 12.03.2002.

[http://www.legamedia.net/0103_schellenberg_martin_asp-haftung.php], Schellenberg, M.; Zugriff am 18.03.2002.

[http://www.online-mietsoftware.de/asp_erklaerung.htm], Zugriff am 22.04.2002.

[http://www.provider-vertragsrecht.de/provider-vertragsrecht/asp/einordnung.htm], Klimek, O. A.; Zugriff am 02.04.2002.

[http://www.recht-freundlich.de/edv30.htm], Feil, T.; Zugriff am 19.09.2001.

[www.wallmedien.de/glossar.php], Zugriff am 04. 06.2002.

Dipl.-Kfm. Dr. Bernd Brehm
Abteilungsdirektor
Dipl.-Wirt. Jur. (FH) Frank Wallstab
Produktmanager
Dresdner Bank AG
Corporates & Markets
Jürgen-Ponto-Platz 1
60329 Frankfurt
{bernd.brehm,
frank.wallstab}@dresdner-bank.com
www.dresdner-bank.com

Nikolai Bauer, Peter Mandl

Web-Transaktionen: Entwurfsmuster und Realisierungsansätze

Eine durchgängige Transaktionsunterstützung im Sinne des klassischen ACID-Transaktionskonzepts ist im Web mit heutigen Mechanismen nicht ohne weiteres möglich. Bei Web-Anwendungen ergeben sich aufgrund des erforderlichen Zusammenspiels mehrerer unabhängiger Systeme gewisse Einschränkungen im Hinblick auf die Transaktionsverarbeitung. Dieser Artikel diskutiert die Transaktionsproblematik im Web und beschreibt den Einsatz zweier Design-Patterns für diese Aufgabenstellung.

Inhaltsübersicht

1 Einführung und Motivation

Im Umfeld WWW-basierter Anwendungen geht der Trend in letzter Zeit eindeutig in Richtung dynamischer HTML-Seiten, die mit weit verbreiteten Technologien wie PHP, Java Server Pages (JSP) oder Active Server Pages (ASP) realisiert werden können. Hauptgrund für diesen Trend sind die geringen Anforderungen, die solche Lösungen an den Browser als Client stellen, und die zentrale Kontrolle der gesamten Anwendung auf einem oder mehreren Servern, die die Wartung und Pflege des Systems erheblich erleichtert. Im Vergleich zu älteren Ansätzen, in denen das Web lediglich als reines Informationsmedium genutzt wurde, lösen heutige Web-Clients vor allem bei E-Business-Anwendungen immer häufiger Transaktionen aus (Bestellung, Reservierung etc.). Dies führt zu neuen Herausforderungen, nicht zuletzt deshalb, da das zugrunde liegende http-Protokoll zustandslos ist.

Heutige Web-Clients lösen dieses Problem meist pragmatisch, indem jede Anfrage genau eine Transaktion darstellt, deren Verwaltung Aufgabe des Servers ist. Auch wenn sich dieser Ansatz oft bewährt, existieren genug Sonderfälle, die gelöst werden müssen. So etwa der Fall, dass die Bestätigung des Servers den Client nicht mehr erreicht, die Transaktion jedoch trotzdem abgeschlossen ist. Die Möglichkeit des Web-Browsers, jederzeit eine andere Seite zu laden, ist ebenfalls eine Herausforderung für transaktionsorientierte Systeme. Dennoch besteht in vielen Geschäftsprozessen die Anforderung, mehrere Anfragen zu einer Transaktion zusammenzufassen, zum Beispiel die Reservierung und Bestellung eines Artikels. Grund genug also, das Transaktionskonzept vor dem Hintergrund von WWW-Anwendungen hinsichtlich Entwurfsmuster und Realisierungsansätze etwas näher zu untersuchen.

2 Charakteristiken von Transaktionen

2.1 Korrektheitskriterien

Spricht man im technischen Sinne von Transaktionen, so sind heute meist sog. ACID-Transaktionen gemeint. ACID steht in diesem Zusammenhang als Abkürzung für die Korrektheitskriterien, die eine Transaktion erfüllen sollte. Eine ACID-Transaktion soll den Zustand eines Systems atomar (Atomicity) in einen dauerhaften (Durability) und konsistenten (Consistency) neuen Zustand überführen und dabei Anomalien, verursacht durch nebenläufige Transaktionen, über die Isolierung (Isolation) von Zwischenergebnissen vermeiden. Diese Definition ist allseits bekannt und die Theorie weitgehend erarbeitet (vgl. [Bernstein et al. 1987] sowie [Gray & Reuter 1993]).

Bekannt ist allerdings auch, dass die strengen ACID-Korrektheitskriterien in klassischen Datenbankanwendungen ganz gut funktionieren, jedoch vor allem in verteilten Anwendungen oder z.B. bei lang andauernden Transaktionen aufgeweicht werden müssen (siehe hierzu [Ramamritham & Chrysanthis 1997]). Insbesondere das Isolationskriterium ist oft nicht mehr sinnvoll anzuwenden. Ist allerdings die Isolation nicht mehr gegeben, kann es zu Inkonsistenzen kommen, die bewusst in Kauf genommen werden müssen oder durch sog. Kompensationstransaktionen innerhalb des Applikationscodes wieder bereinigt werden müssen. Die Durchgängigkeit der Transaktionsbearbeitung wird natürlich durch die beteiligten Systeme beeinflusst.

Eine Transaktion kann nur alle ACID-Kriterien erfüllen, wenn alle beteiligten Transaktionssysteme den Transaktionskontext ordnungsgemäß kommunizieren und im Recovery-Fall sauber zusammenarbeiten. Sobald ein »geschlossenes« Transaktionssystem im Spiel ist, kann eine Transaktion auf alle Fälle nicht nach den ACID-Kriterien abgearbeitet werden.

2.2 Überblick über Transaktionsmuster im Web

Auch im Web ist das Management von Transaktionen mit Problemen behaftet, da hier in der Regel mehrere Systeme wie Web-Browser, Webserver, im Servlet/JSP-Umfeld sog. Container sowie diverse Backoffice-Systeme nicht über einen gemeinsamen Transaktionskontext verfügen. Gibt z.B. ein Servlet, das im Apache Tomcat-Container abläuft, die Bearbeitung eines Requests an eine transaktionsgesicherte, EJB (Enterprise Java Bean)-basierte Komponente weiter, so ist schon eine Transaktionslücke vorhanden. Weitere Lücken entstehen, wenn während der Web-Transaktion Zugriffe auf Ressourcen, wie etwa CICS (Customer Information Control System)-basierte Anwendungen, erfolgen.

Es ist heute nicht praktikabel, die strengen ACID-Kriterien für die Entwicklung von Web-Anwendungen für jede Transaktion als zwingend zu betrachten. Aufgrund der Gegebenheiten muss man gewisse Einschränkungen tolerieren. Zu klären ist also, wie man Transaktionen in Web-Anwendungen nutzen kann und welche Aufweichungen der strengen ACID-Eigenschaften hier sinnvoll sind. Betrachtet man Web-Transaktionen, so gibt es verschiedene Möglichkeiten der Transaktionssteuerung, je nachdem, welche Basismechanismen man zur Verfügung hat. Prinzipiell kann man die verschiedenen Möglichkeiten in Form von Mustern beschreiben. So kann man im Entwurf von verteilten, webbasierten Transaktionsanwendungen folgende zwei Transaktionsmuster verwenden:

- Transaktionsmuster 1: Eine Transaktion wird pro Request ausgeführt
- Transaktionsmuster 2: Eine Transaktion wird für mehrere (mind. zwei) logisch zusammengehörende Requests ausgeführt

Bei der Umsetzung dieser Muster gibt es natürlich wiederum viele Spielarten, je nachdem, wo (also mit welchen Ressourcenmanagern, RM) die persistenten Objekte verwaltet werden. Im Folgenden gehen wir davon aus, dass die Objekte – wie es in der Praxis meistens der Fall ist – in einer oder mehreren Datenbanken verwaltet werden.

2.3 Transaktionsmuster 1

Beim Transaktionsmuster 1 (»*eine Transaktion pro Request*«) wird ein http-Request innerhalb einer Transaktion abgewickelt. Am Ende der Request-Bearbeitung erhält der Web-Client das Ergebnis zurück. Im positiven Fall sind alle Änderungen an den beteiligten persistenten Objekten ausgeführt, im Fehlerfall wird nichts verändert. Innerhalb der Request-Bearbeitung können eine oder mehrere Ressourcenmanager verwendet werden. Arbeiten diese nicht über gemeinsame Transaktionsmechanismen z.B. über XA-Schnittstellen (vgl. [Gray & Reuter 1993]) mit einem übergreifenden Transaktionsmanager zusammen, kann für dieses Pattern keine Isolations- und damit keine Konsistenzgarantie übernommen werden. Vorteil der Anwendung von Muster 1 ist es, dass der Web-Client keinerlei Kenntnisse über die Transaktionssteuerung haben muss. Der Entwickler der Präsentationslogik geht von einer Transaction-per-Request-Semantik aus.

In Abbildung 1 ist das Transaktionsmuster 1 anhand eines vereinfachten Kollaborationsdiagramms mit zwei in die Transaktion involvierten Business-Objekten und einem Ressourcenmanager skizziert. Die Abbildung zeigt, dass der Web-Client nur http-Requests absendet und entsprechende http-Responses erhält, sich also um die im Server ausgeführte Transaktion nicht kümmern muss. In der Abbildung wird weiterhin deutlich, dass von einem MVC-Modell ausgegangen wird. Dabei wird die grafische Benutzeroberfläche durch drei getrennte Komponenten realisiert, die für die Verwaltung (*Model*) und Darstellung (*View*) der Informationen sowie die Funktionalität (*Controller*) der Oberfläche verantwortlich sind.

Der http-Request wird zunächst von einem Controller-Objekt entgegengenommen. Er startet die Transaktion über ein Transaktionsobjekt und führt dann die erforderlichen Aktionen an den Modellobjekten aus. Die View-Komponenten sind aus Vereinfachungsgründen im Diagramm nicht dargestellt.

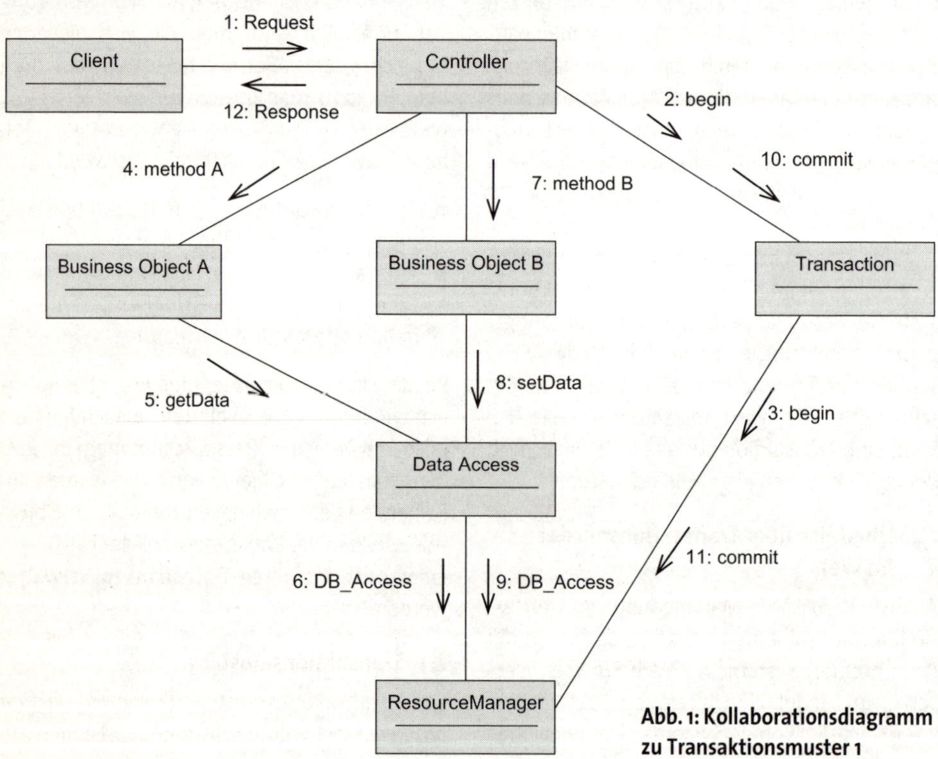

Abb. 1: Kollaborationsdiagramm zu Transaktionsmuster 1

Konsistenz kann hier ohne zusätzlichen Transaktionsmanager sichergestellt werden, allerdings nur, wenn man es schafft, alle logisch zusammengehörigen Veränderungen der beteiligten persistenten Objekte in einem Request zu bearbeiten. Dieses Muster entstammt der klassischen Transaktionsverarbeitung mit Transaktionsmonitoren, an deren Stelle heute in verteilten Umgebungen sog. Application Server getreten sind.

2.4 Transaktionsmuster 2

Lässt sich eine Transaktion nicht in einem http-Request ausführen, benötigt man das Transaktionsmuster 2 (»*Eine Transaktion für mehrere logisch zusammengehörende Requests*«). In diesem Fall muss der Web-Client eine Transaktion aktiv starten und wieder beenden bzw. im Fehlerfall zurücksetzen. Hierzu benötigt man eine von der Präsentationslogik aus nutzbare Schnittstelle zum Setzen der Transaktionsklammerung. Genau wie bei Transaktionsmuster 1 muss bei Transaktionsmuster 2 im Server eine geeignete Transaktionsinfrastruktur vorhanden sein, die es ermöglicht, alle beteiligten RMs zu koordinieren.

In Transaktionsmuster 2 hat also gemäß Abbildung 2 (etwas vereinfacht dargestellt) der Web-Client die Kontrolle über die Transaktion. Das Absetzen der Operationen begin, commit – und wie in der Abbildung nicht ersichtlich ist, auch rollback – muss also vom Web-Client aus möglich sein. Der Client ist in der Rolle des »Transaktionskoordinators« bzw. steuert diesen, was einen möglichst ausfallsicheren Client erfordert. Diese Bedingung ist im Web nicht gegeben, da die Clients meist unbekannt und in ihrem Verhalten nicht beeinflussbar sind.

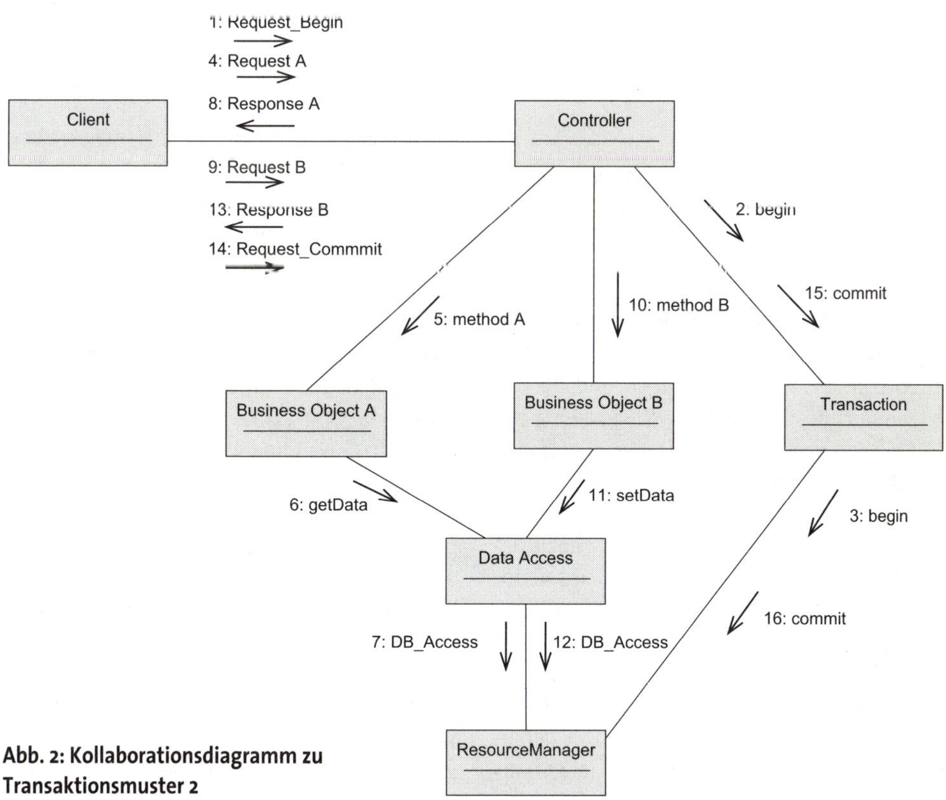

Abb. 2: Kollaborationsdiagramm zu Transaktionsmuster 2

Im praktischen Einsatz lassen sich bei beiden Mustern Fehlerszenarien konstruieren, bei denen der Web-Client und damit der Anwender im Fehlerfall des Servers im Unklaren darüber ist, ob die Transaktion nun wirklich ausgeführt wurde oder nicht. Die praktische Lösung besteht aus in der Anwendung ausprogrammierten Informations- und Kompensationstransaktionen, die es dem Benutzer ermöglichen, den aktuellen Zustand der letzten Requests zu erfragen bzw. trotz Verletzung des Isolationskriteriums wieder ein Zurücksetzen der in der Transaktion veränderten persistenten Objekte zu veranlassen.

Im Transaktionsmuster 2 kommt erschwerend hinzu, dass der Ausfall eines Web-Clients zu Problemen im Server führen kann, da der Server aufgrund des zustandslosen http-Protokolls in diesem Fall nicht weiß, ob der Web-Client nun nicht mehr für die Anwendung aktiv ist oder ob er nur auf eine Eingabe des Benutzers wartet. Der Server muss nämlich für den Client den Transaktionskontext Request-übergreifend verwalten und bei Ausfall des Clients muss der Server ein Recovery ausführen.

3 Ein praktisches Beispiel im Web

Anhand eines typischen Beispiels soll nun untersucht werden, wie die dargestellten Entwurfsmuster auf konkrete Web-Anwendungen abgebildet werden können. Dazu wird in einem ersten Schritt eine übliche Architektur für eine Internetanwendung beschrieben und daraufhin anhand des Szenarios einer Bestellung aus einem Warenkorb heraus untersucht, wie sich auf Basis heutiger Technologien die Transaktionsansätze hier umsetzen lassen.

Im Bereich Web-Anwendungen konkurrieren derzeit die Ansätze .NET von Microsoft sowie ONE der Firma SUN, das auf dem Basissystem für unternehmensweite Anwendung J2EE (Java 2 Enterprise Edition) aufsetzt. Beide sind in den Grundzügen vergleichbar und würden sich als Basis eignen. Im Folgenden wird J2EE herangezogen, da diese Technologie schon länger verfügbar ist und somit hierfür bereits höhere Erfahrungswerte vorliegen. Das heißt, die Implementierung stützt sich auf die EJB-Architektur und verwendet Java Server Pages als dynamische HTML-Seiten. Als Backend-System wird von einer SQL-Datenbank ausgegangen.

3.1 Eine typische Web-Anwendung

Ein herkömmlicher Internetshop ist ein passendes Beispiel, mit dem die unterschiedlichen Konzepte gut diskutiert werden können. Neben dem Produktkatalog ist ein wichtiger Bestandteil einer solchen Anwendung der Warenkorb mit der Möglichkeit, ausgewählte Produkte zu bestellen. Bei professionellen Lösungen, insbesondere im B2B-Umfeld, sind hier neben der reinen Bestellung vor allem Funktionen wie die Bestandsabfrage oder die Kalkulation eines möglichen Liefertermins sowie individuelle Preisberechnungen gefordert, die durch die Anbindung an das Warenlager oder das ERP-System (z.B. SAP R/3) realisiert werden. Während des Bestellvorgangs müssen die Artikel für den Kunden exklusiv reserviert werden, damit die rechtzeitige Lieferung gewährleistet werden kann. Somit erfordert eine solche Internetanwendung eine entsprechend leistungsfähige Architektur, um derartige Funktionen innerhalb eines Web-Frontends realisieren zu können.

3.2 Architektur

Clientanwendungen im Web werden heute immer häufiger durch dynamisch erzeugte HTML-Seiten realisiert. Dabei liegt die gesamte Kontrolle der Anwendung im Server, der die Anfragen des Browsers entgegennimmt, analysiert und anhand verfügbarer Daten sowie der implementierten Geschäftslogik eine neue HTML-Seite generiert, die der Browser dann dem Benutzer präsentiert. Durch die weite Verbreitung von Browsern sowie dem Internetzugang und die relativ gute Standardisierung von HTML sind solche Anwendungen praktisch überall nutzbar. Als Technologien für diese Art von Anwendungen haben sich Skriptsprachen wie PHP, ASP oder JSP durchgesetzt, in denen der übliche HTML-Code einer Seite um Elemente dieser Sprachen ergänzt wird, die dann für den dynamischen Teil der Seite verantwortlich sind. Bei Anfrage eines Browsers nach einer solchen Seite interpretiert ein spezielles Programm auf der Seite des Servers den eingebetteten Code und erzeugt daraus individuellen HTML-Code, der dann zusammen mit den statischen Komponenten zum Client geschickt wird.

Die typische Architektur einer Web-Anwendung sowie der Ablauf einer Abfrage eines Browsers sind in Abbildung 3 dargestellt. Die dargestellte Architektur basiert auf den bewährten Konzepten mehrschichtiger Client/Server-Anwendungen unter Berücksichtigung von Entwurfsmustern, die sich in der Praxis bewährt haben. Dazu gehört zum einen das MVC (*Model View Controller*)-Paradigma, das vor allem bei dynamisch erzeugten Webseiten zu empfehlen ist und bei richtiger Anwendung Präsentation, GUI-Logik und Daten klar voneinander trennt. Dabei enthält der *Request Processor* als Controller die wesentliche Anwendungslogik des Web-Frontends. Alle eingehenden Requests werden hier ausgewertet und die daraus resultierenden Aktionen abgeleitet. Darzustellende Informationen werden separat in Model-Klassen gehalten, die dann Basis für dynamisch erzeugte HTML-Seiten sind.

Die Geschäftslogik selbst ist in der Regel Bestandteil eines eigenständigen Anwendungsservers, der seine Dienste über klar definierte Schnittstellen zur Verfügung stellt. Die Verlagerung des Zugriffs auf Datenbanken oder Hostsysteme in eine eigene Schicht über sog. *Data*

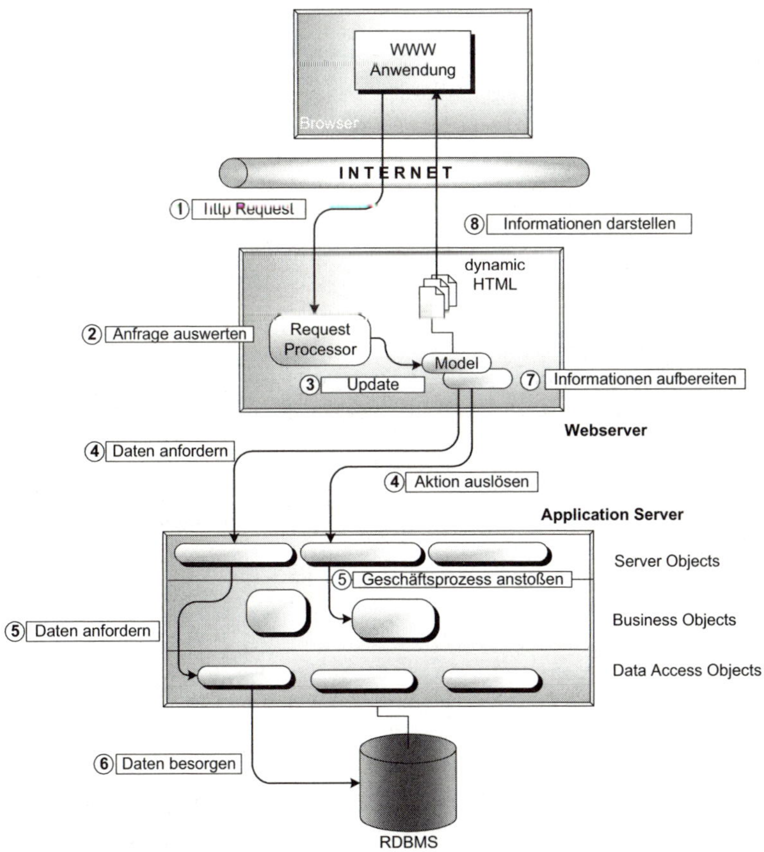

Abb. 3: Ablauf einer Web-Anwendung

Access Objects ist ebenfalls ein in der Praxis sehr verbreitetes Entwurfsmuster.

3.3 Objektmodell

Wendet man die eingangs dargestellte Architektur auf das Beispiel an, so erhält man folgende Architekturkomponenten:

- Ein Web-Frontend mit dynamischen HTML-Seiten
- Einen Anwendungsserver mit Komponenten für Benutzerverwaltung, Artikelverwaltung und Lagerverwaltung
- Data-Access-Objekte für den Zugriff auf die Datenbank oder auf Hostsysteme

Unter Berücksichtigung der EJB-Spezifikation ergibt sich das in Abbildung 4 skizzierte Objektmodell. Der obere Bereich des Modells beinhaltet die Elemente des Frontends. Die Aufgabe des Controllers übernimmt die Klasse *Request-Processor*, die Verwaltung und Aufbereitung der Daten ist Aufgabe der diversen Model-Klassen.

Für die Anzeige sind JSP-Seiten verantwortlich. Die Model-Klassen selbst interagieren wiederum mit den Managern des Application Servers, die hier als *stateless session beans* beschrieben sind. Dieser Ansatz hat sich in der Praxis unter anderem deshalb bewährt, weil zustandslose Serverobjekte an dieser Stelle Vorteile in Bezug auf Ausfallsicherheit, Administration und Skalierbarkeit mit sich bringen.

Die drei dargestellten Managerkomponenten kommunizieren mit den weiterhin angeschlossenen Systemen. Während Benutzerverwaltung und Artikelverwaltung direkt über die zur Anwendung gehörende Datenbank abgewi-

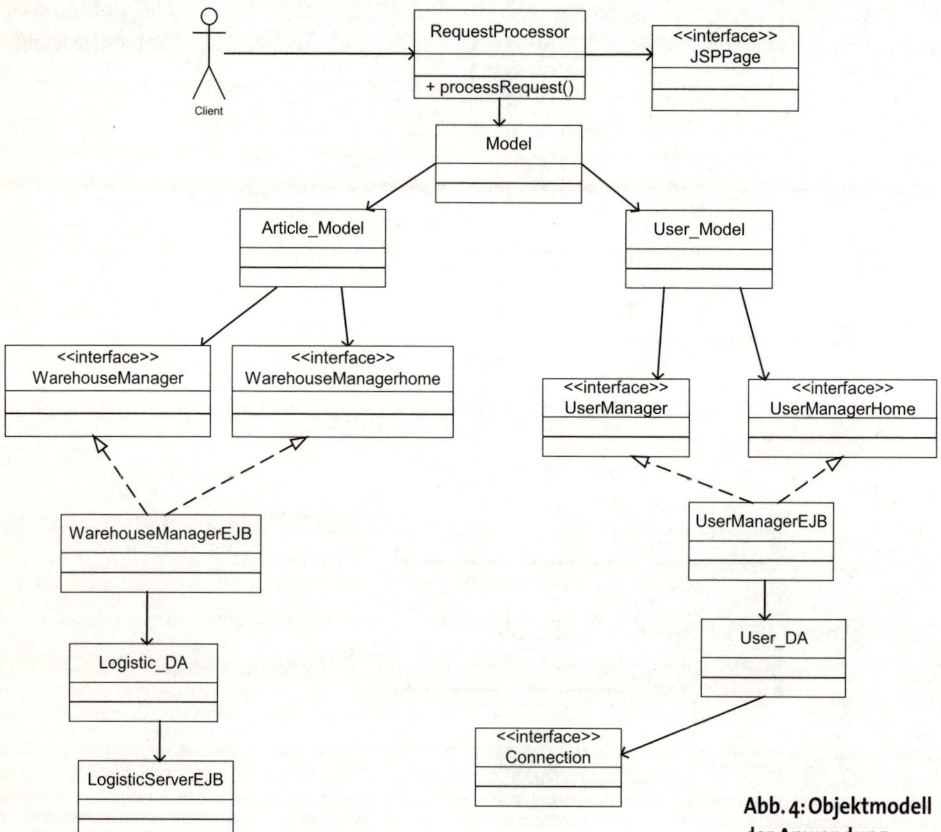

Abb. 4: Objektmodell der Anwendung

ckelt werden, interagiert der *WarehouseManager* über ein Data-Access-Objekt mit einer weiteren EJB-Komponente, welche eine Schnittstelle zu einem Lagerverwaltungssystem zur Verfügung stellt.

3.4 Eine typische Web-Transaktion für diese Anwendung

Das Bestellen eines Artikels aus einem Warenkorb heraus ist ein gängiger Geschäftsprozess bei E-Shop-Anwendungen. Er wird jedoch heutzutage oft ohne besondere Berücksichtigung von Transaktionen implementiert. Um im Folgenden die Möglichkeiten und Grenzen von Web-Transaktionen auf Basis der vorgestellten Transaktionsmuster diskutieren zu können, sei also an dieser Stelle eine komplexe Bestelltransaktion gewählt, die aus folgenden Teilschritten (Dialogschritten) besteht:

1. Verfügbarkeit der Artikel prüfen und reservieren
2. Liefertermin prüfen
3. Artikel bestellen

Alle drei Dialogschritte sollen dabei innerhalb einer Transaktion ausgeführt werden, so dass bei einem Fehler in einem Teilschritt alle Aktivitäten zurückgesetzt werden können.

Für die beispielhafte Web-Transaktion lassen sich nun eine Reihe von möglichen Fehlersituationen konstruieren, die durch das System behandelt werden müssen.

- *Ausfall des Web-Clients*
  Es kann passieren, dass der Server am Ende der Transaktion keine Verbindung mehr zum Web-Client bekommt, um das Transaktionsergebnis zu senden. Im Falle von http ist das bereits dann der Fall, wenn der Benutzer die Webseite während der Transaktion wechselt und evtl. später wieder zurückkommt. In diesem Fall reagiert der Browser nicht mehr auf Antworten des Servers, die zu einem älteren Request gehören. Sinnvoll ist es hier, die Transaktion nicht zu lange offen zu halten, da diese ja ggf. Datenbankobjekte sperrt. Sinnvoll wäre es auch, den Web-Client bei erneutem Anmelden wieder dort weitermachen zu lassen, wo er aufgehört hat.
- *Ausfall einer Serverkomponente*
  Serverkomponenten sind vor einem Ausfall nicht geschützt, auch wenn man gewisse Maßnahmen ergreifen kann. Vom Ausfall können folgende Systeme betroffen sein:
  - Webserver, Webcontainer
  - Application Server
  - Ressourcenmanager

  Die Behandlung dieser Fehler muss darauf abzielen, möglichst viele Zustandsinformationen zu retten und wenn möglich den Client beim Restart wieder in den alten Zustand zu setzen. Weiterhin müssen Kompensationstransaktionen angeboten werden, um innerhalb der Anwendung im Zweifelsfall wieder einen konsistenten Zustand herstellen zu können.
- *Verlust der Netzverbindung*
  Aus Serversicht stellt sich der Ausfall der Netzverbindung wie der Ausfall eines Web-Clients dar, aus Clientsicht entsprechend wie der Ausfall des Servers.

3.5 Realisierung mit Transaktionsmuster 1

Die Realisierung der Beispieltransaktion mit dem oben vorgestellten Transaktionsmuster 1 ist relativ einfach, da hier jeweils eine Einzeltransaktion für jeden Dialogschritt erfolgt (vgl. Abb. 1). Dabei beginnt die Transaktion jeweils innerhalb des Servers im Kontext des Application Servers. Allerdings sind damit dann die Daten aus Sicht des RM nach jedem Dialogschritt in einen neuen, nicht mehr mit den klassischen Transaktionsmechanismen rücksetzbaren, dauerhaften Zustand überführt.

Tritt ein Fehler oder ein unvorhergesehenes Ereignis wie etwa ein Abbruch der Aktion durch den User ohne ordentliche Abmeldung während des Dialogschritts 2 oder 3 auf, so muss innerhalb der Anwendungslogik ein logisches Zurücksetzen implementiert werden. Nur so kann die Forderung erfüllt werden, dass alle drei Dialogschritte semantisch innerhalb einer übergreifenden Transaktion bleiben. Diese kann nur über zu programmierende Kompensationstransaktionen erfolgen.

3.6 Realisierung mit Transaktionsmuster 2

Die Realisierung der Beispieltransaktion mit Transaktionsmuster 2 bedeutet, dass der Request-Prozessor dem Client drei Services zur Verfügung stellen muss, über die dieser die Steuerung der Transaktion mittels *begin*, *commit* und *rollback* durchführen kann. Wird das Frontend mit dynamischen HTML-Seiten realisiert, müssen diese Dienste zum Beispiel über http-Post mit entsprechenden Parametern an den Webserver übermittelt werden. Alternativ dazu könnte der *begin*-Aufruf implizit beim ersten Request durchgeführt werden, den der Server einer neuen Transaktion zuordnen kann, was das Grundprinzip jedoch nicht verändert. Ein typischer Ablauf ist in Abbildung 5 dargestellt, wobei hier von zwei beteiligten Session-Beans und von bean-managed Transactions ausgegangen wird.

Abb. 5: Ablauf nach Transaktionsmuster 2

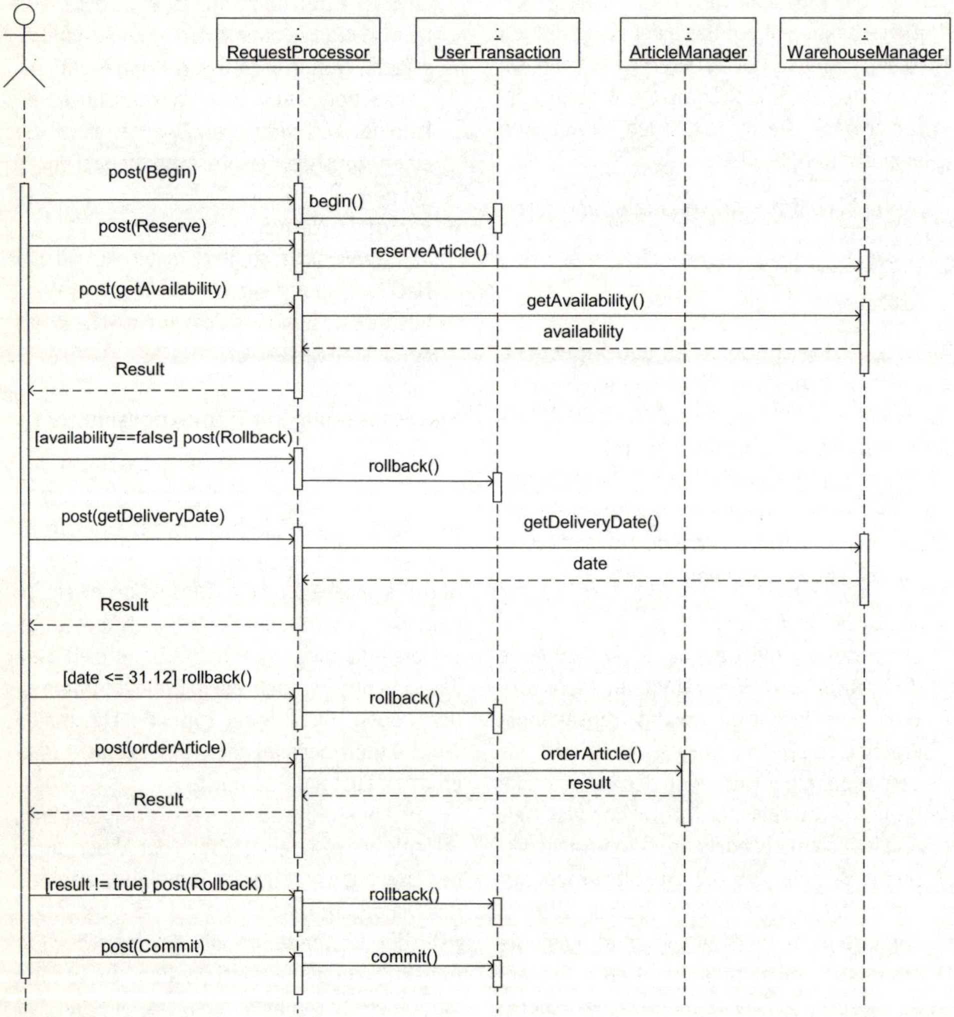

Das Transaktionsmuster 2 ist wesentlich schwerer zu realisieren, da der Transaktionskontext im Server über den Request hinaus aufbewahrt werden muss. Dies könnte in einer Session-Bean erfolgen, die aber nicht gegen Serverabstürze und unverhoffte Abbrüche des Benutzers gefeit ist. Außerdem birgt die Kontrolle der Transaktion auf Seiten des Clients hier einige Risiken, da ein Web-Browser nur eine sehr unzuverlässige Verbindung zum Server hat und ein sehr unzuverlässiger Rechner sein kann. So wird beispielsweise bei Anwählen einer neuen URL durch den Benutzer jegliche Antwort des Servers verworfen. In diesem Falle muss zum Beispiel über Timeout-Mechanismen dafür gesorgt werden, dass die innerhalb des Servers begonnene Transaktion wieder ordentlich abgeschlossen wird.

4 Diskussion

Die Behandlung von Transaktionen in WWW-Anwendungen, die auf dynamisch erzeugten HTML-Seiten basieren, ist mit gewissen Herausforderungen für den Entwickler verbunden. Dies liegt in erste Linie daran, dass das WWW primär zur Verwaltung von Hypertext-Dokumenten entwickelt wurde und sich erst nach und nach Technologien zur Anwendungsentwicklung gebildet haben. Dennoch lassen sich grundlegende Entwicklungsmuster für Transaktionen auf die Systemarchitektur einer WWW-Anwendung abbilden. Wesentliche Herausforderung dabei ist die relativ lose Kopplung zwischen http-Server und Web-Browser, die jederzeit unterbrochen werden kann. Die dadurch entstehenden Fehlersituationen müssen daher innerhalb der Anwendung behandelt und aufgelöst werden. Durch intelligente und möglichst ausfallsichere Verwaltung der Session-Informationen kann man diesem Problem teilweise begegnen und im Browser nach einem zwischenzeitlichen Wechsel der Website sowie nach einem erneuten Laden wieder den letzten Zustand der Anwendung herstellen. Allgemein gilt für beide Transaktionsmuster, dass es für die Ausfallsicherheit nützlich ist, die Verwaltung der http-Session in eine Komponente innerhalb des EJB-Servers zu verlagern. Da jedoch EJB-Server standardmäßig nicht die Funktionalität eines Webservers bieten, muss dazu eine Kooperation zwischen Webserver und EJB-Server stattfinden.

Insgesamt eignen sich deshalb bei Lösungen mit dynamischen HTML-Seiten derzeit eher einfache Transaktionsmodelle. Unsere Empfehlung nach heutigem Stand der Technik ist es, dort, wo es möglich ist und die Anwendung entsprechend konzipiert werden kann, das Transaktionsmuster 1 zu verwenden und das Transaktionsmuster 2 nur an ausgewählten Stellen, und zwar nur, wenn es unbedingt notwendig ist.

Gefragt ist also aus unserer Sicht eine Weiterentwicklung der Internettechnologien im Hinblick auf die Transaktionsverarbeitung, z.B. auf Seiten des http-Protokolls oder auf Seiten der Web-Browser. Gefordert werden z.B. synchrone (also den Web-Client blockierende) http-Requests, mit denen ein Web-Anwender am »Wegsurfen« während einer wichtigen Request-Bearbeitung gehindert werden kann, und eine standardisierte Schnittstelle zwischen Webserver und EJB-Container, mit der Session- und Transaktionskontexte global verwaltet werden können. Ein ausfallgesichertes Session-Bean-Konzept würde einen positiven Beitrag zur fehlertoleranten Web-Transaktionsverarbeitung mit sich bringen.

5 Literatur

[Bernstein et al. 1987] *Bernstein, P.A.; Hadzilacos, V.; Goodman, N.:* Concurrency Control and Recovery in Database Systems. Addison-Wesley, 1987.

[dept101 2002] *www.isys-software.de/main/internet/* sowie www.dept101.com

[Gray & Reuter 1993] *Gray, Jim; Reuter, Andreas:* Transaction Processing, Concepts and Techniques. Morgan Kaufmann Publisher, 1993.

[Ramamritham & Chrysanthis 1997] *Ramamritham, Krithi; Chrysanthis, Panos K.:* Advances in Concurrency Control and Transaction Processing. IEEE Computer Society Press, 1997.

[Sun Microsystems 2000] *Sun Microsystems:* Designing Enterprise Applications With the Java™ 2 Platform, Enterprise Edition. Version 1.0, Final Release, 2000.

Sun Microsystems 2002] *Sun Microsystems:* Java™ BluePrints. *java.sun.com/blueprints/about/index.html*, Accessed March 2002.

Dipl.-Inf. Nikolai Bauer
iSYS Software GmbH
Department 101
Lucile-Grahn-Straße 37
81675 München
bauer@isys-software.de
www.dept101.com

Prof. Dr. Peter Mandl
Fachhochschule München
Wirtschaftsinformatik –
Information Systems and Management
Lothstr. 34
80335 München
mandl@cs.fhm.edu
mandl@isys-software.de

Glossar zu Supplier Relationship Management

Im Zuge der Weiterentwicklung der Informationstechnologie und ihrer Anwendungen entstehen laufend neue, auch synonyme und leider oft unscharf gegeneinander abgegrenzte Begriffe. Das ab HMD 227 aufgenommene Glossar zum jeweiligen Schwerpunktthema soll Ihnen, liebe Leserinnen und Leser, den Umgang damit erleichtern. HMD-Beiträge werden aktuell erstellt und kurzfristig abgegeben. Deshalb lassen sich die Autoren nur schwer auf eine einheitliche Terminologie verpflichten, die zudem Ihrer Praxiserfahrung widersprechen könnte. Auch in diesem Zusammenhang hoffen wir, dass das Glossar, z.B. bei den Ihnen noch weniger vertrauten Schwerpunktthemen, für Sie hilfreich ist. Ihre Anregungen dazu sind uns wie immer herzlich willkommen (hmd@dpunkt.de)!

Application Service Providing (ASP):
Application Service Providing bezeichnet das Geschäftsmodell der Bereitstellung von Software und weiterführenden Dienstleistungen über das Internet. Der Begriff *Application Service Provider* hingegen bezeichnet den Dienstanbieter, welcher die Bereitstellung anbietet und mittels Internet vornimmt. Umfang der geschuldeten Leistung und Geschäftsbedingungen werden in einem so genannten Service Level Agreement (SLA) im ASP-Vertrag zwischen beiden Parteien festgelegt.

Customer Relationship Management (CRM):
CRM ist ein Teilbereich des Partner Relationship Managements (PRM) und bezeichnet das Management der Beziehungen eines Unternehmens zu seinen Geschäfts- und/oder Endkunden.

eCollaboration Tools:
Werkzeuge zur Unterstützung der elektronischen Zusammenarbeit zwischen Einkäufer und Lieferant, z.B. zur gemeinsamen Entwicklung von Produkten (Collaborative Design), zur gemeinsamen Bedarfsplanung (Collaborative Forecasting and Planning) oder zur gemeinsamen Beschaffung (Collaborative Sourcing). Die Tools bieten etwa die Möglichkeit, auf einen Datenbestand dezentral zuzugreifen oder Projekte und/oder Dokumente zentral zu managen.

Electronic Procurement (E-Procurement):
Electronic Procurement (elektronische Beschaffung) ist der zentrale Begriff, unter dem die Gestaltung und der Einsatz von elektronischen Beschaffungssystemen subsumiert wird.

Multi-Channel Management (MCM):
MCM beinhaltet die Auswahl, Gestaltung, Koordination und Kontrolle sämtlicher Distributions- und Informationskanäle zwischen einem Unternehmen und seinen Kunden.

Partner Relationship Management (PRM):
PRM umfasst alle Maßnahmen zur Planung, Durchführung und Kontrolle der Initiierung, Stabilisierung, Verbesserung und Beendigung von zwischenbetrieblichen Beziehungen zu Geschäftspartnern wie Lieferanten, Kunden, Wettbewerbern oder Non-Profit-Organisationen mit dem Ziel, die Wettbewerbssituation des Unternehmens zu sichern und zu verbessern.

Supplier Network Management (SNM):
SNM ist eine Erweiterung der Konzepte Supply Chain Management (SCM) und Supplier Relationship Management (SRM) und zielt auf das ganzheitliche Management des Lieferantennetzwerks unter Berücksichtigung der Interdependenzen und Abhängigkeiten zwischen einzelnen Lieferantenbeziehungen ab.

Supplier Relationship Management (SRM):
SRM ist ein Teilbereich des Partner Relationship Managements (PRM) und konzentriert sich auf die Beziehungen zu externen Lieferanten sowie die spezifischen Anforderungen, die sich aus der Beschaffung von Gütern und Leistungen ergeben. SRM beinhaltet das ganzheitliche Management des Beschaffungsprozesses und der Liefe-

rantenbeziehungen über alle Unternehmensbereiche hinweg, um so die Einkaufsseite eines Unternehmens zu optimieren. Neben dem E-Procurement gehören zu den Kernaufgaben des SRM z.B. die Lieferkettensteuerung, kollaborative Beschaffungsplanung, das Vertragsmanagement und die Unterstützung des strategischen Sourcing sowie des Supplier Controlling durch Analysewerkzeuge.

Supplier Self-Service:
Ziel der Beschaffungsoptimierung ist es, nicht strategische Aufgaben weitgehend an dezentrale Stellen oder an Lieferanten abzugeben. So wird zum Beispiel die Verantwortung für die Lagerhaltung oft an Lieferanten delegiert (Vendor Managed Inventory). Der Lieferant kann sich online in das System des Kunden einloggen, dort Bestände oder Bestelldaten abfragen und auch Rechnungen erfassen.

Supply Chain Management (SCM):
SCM bezieht sich auf die strategische Planung und operative Abstimmung logistischer Aktivitäten entlang der gesamten Wertkette und konzentriert sich primär auf den Material- und Informationsfluss.

Notizen

Konferenz Supplier Relationship Management (SRM)

IIR Deutschland GmbH veranstaltete ein Intensiv-Seminar zum Thema SRM vom 3.-4.12.2002 in Nürtingen. Folgende Fragen wurden beantwortet:

- Welchen Mehrwert ein ganzheitliches Lieferantenmanagement erzielt
- Wie Sie Ihre strategisch wichtigen Lieferanten identifizieren
- Wie Sie Ihre Lieferanten auswählen und bewerten
- Wie Sie Ihre Material- und Prozesskosten durch ein effizientes SRM senken
- Wie Sie mit Hilfe von SRM die Prozesse Ihrer Lieferanten optimieren
- Welche Softwarelösungen es zur Unterstützung von SRM gibt

Infos und Tagungsunterlagen: IIR Deutschland GmbH, Postfach 1050, 65836 Sulzbach/Taunus, Tel ++49 - (0)6196 - 585 - 0, Fax 585 - 490, Internet: *www.iir.de*

19. Deutscher Logistik-Kongress 2002 in Berlin – Studie »Supply Chains im Wandel«

Die Bundesvereinigung Logistik (BVL) präsentierte auf dem Deutschen Logistik-Kongress in Berlin *(www.bvl.de/kongress.htm)* ihre neue Studie »Supply Chains im Wandel« aus der Reihe »Trends und Strategien in der Logistik«. Basis ist eine empirische Erhebung bei 287 deutschen Unternehmen. Mit der vorliegenden Studie, die aus den vier Feldern »Collaboration in der Supply Chain«, »Konvergenz in Handel & Konsumgüterindustrie«, »Supply Chain Steuerung & Services« sowie »Wissensmanagement in Netzwerken« besteht, wird eine Unterstützung zur Ableitung von eigenen Logistik-Strategien und zur aktiven Gestaltung von Supply Chains gegeben.

Weitere Infos: *http://www.bvl.de/studien.htm*

Logistics Forum Duisburg

Das Logistics Forum Duisburg, veranstaltet u.a. von der Bundesvereinigung Logistik (BVL), findet vom 19.-20.02.2003 in Duisburg statt. Themen sind:

- Supply Chain Collaboration – Neue Chancen für Logistikdienstleister?
- Outsourcing, Re-Insourcing – Trend oder individuelle Strategie?

Infos: E-Mail: bvl@bvl.de · Internet: *www.bvl.de* sowie *www.logistics-forum.de*

Entwicklungslieferanten: Auswahl, Integration und Controlling

Unter dem Thema »Entwicklungslieferanten: Auswahl, Integration und Controlling« veranstaltet Management Circle zwei Fachseminare mit folgenden Schwerpunkten:

1. Die strategische Zusammenarbeit mit Entwicklungspartnern erfolgreich managen:

- Herausforderungen in der Produktentwicklung
- Kooperative Wertschöpfung: Gestaltungsansätze, Erfolgsmuster
- Early Supplier Involvement (ESI)
- Aufbau von Entwicklungspartnern
- Supplier Integration – moderne Ansätze
- Liefervertrag, Entwicklungsvertrag, Produkthaftung
- Projektmanagement in Entwicklungskooperationen
- Erfolgsfaktor IT-Integration – kollaborative Entwicklungsnetzwerke
- Product-Data-Management (PDM)

Die Termine:
21. und 22. Januar 2003 in München
11. und 12. Februar 2003 in Oberursel

2. Kennzahlen im Lieferantenmanagement

- Früherkennungssysteme
- Kennzahlen zur Lieferantensteuerung
- Balanced Scorecard im Einkauf

- Einsatz von SAP zur Realisierung einer Scorecard

Die Termine:
23. Januar 2003 in München
13. Februar 2003 in Oberursel

Infos:
E-Mail: anmeldung@managementcircle.de
Internet: *www.managementcircle.de*

www.business-wissen.de

Unter der URL *http://www.business-wissen.de* finden sich Informationen, Foren (manchmal mit amüsanten Anmerkungen), Hinweise auf Bücher, Seminare und Beratung, nicht nur zum Supplier Relationship Mangement, sondern auch zu sonstigen Themen, wie beispielsweise CRM – Kunden-Beziehungs-Management.

XML-basierte Zukunft des WWW als globale Business-Infrastruktur

- Wozu und weshalb Web-Services
- XML, WSDL, SOAP, UDDI als Basistechniken
- Architekturen und Produkte
- Entwurf und Einsatz von Web-Services
- Beispiel aus der Praxis

Die Deutsche Informatik Akademie (DIA) veranstaltet das vorstehende Seminar vom 23.-24.01.2003 in Bruchsal. Ziel ist es, dass die Teilnehmenden verstehen, was die Web-Services-Technik von der heute typischen Web-Anwendungsentwicklung und einer Reihe von RPC-ähnlichen Ansätzen zur Nutzung entfernter Dienste unterscheidet und welche Vorteile ihnen ihre Nutzung bietet.

Infos:
E-Mail: dia@dia-bonn.de
Internet: *www.dia-bonn.de*

Web-Technologien und -Anwendungen heute und morgen

Die DIA veranstaltet dieses Seminar vom 19.-21. 02. 2003 auf Schloss Dagstuhl.

Die Teilnehmenden lernen die Möglichkeiten, Grenzen und zukünftigen Trends der Techniken und Hilfsmittel für die Entwicklung von Web-Anwendungen kennen. Insbesondere wird ihnen die Bedeutung von XML vor dem Hintergrund der anderen Technologien deutlich. Sie erwerben sich darüber hinaus die grundlegenden Kenntnisse und Fähigkeiten, um komplexe Web-Anwendungen selbst zu erstellen.

Infos:
E-Mail: dia@dia-bonn.de
Internet: *www.dia-bonn.de*

Gesellschaft für Informatik e.V.

Viele aktuelle Veranstaltungshinweise finden sich auf der Homepage der Gesellschaft für Informatik (GI): *www.gi-ev.de* und ihren Regionalgruppen *www.gi-ev.de/Regionalgruppen/*.

Bücher

Peter Gentsch

Wissenserwerb in Innovationsprozessen – Methoden und Fallbeispiele für die informationstechnologische Unterstützung

Deutscher Universitätsverlag, Wiesbaden, 2001, 301 S., € 59,00, ISBN 3-8244-7391-7

Bei dem vorliegenden Buch handelt es sich um eine Dissertation an der Wissenschaftlichen Hochschule für Unternehmensführung, Koblenz, aus dem Jahre 2001. Nach dem Anspruch von Autor und Verlag richtet sich die Arbeit an Dozenten und Studenten sowie an Unternehmensberater und Führungskräfte in Firmen, die sich mit der Thematik Innovationsmanagement auseinander setzen wollen.

Ausgehend von einer Beschreibung der Problemstellung, Zielsetzung, Relevanz sowie Aktualität des Zusammenhangs von Wissens- und Innovationsmanagement (Kapitel 1) erfolgt eine einführende Analyse der Wissensmanagementaufgaben, die im Innovationsprozess relevant sind (Kapitel 2). Die Vorstellung aktueller Modelle der wissenschaftlichen Diskussion zum Innovationsmanagement bleibt auf einer sehr abstrakten Ebene. Hinweise für die betriebliche Praxis sind auf dieser Ebene nicht direkt ableitbar. So werden beispielsweise die Aufgaben und die Stellung des Produktmanagements im betrieblichen Innovationsprozess überhaupt nicht angesprochen. In der anschließenden geschäftsprozessorientierten Darstellung des Wissensmanagements findet sich der betriebliche Praktiker schon eher wieder.

Als wesentliche Konzepte des Wissensmanagements im Innovationsprozess werden in Kapitel 3 die Wissensbasis sowie die Wissensentwicklung und deren Zusammenspiel identifiziert. Hierzu werden Ausprägungen und Potenziale unterschiedlicher Methoden und Technologien diskutiert und bewertet. Der Schwerpunkt der Analyse liegt auf den domänenabhängigen Methoden QFD (Quality Function Deployment) und TRIZ (Theorie der problemzentrierten Invention) und den domänenunabhängigen Methoden Data Mining und Text Mining. Für die dargestellten Methoden werden informationstechnische Unterstützungspotenziale beschrieben. Die Methodendarstellung und -diskussion erfolgt, wie für eine wissenschaftliche Arbeit üblich und erforderlich, auf sehr theoretischem Niveau und anhand einer Vielzahl von Literaturangaben und Querverweisen.

Der betriebliche Praktiker kommt am ehesten in Kapitel 4 auf seine Kosten. Hier werden an Praxisbeispielen einer Bank, einer Fluggesellschaft und eines Pharmakonzerns die Unterstützungs- und Verbesserungspotenziale von Data Mining und Text Mining für die Wissensentwicklung im Innovationsprozess analysiert.

Unter formalen Gesichtspunkten hätte es dem Buch gut getan, wenn sowohl der Autor als auch der Verlag mehr Aufmerksamkeit auf die Fehlerbeseitigung gelegt hätten. Neben einer nicht unerheblichen Anzahl von grammatikalischen und Tippfehlern verderben falsche bzw. unvollständige Abbildungen die Lesefreude. So wird beispielsweise für die Abbildung 37 im Text das Beispiel »Evolution der Antriebswelle« beschrieben, wohingegen die Abbildung selbst sich auf »Entwicklungsgesetze am Beispiel der Lenkung« bezieht. In Abbildung 6 fehlen die im Text erläuterten Prozentangaben. Bei knapp 300 Seiten Text wäre zudem ein Stichwortverzeichnis hilfreich.

Insgesamt betrachtet ist das Buch für denjenigen Personenkreis zu empfehlen, der an den theoretischen Grundlagen sowie den methodischen Hintergründen des Wissenserwerbs in Innovationsprozessen interessiert ist. Inwieweit dem betrieblichen Praktiker mit der doch sehr theorielastigen Darstellung bei der täglichen Arbeit geholfen ist, bleibt fraglich.

Hans-Peter Fröschle M.A.
i.t-consult GmbH
Heßbrühlstr. 21 B
70765 Stuttgart
hpf@i-t-consult.de
www.i-t-consult.de

Dirk Dobiéy, John J. Wargin

Management of Change

Kontinuierlicher Wandel in der digitalen Ökonomie

Galileo Press, Bonn, 2001, 220 S., € 34,90, ISBN 3-89842-122-8

»Nur der Wandel ist beständig« – dies gilt vor allem in der digitalen Ökonomie, da dort die Änderungen sehr schnell stattfinden. Vor diesem Hintergrund versuchen die Autoren den Transformationsprozess in Organisationen der digitalen Ökonomie zu analysieren, zu verbessern und das konzeptionell Machbare, verknüpft mit neuen Führungs- und Organisationsmodellen, zu skizzieren sowie Strategien für eine strukturierte Akzeptanz vorzustellen. Zielgruppe sind nach eigenem Bekunden Führungskräfte. Checklisten, Übersichten und Best Practices sollen dabei helfen.

Im ersten Kapitel geht es um »Constant Change«. Am Beispiel der Dotcoms werden Widerstände und Scheiterungsgründe diskutiert, die Dynamik von Veränderungssituationen erläutert, unterstützt von vielen guten Grafiken, aber auch manchmal schwer verständlichen Bezeichnungen: CC, CC*, DC-Unternehmen ... – der Platz für eine klare Benennung wäre in Abb. 1.1 allemal vorhanden.

Kapitel 2 hat Menschen in Organisationen zum Inhalt. Die Autoren haben dabei vor allem das Thema Beruf und Berufung vor Augen, ihnen geht es um neue Arbeitsmodelle, die Job und Familie verbinden und neue Formen von Karriere definieren. Freiheit und Unabhängigkeit stehen im Vordergrund, das Problem dabei: die Qual der Wahl. Sicherlich sind die aufgezeigten Aspekte und Entwicklungen denkbar, möglich und teilweise in der Praxis zu finden. Andererseits erscheint die Auswahl willkürlich und verkürzt; kritisch könnte man hinzufügen: Soll, kann, wird oder muss es wirklich so sein?

»Führung in der digitalen Ökonomie« lautet der Titel des dritten Kapitels. Dazu zählen die Autoren die Themen Sponsorship, Leadership, Management, Machtransfer, Zusammenarbeit und Kommunikation, Vorbildfunktion und Verantwortung sowie Team/Teambildung. Es sind weitgehend bekannte Thesen, typische Fehler und Verhaltensweisen, die hier vor dem Hintergrund der digitalen Ökonomie präsentiert werden.

Kapitel 4 behandelt die »Organisationsmodelle der Zukunft«. Gepriesen werden vernetzte Organisationen als wegweisend für die Zukunft auf der Basis kollaborierender Teams. Auch hier finden sich bekannte, immer wieder auftauchende Aussagen: »Organisieren Sie, um den Mehrwert für den Kunden zu erhöhen.« – Ja, wofür denn sonst? »Teilen Sie das Unternehmen auf: Größe kann gefährlich sein.« »Delegieren Sie das Denken nicht an andere.« – Heißt dies auch, man sollte auf Berater verzichten, die für einen Denken? Oder wie soll man dieses Prinzip verstehen, es ist doch nun wirklich zu banal! Sicherlich ist etwas anderes gemeint, aber dann soll man das auch hinschreiben!

Das letzte Kapitel widmet sich der evolutionären Unternehmenskultur. Es enthält ein Lebensphasenmodell kombiniert mit Empfehlungen zur Kulturgestaltung, darunter die »Elements of Excellence«, wie z.B. »Wir behandeln andere so, wie wir selbst behandelt werden wollen.« Was soll man dazu sagen, muss eine Selbstverständlichkeit so aufgeblasen werden?

Jedem Kapitel folgt eine kompakte Zusammenfassung, die wichtigsten Erkenntnisse werden durch das Layout (grauer Kasten) klar gekennzeichnet. Ein umfangreicher Index und viele Seiten Werbung bilden den Abschluss. Den Platz hätte man besser für ein Literaturverzeichnis nehmen sollen, denn ein solches fehlt (obwohl viele Gedanken aus anderen Quellen kommen, wie im Text zu sehen) – was denken sich Autoren, Lektorat und Verlag dabei?

Eine Unzahl von Anglizismen trägt nicht gerade zur Lesefreundlichkeit bei, ist aber offenbar sehr beliebt und modisch – hier hätten die Autoren, oder zumindest die Lektoren, in vielen Fällen leicht ein deutsches Wort finden können.

Die letzte Seite des Buches verweist auf eine konkrete Umsetzung aus der digitalen Ökonomie: »BuchUpdates«. Dahinter verbirgt sich der (persönlich registrierte) Internetzugriff auf die Seiten des Verlages: sehr lahm, wenig nützliche Informationen, sehr schlechte Navigation und umständliche Benutzerführung (Zugriff im September 2002). Hier sind die Autoren und der Verlag noch nicht richtig in der digitalen Ökonomie angekommen, denn ihre Zielgruppe (Führungskräfte!) hat dafür sicherlich wenig Verständnis.

Prof. Dr. Knut Hildebrand
Fachhochschule Darmstadt
Fachbereich Wirtschaft
Haardtring 100
64295 Darmstadt
knut.hildebrand@t-online.de

Robert Knasmüller, Thomas Keul

Real New Economy

Über die geplatzten Träume und die wahren Chancen des digitalen Wirtschaftswunders

Financial Times Prentice Hall, München, 2002, 246 S., € 24,95, ISBN 3-8272-7084-7

Hinterher ist man immer schlauer – die Investoren, die Autoren und die Leser. Jedoch, in diesem Buch werden die Vorkommnisse der so genannten New Economy klar analysiert, die Ursachen des Hypes herausgearbeitet und die wirklichen Möglichkeiten aufgezeigt. Themen sind: Börse, Reichtum und Cash; Content, Musik und Sex; rechtliche Aspekte, Mobile/T-Commerce und die Produkte der Zukunft.

Es wird aufgeräumt mit Märchen, Vorurteilen, Wunschvorstellungen und Scheinwahrheiten. Einige Kostproben: »... von Überstunden redete man nicht, dafür hätte man ja wissen müssen, was die Regelarbeitszeit ist.« – »...›Internet‹ plus ›Brick and Mortar‹ ergibt ›Click and Mortar‹.« – »Hätte die Pornoindustrie auf ein sinnvolles Bezahlsystem im Internet gewartet, sie ... wäre noch immer nicht ›am Netz‹.« – »Der Hype wurde von den Banken der Alten Ökonomie angeregt.« – »Die größten Verlierer des Booms sind die Analysten, weil man ihnen einfach nicht mehr trauen kann.«

Experten, die die Fakten aus erster Hand kennen, analysieren die gängigsten Geschäftsmodelle des WWW, ihre Risiken und Chancen. Und sie machen Mut, denn allen Unkenrufen zum Trotz gibt es Marktsegmente, die neben Wachstum auch Profit versprechen.

Ein Buch, das Stoff zum Nachdenken enthält und all jenen zu empfehlen ist, die das Thema Internet nicht abgehakt haben, sondern kritisch damit umgehen. Vielleicht gehört ihnen die Zukunft!

Prof. Dr. Knut Hildebrand
Fachhochschule Darmstadt
Fachbereich Wirtschaft
Haardtring 100
64295 Darmstadt
knut.hildebrand@t-online.de

Kongresse – Tagungen – Messen 2003

Januar

22.-24.1.2003, BayArena Leverkusen
IT-Defense
http://www.it-defense.de

Februar

17.-18.2.2003, Berlin
XMIDX 2003
Workshop XML-Technologien für Middleware, Middleware für XML-Anwendungen
http://www.xml-clearinghouse.de/ws/XMIDX2003/

24.2.-1.3.2003, Leipzig
KiVS 2003
Gi-Fachtagung »Kommunikation in verteilten Systemen«
http://kivs03.uni-leipzig.de/~kivs/

26-28.02.2003, Leipzig
BTW 2003
10. GI-Fachtagung »Datenbanksysteme für Business,Technologie und Web«
http://www.btw2003.de/

27.2.-28.2.2003, Berlin
SEUH 2003
Software Engineering im Unterricht der Hochschulen
http://seuh.fhtw-berlin.de/

März

28.+ 29.3.2003, Collegium Glashütten (Taunus)
5. Fachtagung Management und Controlling von IT-Projekten
http://www.aragon-interactive.de/gi-fachtagung/

April

2.-4.4.2003, Luzern
WM 2003
2. Konferenz Professionelles Wissensmanagement Erfahrungen und Visionen
http://wm2003.aifb.uni-karlsruhe.de/

5.-13.4.2003, Warschau (Polen)
ETAPS-2003
6th European Joint Conferences on Theory and Practice of Software
http://www.mimuw.edu.pl/etaps03/

23.-26.4.2003, Angers – France
ICEIS 2003
5th International Conference on Enterprise Information Systems
http://www.iceis.org

Mai

13.-15.5.2003, Bonn-Bad Godesberg
8. Deutscher IT-Sicherheitskongress des Bundesamtes für Sicherheit in der Informationstechnik (BSI)
http://www.bsi.bund.de/veranst/bsikongr/index.htm

20.-24.5.2003, Budapest, Hungary
WWW 2003
The Twelfth International World Wide Web Conference
http://www2003.org/

Juni

16.-20.6.2003, Klagenfurt/Velden
CAiSE 2003
15. Conference on Advanced Information Systems Engineering
http://www.ifi.uni-klu.ac.at/caise03/01_home/

Juli

21-25.7.2003, Darmstadt
ECOOP 2003
17th European Conference on Object-Oriented Programming
http://www.ecoop.tu-darmstadt.de

August

25.-27.8.2003, Klagenfurt
JMLC' 2003
Joint Modular Languages Conference
http://jmlc-itec.uni-klu.ac.at

September

9.-12.9.2003, Berlin
VLDB 2003
29th International Conference on Very Large Data Bases
http://www.vldb.informatik.hu-berlin.de

17.-19.9.2003, Dresden
6. Internationale Tagung Wirtschaftsinformatik 2003
Medien – Märkte – Mobilität
http://www.wi2003.de/

Tipps, Hinweise und Inputs sind willkommen: HMD@dpunkt.de

Vorschau

Eine Inhaltsübersicht zum nächsten HMD-Heft 229 Ubiquitous Computing finden Sie auf der hinteren Umschlagseite innen. Das Hefte 230 und 231 behandeln die untenstehenden Schwerpunkte. Wenn Sie zu einem dieser Hefte einen Beitrag leisten wollen oder Anregungen haben, wenden Sie sich bitte an den zuständigen Herausgeber oder die Redaktion (Anschrift siehe Impressum). Wenn Sie sicher gehen wollen, dass Ihr Vorschlag bei entsprechender Eignung berücksichtigt werden kann, wenden Sie sich bitte spätestens ca. 6 Monate vor Erscheinungstermin des jeweiligen HMD-Heftes an uns.

HMD 230: E-Business-Entwicklungsplattformen (04/03)

Lange Zeit hat Java das Feld der Entwicklungsplattformen angeführt. Seit Microsoft mit seinem .NET nun versucht, Java zu verdrängen, fragt man sich am Beginn von neuen Projekten: Was nehme ich denn nun, Java oder .NET?

Beide Entwicklungsplattformen erheben für sich den Anspruch, die alles bestimmende zukünftige Plattform zu sein. Dabei ist Java als ältere Lösung noch relativ stark applikationsorientiert im Gegensatz zu .NET, das als jüngere Lösung schon wesentlich stärker netzorientiert ist.

Mit einem eigenen Heft, das sich nur dem Vergleich von Java und .NET widmet, soll dieser Frage nachgegangen werden. Speziell sollen auch die unterschiedlichen Ansätze herausgearbeitet werden und welche Zukunft sie uns und sich versprechen.

Im Heft 230 sollen typische Projekte für beide Entwicklungsplattformen beschrieben werden.

Außerdem wollen wir uns mit der Frage beschäftigen: Wie reif ist .NET für neue große Projekte?

Dipl.-Physiker Michael Mörike
michael.moerike@gmx.de

HMD 231: Neue Konzepte in der Softwareentwicklung (06/03)

In den 90er-Jahren sind viele neue Konzepte für die Softwareentwicklung entstanden oder erstmals in größerem Umfang in der Praxis eingesetzt worden. Wesentliche Anstöße dazu haben die »wiedererstandene« Objektorientierung in ihren verschiedenen Ausprägungen, die neuartigen Rahmenbedingungen für Internet- und WWW-Projekte, aber auch die steigende Bedeutung von Open-Source-Software gegeben. Im neuen Jahrhundert sind nach der Dotcom-Krise verschärfte wirtschaftliche Anforderungen dazugekommen: Softwareprojekte müssen kurzfristig zu einsatzfähigen und benutzerfreundlichen Produkten führen; diese Produkte müssen hochflexibel und erforderlichenfalls schnell änderbar sein; und das alles muss zu minimalen Kosten abgewickelt werden.

Unter diesen Prämissen werden wir Ihnen im HMD-Heft 231 einen systematischen Überblick über die neuen Konzepte der Softwareentwicklung geben und – soweit es der Umfang des Heftes erlaubt – ausgewählte Konzepte detaillierter vorstellen. Ins Auge gefasst haben wir u.a.:

- Softwareentwicklung mit Komponenten
- Entwickeln mit Szenarien und sog. Personas
- Die verschiedenen Ausprägungen der agilen Methoden
- Open-Source-Ansätze in der Softwareentwicklung
- Product Line Engineering
- Model Driven Software Engineering
- Neue Standardisierungsansätze wie CMMI und UML 2002

Soweit es sich dabei nicht um »brandneue« Konzepte handelt, werden wir Ihnen wie gewohnt Praxiserfahrungen vermitteln und selbstverständlich auch darauf eingehen, wie Sie den Einsatz neuer Konzepte in Ihrem Hause ohne größere Pannen schnell zum Erfolg führen können.

Prof. Dr. Heidi Heilmann
heidi.heilmann@t-online.de

HMD 232: Financials (08/03)

Dipl.-Kfm. Stefan Meinhardt
stefan.meinhardt@sap.com

HMD 233: Strategische Planung der IT (10/03)

Prof. Dr. Andreas Meier
andreas.meier@unifr.ch

HMD 234: XML-Anwendungen (12/03)

Hans-Peter Fröschle
hpf@i-t-consult.de

Neben dem jeweiligen Schwerpunkt werden auch andere aktuelle Themenstellungen behandelt.

Änderungen vorbehalten

HMD-Schuber

für den Jahrgang 2002
sind ab Januar 2003 erhältlich.

Schuber für den Jahrgang 2001 sowie ohne Jahreszahl sind noch lieferbar.

Preis: 8.00 € je Schuber
zzgl. Porto und Verpackung

Richten Sie Ihre Bestellung bitte direkt an unsere Auslieferung:

Prolit Verlagsauslieferung GmbH
Rainer Eckert
Postfach 9
35461 Fernwald
Tel.: 0641/94393-33
Fax: 0641/94393-39
E-Mail: R.Eckert@prolit.de

Stichwortverzeichnis

Dieses Stichwortverzeichnis umfasst alle HMD-Beiträge ab Heft 223 (Februar 2002).

Stichwörter vor Heft 223 finden Sie im Jahresregister 1997-2001 im Anhang des Heftes 222 sowie aktuell unter *http://hmd.dpunkt./archiv/*

Q

R

S

T

U

V

W

X

Z